目录

教　学

德　育

团队建设

学校文化

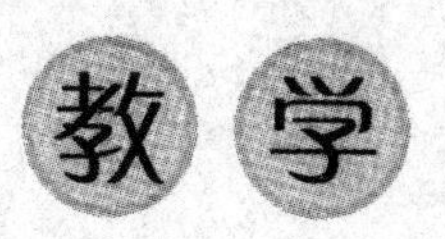
教学

女校生命教育的实践研究

唐志华　陶虹　鲍文瀚　张学琴

学校简介：南京市幼儿高等师范学校（南京市女子中专学校）暨江苏第二学院南京学前教育分院，现校址为明德女子书院旧址（由美国教会于1884年10月15日兴办）。校园环境优美典雅，教学设施先进完备。学校拥有一批特级教师、名师、学科带头人、国内外访问学者等高层次教师，其中数十人获国家、省市级表彰。迄今为止学校共培养20余届毕业生，为教育部门输送幼儿园、小学师资5000余人，为南京市教育事业的发展做出了卓越的贡献。学校曾先后多次获得省、市级表彰，并积极参加省、市级举办的文艺演出、艺术类竞赛等大型活动，成绩突出，成为活跃在省、市文体领域的一支精英队伍。学校附设市级幼教培训中心，形成了职前职后一体化的办学格局。今后学校将不断深化改革，全面提升综合实力，在江苏省未来教师教育体系的构建中努力发挥自身的优势和作用。

校长简介：唐志华，男，1965年生，中共党员，教育学硕士，教授，江苏省特级教师。他长期坚持数学教学与科研相结合，取得了丰硕的研究成果：有多篇论文在国家、省、市级刊物发表，论文多次获得国家级、省市级一、二、三等奖；著作《令人神往的数学王国》已由江苏少年儿童出版社出版；参与多项国家级课题研究，主持数项省、市级科研课题，课题涵盖学校管理和数学教育。

一、传统课堂教师生命意识的蒙蔽和缺失

在教学活动中，教师应该是具有生命的个体，通过课堂与学生不断合作、互动，用生命拥抱生命，用心灵贴近心灵，促进学生的全面发展，进而完成教育行为和实现生命价值。在新课程改革的浪潮中，课堂教学方式改革虽在深入推进，但传统课堂模式的根深蒂固和新课程改革的相对滞后，仍然

使教师的生命意识受到蒙蔽和缺失,使课堂教学缺乏深度和活力。

传统课堂上教师的角色是权威和长者,仅仅负责完成既定教学任务,较少考虑学生个体生命的需求和学生学习的状态、过程,如课堂组织形式基本上是照本宣科,教学方法较为单一、静态、枯燥。即便是新课程改革以后,课堂上虽然充满师生问答互动,但仍然是教师发问、学生根据知识点作答的教学模式,依然基本停留在教师的教学任务和教学设计范围之内。这种教学互动仅仅是对学生知识点的考察,本质上仍是教师在教,而不是学生在学。有的课堂上,学生充分自由,可随意发表观点,教师略作点拨、指导,气氛很是热闹,貌似发挥了学生的自主性,但其本质上还是教师角色缺失,没有尽到真正关怀生命和启迪智慧的作用。还有的课堂上教师会不停地巡视、个别辅导,师生关系看似融洽,但是否在真正意义上实现了师生之间的平等,我们不得而知。因为大多数情况下这只是象征性的。如果教师没有真正地关注学生个体生命的差异、尊重个性和关爱学生成长,学生往往不会把教师当作真正的合作者和学习伙伴。由此可见,教师如果缺乏生命意识,那么"一切为了学生的发展"就只是一句空话,就很难实现我们所追求的真正意义上的新课程改革。

二、在生命教育背景下,教师的课堂角色

当前教师课堂角色定位的误差已经严重影响到课堂教学的质量,影响了学生生命活力的增强和生命质量的提高。在生命教育背景下,我们需要对教师的课堂角色进行重构:教师应该是学生精神的关怀者,学生生命意识的唤醒者,学生智慧之门的开启者。

做学生精神的关怀者。就是要在理解、尊重、信任的基础上,把学生当成一个平等的生命个体,关怀学生的心理健康、道德情操、审美情趣等方面的发展,使学生的精神世界不断充实和丰盈。魏书生说:"走进学生的心灵世界中去,就会发现那是一片广阔而又迷人的新天地,许多百思不得其解的教育难题,都会在那里找到答案。"在课堂上,教师要把学生当作有个性、富有情感的人,应关注个性差异,尊重学生,公正、平等地对待每一颗渴望关怀的心灵。

做学生生命意识的唤醒者。就是教师在课堂上通过和学生交往、互动，提高学生的主动性、参与性和创造性，增强学生的生命活力，开发学生的生命潜能，让学生在不断被发现、被欣赏、被充实、被激励的过程中实现自我发展，把课堂变为提升生命境界的舞台。

做学生智慧之门的开启者。就是教师在课堂上通过激发兴趣、思维渗透、问题探究来培养学生的创新精神，提高学生的创新能力。爱因斯坦曾指出，提出一个问题往往比解决一个问题更为重要，它需要创造性的想象力。一个个体生命的真正发展，最大表现就是创造。教师在课堂上就应该积极调动学生兴趣，提高学生思维素质，开启学生的智慧之门，让学生自主探究，积极主动地获取知识和提高能力，相信每一个生命都有无穷的潜力。

三、教师如何在课堂角色中渗透生命教育

首先，认真对待个体差异，让课堂成为尊重生命的课堂。教师在课堂上要善于发现、理解和激励每一个学生，不要出现漠视、歧视学生的情况，因为生命个体是有差异的。因材施教，尊重每一个生命；学会换位思考，才能真正获得学生的尊重和理解，这样才会让学生主动参与课堂，学会积极思考。

尊重学生个体差异，是一种教学思想，也是生命教育理念的体现。它强调的是面向全体学生，让教师的“教”适应学生的“学”，不以牺牲一部分人的发展为代价来换取另一部分人的发展。教师在课堂上除了帮助学生明确学习目标之外，还需重视对学生的情感素质的培养，通过情感沟通来调动学生学习的积极性，让学生感受到教师真心实意的关爱和帮助，让不同层次的学生都能把主要精力集中到自主学习知识和提高能力上来，转移到提高思维力、解决力、行动力上来，以此提升学生的生命质量。“海阔凭鱼跃，天高任鸟飞”，尊重和对待个体差异，才能为每个生命都拓展出更广阔的发展空间，为每个生命都提供更好的机会，才能真正体现教育的本质。

其次，努力满足学生的需求，让课堂成为理解生命和促进发展的课堂。忽视学生需求的课堂，不能引导学生进入问题情境，也不能激发学生的探究兴趣，还往往导致忽视学生的生命存在，让课堂成了老师自我表演的阵地，最后以教代学，盲目施教。故此，教师应该研究、了解作为生命个体发展的学生的需求，做到以人为本，积极引导学生，促进学生知识和能力的自我生成。

低效课堂的症结就在于忽视了学生生命的个体需求，教师往往是带着教学任务进行简单讲解或者设计一些无法吸引学生进行探究的所谓的教学活动。要让课堂真正变得有效、高效，就必须理解和满足学生的情感心理、探究心理的相关需求，就必须关注学生主体的实践活动，把更多的课堂时间和空间留给学生，加强指导、合作与交流，让提问变得具有启发性、开放性，同时关注学生的课堂反应，收集反馈信息，让学生的注意力和课堂的高效能够具有持续性。这样不仅把课堂的思维时间和空间最大限度地留给学生，让学生获得知识和经验，能力得到提高，同时也使学生的关注力、倾听力、意志力等非智力因素得到培养和发展。

再者，积极关爱学生成长，让课堂成为拓展空间和激发活力的课堂。成功的课堂，学生往往先是被教师打动，然后才被教学内容打动。在课堂上教师应该积极关注学生的兴趣、个性、情感，尊重学生的人格，利用多种方式鼓励学生自我体验和感悟生命，开拓更为宽广的发展空间，追求生命的更高境界，把课堂变成充满活力的生命课堂。

教师在课堂上要做到以生为本，把学生从传统的受教育者提升到尊重生命个体的高度来看待，把学生从知识的“容器”和“复印机”还原为充满激情、智慧和潜能的创造者。和生硬的指导、冷峻的批评相比，学生更需要教师的关爱、鼓励和喝彩，这些能让学生更容易接纳教师和课堂。所以，在课堂上教师要善于抓住时机，进行语言和眼神的交流，让心与心呼应共鸣，同时积极发现学生的闪光点，多给学生一些表扬和鼓励，让学生多一些自信、兴趣和成就感，让课堂成为拓展生命空间和激发灵性活力的舞台。

总之，教育是促进人的发展的职业。教师必须适应时代要求，积极实现由承担课堂任务到关注生命的角色转变，推动教育的可持续发展。

生命教育课程设计与教学实践研究

张湘富　赵丹妮　张丽颖　胡皓月　梁远

学校简介：长春医学高等专科学校始建于1936年，至今已有78年的历史。学校占地面积约36万平方米，建筑面积约19万平方米，现有教职工539人，学生6000余人。2009年，由吉林省教育厅批准，学校牵头组建了吉林医药职业教育集团。目前，学校是吉林省"示范性高等职业院校"、吉林省"精神文明建设先进单位"、吉林省"依法治校示范学校"、长春市"模范集体"。2012年，学校被确立为吉林省首家"大学生生命教育暨心理健康教育示范学校"。

校长简介：张湘富，男，汉，1961年生，获东北师范大学法学博士学位。兼任职务有：全国卫生职业教育教学指导委员会委员，东北师范大学体育学院博士生导师，长春市医学学会常务理事，吉林医药职业教育集团理事长等，当选为长春市第十二届、十三届人大代表。张校长自2000年担任校长以来，在紧抓学校教学质量发展的同时，特别关注学校精神文化的培育与建构，带领全校教职工凝练出"医道天德"和"教以惠生、学以达仁"的校训，倡导建立有医学院校特色的学校文化和医学人文素质教育新体系。他主持的生命教育系列课题总计6项，其中国家子课题2项，省级课题3项，市级课题1项。2011—2013年获得的荣誉有云南省"三生教育杰出人物奖"、"宋庆龄基金会中华青少年总会生命彩虹奖章优秀个人奖"、北京师范大学颁发的"优秀科研个人"奖以及被该校聘为"生命教育特聘研究员"。

2007年校长亲自带领研究团队，引进我国台湾和大陆地区先进的生命教育理念与方法，利用学校的医学教育资源，汲取生命哲学、伦理学、心理学的知识与智慧，结合大学生身心发展特征，选择相关教育内容，在课题研究的基础上设计开发了生命教育课程。经过九年的教育研究与教学实践，加深了我们对生命教育的理解与感悟，印证了当初的教育研究假设，得出：生命教育作为国民素质教育的有效载体,可以让积极而巨大的精神力量源源不断地注入师生心中,融进血液,成为信仰,化为行动。

一、学校课程资源

生命教育课程由设计、试点到推广,从选修课到必修课,历经6年。学校分别在2个年级(大一和大二)、7个届次和3个系部的20多个专业,总计约76个班级,开设了生命教育课程。到目前为止,总受益学生3024人,累计学时1768个。课程分成两个阶段。第一阶段是通识性生命教育,让新生在入学的第一节课开课,让学生从走进学校的第一天开始认识生命,让学生认识医学从认识生命开始,使学生一入学就感受到学校特有的文化氛围。这不仅缓解了学生生活上的"水土不服"、人际环境的陌生之感,还有利于形成班集体的凝聚力。通过生命教育课程,培养学生积极的人格取向,对塑造学生健康的人格产生影响;引发学生对生命的积极思考,树立生命神圣、宝贵的信仰;引发学生对医学的思考,建构起"医道天德"的职业精神与价值,使医学人文素质教育润物无声,发挥潜移默化的作用。其次是第二阶段的专业性生命教育课程。一般是在学生实习之前,安排专业、深层次的课程,如生命法学、死亡伦理、医学职业道德等,这进一步强化了学生的职业意识、职业责任感与职业道德,为医学院校学生终身的职业幸福奠基。

目前,我们已取得的成果如下:

1. 开发新教材一部。《大学生生命教育教程》已于2011年9月在高等教育出版社出版,该书成为温州医学院、新疆医科大学等兄弟院校的生命教育教学参考书。

2. 开设生命教育课程,并在教学中不断提升、完善课程设计,还应学生需求增设教学内容。

3. 采用生命化方法进行生命教育,实现师生心与心的交流。

4. 整理学生生命成长档案1900份,将2007—2012年参与生命教育的学生的生命教育感言及其情况跟踪反馈。

5. 汇编"生命会心志愿者协会"学生社团活动剪辑1本,学生第二课堂剪辑1本。

二、政策支持与保障

根据学校“十二五”晋升本科的发展规划，为加强学生的人文教育，提高学生的综合素质，学校专门设置了“生命教育研究与推广中心”，作为生命教育研究与推广的专门机构，而生命教育教研室则作为生命教育教学的常设机构，以建构医学院校学生人文素质教育新体系。这一体系可通过与大学生心理健康教育相结合，与学生管理相结合，与医学院校学生的职业生涯教育相结合，与大学生思想道德教育相结合，以提高学生的生命意识和综合素养。

在政策支持方面，学校已经建成生命科学馆作为学生生命教育的教学基地，并服务于民众，成为社会教育宣传“敬重生命”的基地。

三、打造一支新团队

“2+2+N”和思想政治教师、心理教师、辅导员和学生志愿者共同组成研究学习型团队。

四、研究与推广情况

1. 学校至今已开展研究生命教育课题8项，其中国家级子课题2项，省级课题5项，市级课题1项。其中，“十一五”社科类课题“生命教育与医学类学生职业精神培育作用的研究”获得省级优秀社科类“科研成果二等奖”。

2. 截至2013年12月，学校的生命教育成果已经推广到香港教育学院、台湾大学、辽源职业技术学院、吉林大学附属第二医院、北华大学、东北电力大学、吉林医药学院、延边大学、深圳大学、温州医学院和西宁十四中、湟川一中、常熟实验小学、北京赵全营小学、东北师范大学附中明珠校区、绵阳教育局等40多家单位，得到了师生与家长的好评。

五、获奖情况

序号	获奖项目名称	级别	时间	类别
1	第六届 生命彩虹奖章“优秀组织奖”	国家级	2010 年 12 月	集体奖（6 项）
2	第六届 中华青少年教育“联络点”	国家级	2010 年 12 月	
3	国家级子课题阶段性成果一等奖	国家级	2011 年 7 月	
4	吉林省高校社会科学研究成果二等奖	省级	2010 年 12 月	
5	大学生生命教育暨心理健康教育示范学校	省级	2012 年 7 月	
6	全国生命教育示范基地	国家级	2013 年 7 月	
7	第六届 生命彩虹奖章“优秀个人奖”	国家级	2010 年 12 月	个人奖（10 项）
8	第七届 生命彩虹奖章“优秀个人奖”	国家级	2011 年 12 月	
9	第八届 生命彩虹奖章“优秀个人奖”	国家级	2012 年 12 月	
10	第八届 生命彩虹奖章“优秀教案奖”	国家级	2012 年 12 月	
11	国家级子课题阶段性成果“说课特等奖”	国家级	2011 年 11 月	
12	生命教育科研先进个人	国家级	2013 年 7 月	
13	生命教育科研先进个人	国家级	2013 年 7 月	
14	云南省“三生教育杰出人物奖”	省级	2011 年 10 月	
15	云南省“三生教育优秀人物奖”	省级	2011 年 10 月	
16	吉林省团省委“优秀社团指导教师”	省级	2011 年 10 月	

六、对生命教育科研实践的思考

1. 以生命教育引领医学院校学生人文素质教育的新思路，从实践中的应用证明可行，我们将继续探索下去。

2. 生命教育教学方法的实践证明，生命教育作为一门体验性、发展性课程，在大学生这个处于“灵性”觉醒的最佳教育期开展，十分必要。

3. 如何更好地培育有爱心、有生命激情的教师，是生命教育课程健康、可持续开展的关键，我们将为此而努力。

4. 如何建立符合医学院校生命教育特色的社会实践基地，并在生命哲学和生命文化的追问和反思上以及在中华民族生命智慧的传承上实现新突破，将成为我们今后的目标和任务。

总之，我们将继续努力践行生命教育理念。正如张湘富校长所说：“以生命教育为出发点和归宿的医学院校学生人文素质教育教学体系的建构，是一个整体而系统的工程，同时也是一项非常有意义的人文工程。需要学生、家长、学校、社会多方面的配合，需要我们认准目标，扎实推进，常抓不懈，持之以恒，勇往直前，只有这样，才能探索出一条医学院校学生人文素质教育的新路来。”

浅析初三年级学生职业生涯教育的必要性及其对策

刘曙光　方征　杨红雁　张娟　张彦华

学校简介：杨镇二中坐落于京东重镇——杨镇，毗邻顺平路和木燕路，地理位置优越，交通便利。学校创建于 1987 年 2 月。2002 年 8 月，和北京市示范高中——杨镇一中合并为杨镇一中教育集团，成为集团的初中部，仍称杨镇二中。学校现有 42 个教学班，在校学生 2000 余人，教工近 200 人，其中高级教师 30 余人，区级园丁新星、优秀班主任、骨干教师 43 人。学校获“全国素质教育优秀学校”、“联合国教科文组织中国可持续发展教育(ESD)项目示范学校”、“‘教育奠基中国’全国名优学校”、“全国书法实验学校”、“国家级体育传统学校”等荣誉称号。学校连续多年被评为“顺义区教育教学先进单位”，中考成绩连续 6 年位居区前 3 名。

校长简介：王玉辉，女，汉族，50 岁，中学英语高级教师。2010 年 5 月，被聘为“北京市可持续发展教育科研骨干”；2010 年 12 月，被评为“全国素质教育优秀个人”；2011 年 1 月，被评为“全国现代教育理论与实践优秀校长”；2012 年 6 月，被聘为北京霍懋征教育思想研究会理事；2013 年 3 月，被地理科技大赛组委会评为“全国科技先进校长”；2013 年 9 月，被聘为北京教育学会初中教育研究会副理事长，并多次参与理事会组织的活动。近 4 年来，发表管理、教育、教学类论文 28 篇，已出版由其主编的《品出优质——北京市顺义区杨镇二中“三品”目标引领下的办学之路》一书。

本文在收集北京市顺义区杨镇二中初三年级学生职业目标的基础上，阐述职业生涯教育的必要性。依据舒伯的职业生涯周期理论，初三学生已开始步入职业生涯探索阶段的试探期，即结合自身的需要、兴趣、能力，初步选择职业发展方向，并进行尝试。故而，初三开设职业生涯教育是当务之急。学校应采取教师引导、学生实践、家长支持、社会鼓励的方法与手段，使学生进一步了解自我，规划未来。

一、初三学生职业目标现状

依据舒伯的职业生涯周期理论，学生从 15 岁起就已进入职业生涯探索阶段，这一阶段学生会根据自身的需要、兴趣、能力，初步选择职业发展方向。北京市顺义区杨镇二中对初三学生未来职业目标进行了调查统计，总计调查了 14 个班，共 659 人，收集问卷 628 份，其中 297 人有明确目标，331 人目标模糊或者无目标。所占比例见右图。

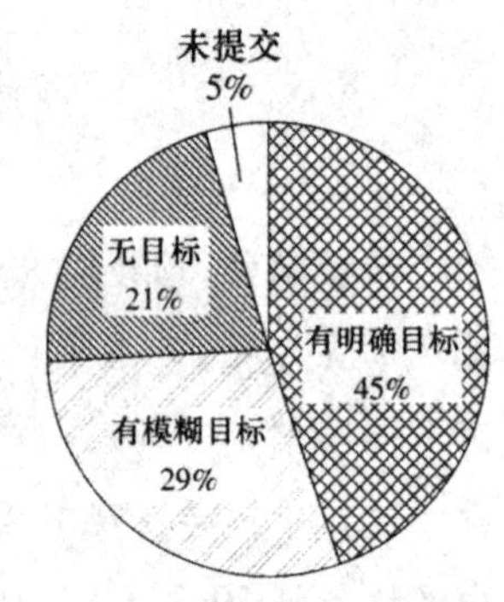

初三学生对职业有明确目标、模糊目标、无目标及未提交人数所占比例图

数据显示：当前 45% 的初三学生对未来职业目标明确，设想职业包括教师、医生、律师、科研工作者、艺术工作者、语言工作者、金融从业者、IT 从业者、运动员、公务员、工程师、技师等，想当教师、医生这一职业的学生较多；而 29% 的学生只有模糊目标；21% 的学生明确表示很茫然，无目标；只有 5% 的学生未提交问卷。

二、初三职业生涯教育的必要性

美国全国职业信息协调委员会发布的《国家职业生涯发展指南（NCDC）》认为，中学阶段是职业生涯发展的关键点。并将初中生的职业生涯发展目标定为教育与职业调查，具体包括：懂得教育成就对职业生涯机会的影响；明白学习与工作的关系；掌握获取与运用职业生涯信息的方法；掌握寻找和获得工作所必需的技巧；把握工作与社会的需求及功能间的关系。

我国开展的职业生涯教育多是在大学时期，在初三阶段普遍较少开设，而初三阶段的职业规划对学生今后的学业和职业的选择意义重大。初三学生欠缺职业生涯教育，会影响学生今后的人生方向，影响他们的人生发展。

初三学生面临选择职业高中还是普通高中的问题。职业高中与普通高中是两个完全不同的培养体系，前者更多注重培养应用操作能力，后者更多重视培养思辨研究能力。这是初三学生直面人生的一次重要选择，所以初三学生的职业生涯教育势在必行。

三、初三学生职业教育目标

指导初三学生探索职业生涯是教师的责任。教师应根据学生自身条件，结合学生的兴趣与优势，让学生了解职业知识与社会现状，树立正确的工作态度和价值观，发展职业生涯规划能力，设定职业发展方向，制订实现目标的方案。

具体而言，应做到以下几点：认识自己，包括认识自身的兴趣、特长、人格特质、理想等；了解职业知识，包括了解相关职业应掌握的基本技能以及探索职业方面的知识；了解社会现状，学会将自身情况与社会实际相结合，懂得“三百六十行，行行出状元”的职业观；掌握一定的职业生涯决策和规划技能，包括培养解决职业生涯问题的自信与能力，并学会根据具体情况调整职业生涯规划。

初三学生职业教育应侧重于引导，不要求有清晰的规划。让学生通过了解自己向往的职业所需要的条件和所需付出的努力，激发学生动力，让学习成为一种自觉。

四、初三学生职业生涯教育对策

学校应培养专职教师开展职业生涯教育课程。通过问卷、访谈掌握学生的职业目标情况，因材施教，并对突出学生进行个性化辅导。在辅导中可以介绍相关工作的意义与价值，提供方法，引导学生主动探索职业生涯。捷克教育家夸美纽斯认为，一切知识都是从感官的知觉开始的。职业生涯教育应包括以下方面：与不同行业从业者接触，增加真实感，了解真实的工作状态;从丰富的课余活动和社会实践活动中,通过体验、参观、经验介绍等形式,让学生接触不同行业从业者,更好地了解职业现状与社会需要;还可以通过介绍名人的职业生涯,更好地促进学生的职业生涯教育,以此增强全校教师对学生进行职业生涯教育的意识。

学生职业生涯教育,是学校老师的责任,同样也是家长和社会的责任。学校可通过培训等方式,家校合作,赢得家长对职业生涯教育的支持,促进家长对学生职业教育的重视,帮助其形成正确的职业观。学校还可以与社区合作,在课余时间让学生充当志愿者,参与职业体验;还可参照国外的做法,如英国教育与技能部就建立了许多有关职业生涯教育的网站,为学生提供个别化的教学和咨询服务。学生可以根据个人的需要,选择相关材料和信息,弥补学校职业生涯教育中的缺陷。这些网站为学校开展职业生涯教育提供了大量材料、实例和建议。我国也可以吸取经验,以网站形式提供职业生涯教育的社会支持。

职业生涯教育应注重职业规划意识的养成,及早积累知识经验,而非在学生择业前开展突击性的讲座培训。此外,还应从政策上重视职业生涯教育,在学校、家庭、社会的共同支持下,引导学生、帮助学生、促进学生的发展和自我理想的实现。

以心理健康教育为依托　打造生命教育特色学校

——中等职业学校心理健康教育模式的建构与实践研究

胡玲　李素红　江玲　郑果　黎炎

学校简介:四川省什邡市职业中等专科学校于1990年成为四川省重点职业高中,2000年建成国家级重点职业高中。学校坚持"以人为本,人人成

才”的办学理念,以“坚持市场导向,满足就业需求”为办学宗旨,以“德育为先、全员育人、全面育人”为德育特色。学校开设有计算机及应用、机械加工、电子技术应用、汽车运用与维修、饭店服务与管理等11个专业。现有教职工271人,其中专任教师224人,中等职业教育学生4382人,成人学历教育学生500余人。什邡职业高中将以创建国家中等职业教育改革发展示范学校为总体目标,积极开展“校校合作”、“校企合作”,努力建构起办学理念先进、培养模式多样、办学特色鲜明、服务功能齐全的现代职业教育体系,把学校建成融中高职教育、成人教育和各类职业培训于一体的高标准、高水平的、在我国西部有较大影响力的现代化职业学校。

校长简介:夏时木,中学高级教师,毕业于西南师范大学电化教育学系。1990年分配至什邡市职业中专学校任教,历任计算机专业部主任、教导处主任以及学校教导处主任等职。夏校长历来非常重视学校的教研教改工作,曾参加西南师范大学教学论研修班,并进入德阳社会主义学院、北京教育学院等进修,不断提升自己的教育管理能力和科研水平。夏时木同志先后被评为“什邡市优秀教师”、“什邡市拔尖人才”、“德阳市先进教育工作者”、“德阳市计算机骨干教师”、“学科带头人”、“全国模范教师”等。他带领全校师生奋发图强,锐意进取,力争早日将学校建设成“国家中等职业教育改革发展示范学校”。

什邡职业中专学校历来重视学生心理健康工作。1995年,学校开设了“心之箱”信箱及心理咨询室,为学生提供心理疏导服务。2008年汶川地震后,在全国妇联及中科院心理研究所什邡工作站等单位支持下,在学校全面开展了生命教育和心理健康教育。通过5年的研究及实践,已经形成了特色鲜明、操作简练、实效性强、学生喜爱的心理健康课程体系。

一、心理健康教育模式的建立势在必行

2008年汶川地震后,灾区中职学生出现了严重的心理问题。结合中职学生特点,什邡市职业中专学校成立了心理健康教育课题组,历时5年,探索出中职学校学生心理健康教育的模式,从教学理念、课程体系、教学内容、教

学方法和手段等方面进行理论和实践探索。主要成果有:改进了教育理念,研究出“精细化训练技术”作为心理健康教育的核心技术;确立了“制度化、规范化、程序化”的管理模式,搭建了学校心理健康共育平台以及心理健康传播平台,使心理健康工作从制度、资金和人力上得到落实;改革课程体系及内容,以世界卫生组织颁布的《青少年十大生活技能》为教学内容,“体验式思想”为课程设计指导理念,以“有用、有效、有趣”为课程设计原则,开发出“静气训练”、“生命教育”等多个特色课程模块;拓宽了中职学校学生心理健康教育领域,将心理健康教育融入学科教学,提出了学科“生命体验式”五步教学法,实现心理健康教育全时段覆盖;在认知行为疗法、叙事疗法及焦点短程疗法等现代心理疗法的基础上,研究出情景模拟法、故事感召法、音乐熏陶法、理念注入法等多种教学方法,实现了教学方法多样化、教学手段现代化;创建了专业机构督导制,聘请社会专业心理服务机构和资深心理咨询师,承担学校心理健康教育督导及师资培养工作,保证了心理健康的规范性、专业性及持久性。

二、心理健康教育模式所解决的问题

全校通过5年的实践研究构建出中职学校心理健康教育模式。此模式致力于解决中职学生自我价值感低下、抗逆能力不足、情绪控制能力差等心理问题;基本解决了中职学生学习兴趣低下、上课参与意识差、厌学等老大难问题,克服了中职学生学习及做事时的习得性无助感;对中职学生表达能力和沟通能力差、人际交往有障碍、存在自卑心理等社会适应能力差的问题,有了较好的解决方案;还较好地解决了中职学校因心理健康教育缺少专业指导和支撑而导致的学校心理健康教育实效性低的问题。

三、科学有效的心理健康教育模式

1. 教育制度规范化

我校开展心理健康工作的指导思想是“学校提供支持,部门参与管理,制度予以保障,课堂教学专业,班级具体落实”,使心理健康工作从制度、人力及经费上得到保障,实现了心理健康教育的制度化、规范化及程序化。

搭建了由学校(党委)—学生处(团委、心理咨询室)—专业部(德育干事)—班级(班主任及心理健康信息员)等机构和人员组成的心理健康共育平台。

此外,还将学生心理健康课纳入学校教学体系之中,每周安排两个课时;建立了教学质量评价体系,确保心理健康课的教学质量。

2. 教育渠道多样化

学校开辟了多种教育渠道,搭建了由心理健康讲座—心理健康课—学科教学—班级心理健康活动—心理健康团体辅导活动—学生心理健康兴趣班—"心之桥"邮箱、热线电话等渠道组成的心理健康传播平台,实现了学校心理健康教育全方位覆盖的目标。

3. 教学课程特色化

针对中职学生的自我价值感低下、抗逆能力差、情绪控制能力差、表达能力差和表达方式不妥等社会适应能力差的现状,开发出静气训练、沟通训练、生命教育、感恩教育、情绪控制、规则意识养成、突破自我训练等特色课程模块,让中职学生树立积极乐观的心态和提高他们的社会适应能力,帮助学生有效应对生活中的种种挑战。

4. 教育技术专业化

该成果提出了"精细化训练技术",如微笑训练技术、情绪控制技术等,操作简单,趣味性强,效果明显,学生乐意参与。如情绪控制技术的步骤如下:情绪的认知训练—寻找情绪失控事件—转念—想训练(凡事往好的一面想)—"服用六秒胶囊"(即引导学生延迟6秒说话或者行动,帮助学生控制不良情绪,改善人际关系)。

其次,在教学中,采用多种教学方法,如情景模拟法、角色扮演法、故事感召法、音乐熏陶法、理念注入法、认知行为训练法、视频教学法等,激发了学生的参与热情,提高了授课质量和效率。

再者,改革教学考核模式,设立学生个性化心灵成长方案。考核模式由学生课堂表现、课后应用案例(作业)、心灵成长报告等几部分组成,考核关注点为学生的参与程度和对心理健康知识的应用程度。对于存在情绪控制障碍、交际和沟通障碍等问题的学生,会为他们量身打造个性化心灵成长方案，由课题组老师指导实施。

5. 教师培养系统化

通过讲座或者培训等方式，为教师提供心理健康专业知识培训；实施心理健康听课制度，学校领导、管理人员、班主任、任课教师，每学期至少学习5节心理健康课程；心理健康课教师要接受学校资深的心理健康教师的培训，并接受专业心理咨询师的督导，以保证为学生提供专业的心理服务。

四、心理健康教育模式的推广和应用

在我校，心理健康教育模式被广泛应用在新生入校教育、毕业生离校教育、问题班级矫正训练、藏区学生生命教育等方面，深受学生欢迎。5年来，全校40多个班级进行了心理健康课的教学试点工作，学生评教的课程满意率达99.2%。在2014年评教活动中，心理健康课被全校学生评为最受欢迎的三门课程之一。

此成果应用在什邡市“留守儿童阳光项目”上，还应用在内江隆兴地税局、什邡市林场等多家单位干部的培训中，受到一致好评。应广东省惠州教育局、杭州慈溪高级职业中学、内江隆昌地税局等单位邀请，在他们的老师及干部中推广此成果，均引起了强烈反响，《当代职校生》、德阳电视台、四川职教网等多家媒体进行了报道。

艺教特色下的生命教育

朱益民　陈进才　任玲玲　张京江　肖学凯

学校简介：淮阴师范学院附属中学创建于1974年，是香港田家炳基金会在淮安的唯一合作学校。学校占地面积106 902平方米，建筑面积近80 000

平方米。学校现有教职工323人,学生4000余人。走过创业辛苦期,走过转型艰难期,如今在朱益民校长的领导下,学校迎来了开创新局面的发展时期。“实施赢在终点的教育,让灵魂在更高处飞翔”的教育理想和“弘扬艺体特色,打造精致教育品牌”的办学策略,指引着学校以育人为本,教师以敬业为荣,学生以成才为志。师院附中的“精致教育”关注差异,关注过程,关注细节,关注质量,走出了富有特色的品牌办学之路,谱写了一曲以“精致、创新、提升”为主旋律的发展之歌:学校连续16年荣获“淮安市高中教学质量一等奖”;先后获得“中小学首批中国优秀文化艺术传承学校”、“中华诵·经典诵读行动全国试点学校”、“全国文明礼仪示范学校”、“全国贯彻《学校体育工作条例》优秀学校”等称号;获得“江苏省文明单位”、“江苏省艺术教育特色学校”、“江苏省和谐校园”、“江苏省课改工作先进单位”、“江苏省德育工作先进单位”、“江苏省平安校园”、“江苏省中小学先进基层党组织”、“江苏省五四红旗团委”等80余项国家和省、市级表彰及荣誉。

校长简介:朱益民,1988年毕业于南京师范大学数学系,理学学士,中学高级教师,“淮安市中学数学学科带头人”,淮安市基础教育专家指导组成员,“江苏省首批高考优秀指导教师”,江苏省“333工程”培养对象,“江苏省优秀教育工作者”,“淮安市有突出贡献中青年专家”。其现任职务有:淮安市中学数学学会副理事长,淮阴师范学院兼职副教授,淮安市高中数学学科基地办公室副主任,江苏省考试研究会会员。朱校长立足学校现状,创造性地提出“精致教育”理论体系和实践方略,深入推进“精致教育七大工程”建设,走出了一条以“精致”为核心价值的品牌办学之路,在社会产生广泛影响并获得高度认可,被中央电视台、《基础教育参考》、《扬子晚报》等多家媒体关注和推介。

作为江苏省艺术特色高中,江苏省艺术课程基地,江苏省传统体育项目学校,淮安市艺术高中,淮安市音乐、美术、体育学科课程基地,我校的艺体教育有着光荣的传统。

在参加生命教育课题研究时,我校立足于自身优势,在“二全”、“三级”、“一载体”的精彩艺术教育活动中实施生命教育,尤其是重点研究音乐教育对学生心理健康的影响，力求使每个生命都散发出阳光、快乐的味道。

一、学生心理健康状况的调查

联合国国际卫生组织对心理健康是如此定义的："个体在各种环境中能保持一种良好的心理效能状态，并在与不断变化的外部环境的相互作用中，能不断调整自己的内部心理结构，达到与环境的平衡与协调目的，并在其中逐渐提高心理发展水平，完善人格特质。"根据这一定义，我们不难看出，心理健康一般包括两个大的方面：身体健康和心灵健康。在我们的日常教学中，我们发现，"90后"中学生中常见心理问题有：焦虑自责，悲观消极，缺乏自控自制力，心理承受力脆弱，难以面对失败，不信任他人，意志力薄弱，情绪波动激烈，部分学生还发展到有厌学、逃学等行为。

二、音乐教育对学生心理健康的作用

正处于青春期的中学生大多具有逆反情绪，在心理健康出现偏差时不愿意承认，更不愿意听取任何来自成年人的说教或是药物治疗。与传统的理论说教和药物治疗相比，音乐教育无疑是一剂良药。在《乐记》中记载有："乐行而清，耳聪目明，血气平和……"其中明确表明了音乐的治疗作用，也明确表明了音乐对人们情绪、心理的调节作用。

音乐是人类古老而具有普遍性和感染力的艺术形式之一，古代儒家思想中，重视"乐教"的做法就充分肯定了音乐与伦理精神的相通性，也充分肯定了人格的培养离不开音乐的熏陶，而音乐教育更是以审美为核心的一种艺术教育。首先，通过音乐，人们可以从自身的角度来感受音乐带来的美感，主动参与到音乐审美活动中来，充分体验音乐的感情和形象。在这种自我感知"音乐美"的过程中，学生的音乐情趣得到陶冶，学生的心灵得到净化。其次，针对不同心理问题的学生采取不同的音乐教育方式、方法，可以让有心理问题的中学生在音乐艺术特有的美学世界里不知不觉地得到治疗。那些有心理问题的中学生通过音乐的感化，可以化解繁重的学习压力，调节情绪，陶冶情操；可以排解心中的焦虑与不安，鼓起勇气面对挫折；可以感受到人与人之间的真情交流，树立积极乐观的生活态度等。音乐教育就是一种情感体验的过程，它能以情动人，以美育人，这些都是传统的理论说教和药物治疗所不能办到的。

三、学生心理健康教育策略——"二全"、"三级"、"一载体"艺体模式

本模式中"二全"、"三级"、"一载体"有着独特的内涵，作如下简要说明：

1. "二全"：即面向全体学生，服务于全面育人。柳斌先生在《基础教育的紧迫任务是走向素质教育》一文中指出："素质教育的第一要义是面向全体学生。坚持面向全体学生，育人为本，是实施学校艺术教育的根本宗旨。"我校的艺术教育是面向所有学生的艺术教育，是一切为了学生的艺术教育，是尊重学生个性的艺术教育，以艺术育德，以艺术启智，以艺术怡情，致力于培养合格、优秀、有特长的学生，最终实现学生生命的健康和谐发展。

2. "三级"：我校坚持走艺术教育特色之路，创造性地将艺术教育分为素养级、升学级、自主级三个层级。

3. "一载体"：以课程为载体。积极推动艺术教育课程规划建设、师资队伍建设、教学内容及课程体系建设、教学方法与手段建设、校本教材建设。按照不同的达成目标和内容设置，具体分为引桥课程、普及课程、欣赏课程、活动课程、专业课程、预科课程六大课程，它们共同组成了学校艺术教育特色课程，促进了校园文化建设，为学生搭建起心理健康教育的平台。

四、实施"二全"、"三级"、"一载体"艺体模式进行心理健康教育的思考

苏联教育家苏霍姆林斯基说过："音乐教育的目的不是培养音乐家，而是培养人。"音乐教育不同于以知识传授为教育目标的文化课程，它是以审美教育为核心，是以培养人为主要目的的课程。

我校"以美育人、艺教润德"工作成绩显著。在实践过程中，我们认识到：运用"二全"、"三级"、"一载体"艺体模式进行心理健康教育的关键在于坚持艺术教育人本化、艺术活动课程化、艺术课程发展化和艺术素养润德化，这样才能建立长效机制，将心理健康教育落到实处，实现长久发展。

1. 艺术教育人本化。遵循教育人本化的理念，面向全体学生，服务全面

育人，并通过素养级、升学级和自主级三个层级，使在校的全体学生根据自身发展的需要和潜在的能力、动力，在不同时期、不同程度上得到艺术审美教育。

2. 艺术活动课程化。学校将学生各类艺术活动纳入课程体系统一管理，实现艺术活动的课程化，这样，不仅使活动的开展丰富多彩，而且提高了艺术教育的规范性和实效性。

3. 艺术课程发展化。树立大课程观，以课堂教学为主阵地，以学生、教师为主体，以课程的丰富和落实为"抓手"，不仅使艺术课程成为艺术教育的有效载体，而且使艺术教育系统化、系列化。

4. 艺术素养润德化。艺术教育是进行中学生素质教育的重要途径，是涵养心灵、减轻学业和生活压力的有效手段，是健全心理、陶冶情操、提高修养、塑造灵魂、培养创新的催化剂。

心理健康教育是一项复杂而艰巨的工程。将音乐教育引入其中，在开展课堂音乐心理健康教育的同时结合音乐治疗，这样能在很大程度上加快中学生心理健康发展的步伐。我校将用"精彩艺教"托起学生生命的翅膀，让他们的理想迎着阳光在更高处飞翔。

学生心理健康教育的研究与实践

陈媛媛　成君　焦杨　哈显丽　韦来珍

学校简介：北京君谊中学始建于 1993 年，系由出身于教育世家的段君宜女士创办，是国家正式批准成立的寄宿制完全中学。学校位于北京市南五环路南侧兴业大街与香园路交接处，占地面积约 28 100 平方米。学校办学力求锐意进取、特色办学，受到社会好评：连续三届获得大兴区"民办先进学校”称号；被大兴区民政局评为4A级单位；被中国民办教育协会中小学专业委员会授予“民办中小学全国特色建设示范学校”荣誉，成为全国第一批民办特色学校。

校长简介：陈媛媛，女，民革党员，荣任北京市海淀区第六、七、八届政协委员，中国民办教育协会中小学专业委员会理事，高级工商管理硕士。1993年，陈媛媛女士创建北京市私立君谊中学，是北京市最早成立的私立中学之一。1997年，创建北京市海淀区星星学校（现名北京市海淀区崛起实验学校）。2001年，创建星星学校南校区，即北京市大兴区星星学校。同年，海淀、大兴小星星双语艺术幼儿园开园。2005年，陈媛媛创建君谊星星教育咨询股份有限公司。于2010年9月荣获北京民办教育协会、北京教育评估院、新京报社三家单位联合颁发的“2010年第四届民办教育园丁奖‘优秀校长奖’”。

北京君谊中学于2013年1月开始参与生命教育研究。在这一年的时间里，我校师生从对生命教育的陌生，到对生命教育的热衷，走上了一条“敬畏生命”的教育之路。在开展生命教育的同时，我校根据实际情况，还报送了“医教结合　探索学生心理健康的研究”课题，专门研究有心理健康问题的学生的矫正工作。通过一年的研究，广大师生已经将生命教育理念内化成一种信仰，全校形成了自觉践行生命教育的可喜现象。目前，生命教育正在学校全面推进，无论是在德育教育方面，还是在整个的教学环节上，教师们都能够主动地渗透生命教育的各种理念，生命教育已经在我校产生了良好的效果，可以说，是生命教育为学校教育带来了新的教育空间。以下，我们就从我校开展生命教育的实际情况出发，对学校开展的“医教结合　探索学生心理健康的研究”课题作一简要总结。

一、“医教结合　探索学生心理健康的研究”课题实施情况

医教结合，就是医学和教育的结合。据统计，目前全国有约3000万心理不健全的青少年，其中中小学生心理障碍患病率为21.6%～32%，且近几年有上升趋势。

“医教结合”就是对心理问题严重或较严重的学生，在实施心理咨询、辅导的同时，辅以药物和科学仪器的治疗，通过平衡身体方面各种激素的水平，使学生的身体及心理素质由内而外得到改善。目前，在全国，利用药物的调节功能对心理问题学生进行矫正的事例并不多见。中国青少年心理成长基地是北京军区总医院成立的国内首家集心理、医学、教育、军训、家庭为一体，全面帮助青少年心理健康成长的机构。由著名脑科专家、心理专家——首都医科大学临床心理系副主任陶然教授主持。通过 3 个月的药物和心理集中治疗，使学生从多种心理问题中解脱出来，最终回到普通生活之中。由于学生从中心回归社会之后会和社会有一些脱节，所以，我校承担了这些学生在治疗后的过渡学习任务。

刚开始，很多老师不能理解为什么学校要接收这样的学生。老师们担心这些心理有问题的学生会对学校的其他学生产生不良影响。经过学校领导积极做工作，以及治疗中心的专家耐心地讲解，大家尝试着接受了首批学生，共 16 名，年龄分布在 14 ~ 17 岁，以男生为主。这些学生普遍存在的问题是不知如何与人正常交流。他们与学生间的交流，往往表现得不是冷淡，就是过于激烈。通过医学的治疗，这些学生已经有了明显变化。但如何帮助他们融入现代社会和班级之中则成了我们继续研究探索的专业问题。

就在我们为如何接收这些学生感到发愁的时候，生命教育课程指引了一条探索之路。于是，学校领导果断决定，就以教育这些“特殊学生”为契机，开展生命教育。

为了能够让接受心理治疗的学生快速地融入新的环境，我们决定：①不公开学生的特殊身份，让学生以普通学生的身份进入课堂；②学生不独立分班，就放在普通教学班级之中。刚开始的时候，很多班主任有意见，也多少会有些抵触的做法。因此，学校设置了专门应对小组，由学校教育科研研究中心主任直接管理。为了能够更好地掌握第一手资料，我校还为这一课题立项，让所有担任接受心理治疗学生的老师都参加到这项研究之中。领导小组定期(每周)组织他们学习、交流一次，把心理健康科学和生命教育相关内容结合起来，帮助他们认识生命教育的重要性和意义，以及学会平等地面对所有的学生，关爱每一个学生。在小组讨论上，老师们积极交流教育学生的经验，分享教育的成果，也倾诉教育过程中遇到的苦恼。大家一起积极地想办法破解这一研究领域的种种难题。

学校老师创造性地使用多种教育方法进行相关教学，学校不仅通过对话交流、感恩教育、鼓励教育、创造情景等多种方法给学生创设良好的教育空间，还举行亲子教育活动，利用周日的时间，聘请职业教练对学生和家长进行一次别开生面的教育活动，让他们重新认知亲情关系，取得了良好的效果。

鼓励老师学会倾听学生。我们认为倾听既是尊重的表现，也是一种教育方法。让学生学会发自内心地表达情感就已达到教育的目的。比如，我校一名接受心理治疗的孩子出现反复情况，我们并没有直接将他退回给心理健康基地的医生，而是和该学生耐心地交流，帮助他认识到自身的问题以及学校老师的难处。老师并没有要求他应该怎样做，而是告诉他：只要愿意留在这所学校，你自己就应该知道怎么做了。

双方经过1年的磨合，全校老师初步将进入我校的学生很好地融入了集体之中。他们中有的因为有良好的组织能力，已经成为老师不可或缺的助手；有的成为学校的学习标兵；有的同学还利用业余时间发展了自己的特长和爱好，在国家级比赛中获奖。应该说是生命教育所倡导的对生命的尊重与理解的理念，让这些学生真正地回到了普通的生活之中，也让我们看到了生命教育的意义和力量。如今我们还在接收心理健康基地的学生，新的生命教育理念也将不断得到传播和发扬。

二、在普通班级开展生命教育的情况

通过对这些特殊学生的教育，学校领导意识到生命教育的力量，于是，我们决定以教育科研中心为核心，在全校有计划地全面推广生命教育，全面推进生命教育。在这一过程中，不断地涌现出优秀的教育案例。因为篇幅的关系，此处简单举例如下：

所谓"磁化管理"，就是增强班级的吸引力、凝聚力。班级管理是一种独具特色的管理艺术，它区别于任何其他的管理艺术，这是由班级管理工作对象的年龄、经历、心理、生理的特殊性以及班级管理工作的特殊性决定的。班级管理的好坏不仅与班主任的人格修养、人文素养、职业道德有关，同时也与班主任的组织能力及班级管理过程中的技巧、艺术有关。班主任在班级管理中，不仅要向学生展示自己的道德修养、文化修养，展示自己的班级管理工作技巧和艺术，更重要的是向学生展示自己的真实情感，体现自己对学生的一种发自内心的真挚的爱和关怀。这种真挚的爱和关怀会像一根看不见的磁力线一样把学生和自己紧紧地联系在一起，使学生"亲其师，信其道"，为班级管理打下良好的基础。班主任在班级管理中一旦出现了问题，不应一味地责怪学生，而应好好地反省自己，寻找班级管理的问题，并及时予以纠正。要使班主任工作有实效，关键是把学生的心"磁化"，使学生的心像指南针一样永远指向班集体，这时的班级管理便有了强大的凝聚力。班主任的行为、态度、举止、情感表现、管理技巧、管理能力、管理艺术的运用，是形成班级合力，产生"磁化"效应的前提，而班主任对学生真挚的爱和关怀则是产生"磁化"的基础。

——摘自《教师笔记》

在实施生命教育的过程中，我们有很多案例值得书写，生命教育的意义就在于将教育融入生命之中，让生命充满意义。用敬畏之心去理解生命，用关爱之心去保护生命，用奉献之心去教育生命，让生命之花盛开绽放。

开展生命教育　奠基学生的幸福人生

——民办学校生命与消防安全教育的实践研究

汪雅子　彭爱平　林俊英　谢永胜　黄强

学校简介：中山市侨中英才学校创办于2006年，是中山市华侨中学与中山市育才投资有限公司联合创办的一所民办学校，是集小学、初中于一体的九年义务教育制学校。学校现有26个班，1200多名师生，2009年成功创建为"中山市一级学校"。学校以"正人、正品、正行"为校训，实施"科研促特色，特色促发展"的办学方略，逐步办成高质量、有特色品牌的民办学校，成为书香校园、活力校园、美丽校园、梦想校园。

学校办学规模不断扩大，教育质量稳步提高，现在声誉越来越好，得到学生的喜爱，家长的信赖，社会的认可，领导的肯定；获得"全国消防安全教育示范学校"、"全国青少年素质教育先进学校"、"广东省少先队红旗大队"、"广东省安全文明校园"、"广东省社会组织先进党支部"等荣誉称号。

校长简介：汪雅子，男，中共党员，中学高级教师，原中山市华侨中学校长，现任中山市侨中英才学校校长、党支部书记。汪雅子校长以先进的教育理念、丰富的办学实践经验，实施学校精细化管理，构建互动发展教育模式，实现了中山市华侨中学的跨越式发展。他获得了中山市"首届名校长"、"中山市十杰市民"等荣誉称号，主持了多项国家、省、市级教育科研课题并获成果奖，其中《互动发展教育模式研究》获"广东省科研成果一等奖"。

学校以"民办学校生命与消防安全教育的实践研究"为子课题，参与教育部规划课题"新形势下生命教育的理论与实践探索"研究，促进了学校生命教育课程的开展，奠基了学生的幸福人生。

一、生命与消防安全教育内容

小学一、二年级：认识火灾的危害；认识消防标志；了解报警的方法；学习火场逃生。

小学三、四年级：学习安全使用燃气、电器；学习消防知识；学会正确报警。

小学五、六年级：如何正确认识火灾（为什么会发生火灾、火灾有些什么危害等）；遇到火灾该怎么办；如何预防火灾发生。

初中阶段：理解生命的意义；懂得珍爱生命（内容重点是注意消防安全，学习防火、消防器具使用、火场逃生技巧以及消防法律法规）；懂得生命的价值。

二、生命与消防安全教育方法

宣讲法。利用“修身学堂”、“道德讲堂”、广播电视台、消防宣教室等，宣讲消防安全知识。

渗透法。挖掘学科中蕴含的有关生命与消防安全方面的知识，以知识为载体，结合教学过程进行有机渗透，寓教育于知识传授、能力形成的过程之中。尤其是在思想品德、科学、综合实践、物理、化学、生物、地理等学科中进行渗透。

导训法。通过校会、班会导向、学校法制教育报告会、国旗下专题讲话、主题班会，让师生明确方向，达成共识，导之以行。设立“团员监督岗”、“红领巾监督岗”、“学生干部监督岗”等，检查、督促学生安全行为习惯的养成。

自我教育法。定期印发“生命与消防安全”宣传单，定期刊出“生命与消防安全”宣传橱窗、班级专题板报，引导学生阅读、学习；各班设立“小小安全员”，建立安全岗，让学生进行自我教育、自我管理、自我服务。

体验法。以活动为载体，吸引学生普遍参与，让他们在自觉参与中获得知识，提高认识，践行规范。在活动中体验，在体验中升华，在升华中成长。

评价法。通过对学生安全行为与习惯进行评价而予以激励或抑制，促进其良好的行为习惯的形成和优化。并将学生的安全行为与习惯纳入“文明班级”、“文明宿舍”、“文雅学生”等评选活动之中。

三、生命与消防安全教育途径

课程。开发、开设《小学生消防安全常识》与《初中生生命教育读本》校本课程及其课程资源(如电子课件等)。

基地。学校与市公安消防支队第一大队共建生命与消防安全教育基地,组织学生现场参观、学习消防安全知识。

演练。每学期进行紧急疏散演练,有效训练学生的逃生技能,有效提高学生的应急、应变能力,让安全意识根植于学生心中。

活动。开展入学、节(假)日、安全教育日、防灾减灾日、119消防日等"生命·安全"主题系列活动,通过活动,让学生树立珍爱生命、自护自律意识,让"用知识守护生命"成为一种自觉。

环境。配齐、配全各类消防设施、器材,并加强日常维护和管理,确保消防设施、器材处于良好状态;建设消防宣教室、宣传橱窗;举办校园广播电视专题节目。以此创设良好的教育环境,形成浓厚的安全文化氛围,使学生受到熏陶和影响。

家庭。家长一方面可以在家庭生活中让小孩学习燃气、电器的安全使用知识;另一方面可以引导孩子积累基本生活经验。

四、生命与消防安全教育策略

策略一:全面依靠学校、家庭、社会各方面的力量引导学生学习生命与消防安全知识。既发挥学校教育的主导作用,又积极开发、利用家庭和社会的教育资源,还通过家长学校、社区活动等多种途径,积极引导家庭和社会培养学生安全健康的生活习惯、与人和睦相处的技能和积极的生活态度,形成教育合力。与此同时,引导全体学生学会珍惜生命,善待生命。

策略二:尊重学生的主体地位,发挥生命主体的作用。鼓励、引导学生成为教育的主体,提高自我教育、自我管理、自我服务、自我发展的能力,通过对安全与生命的认知、感悟,学会自觉地从科学的角度认识生命的价值高于一切,从而使学生珍惜生命,敬畏生命,热爱生命,掌握安全知识与生存技能,用知识守护生命,用行动呵护生命。

策略三:安全、生命教育具有很强的实践性,应融入校园、社区、家庭日常生活之中。开展的活动,应是具体、实用的,能使学生在遇到意外时学会自我保护和自救;编写的教材,应立足于学生实际,具有人文性、实用性、实践性、综合性、创新性；教育的效果是，不仅能提高学生的知识技能，而且还能培养学生的心理素质，尤其是冷静与勇敢的性格特质。

策略四：以基于生命教育理念的生命教育课程统摄环境教育、安全教育、人生观教育、禁毒教育等，真正实现在课程意义上的统筹，实现课程资源的整合。

策略五：生命与消防教育要做到认知、体验与实践相结合，既要对学生进行科学知识的传授，又要引导学生贴近生活，体验生活，重视知、情、意、行统一发展规律，在生活实践中融知、情、意、行为一体，使学生能够丰富人生阅历，获得生命的体验，拥有健康的人生。

五、生命与消防安全教育成效

生命与消防安全教育的实施，使学校师生及家长的观念发生了深刻变化。大家达成了共识：学校不仅要让学生学习如何考试，如何升学，如何择业，更重要的是让学生学会如何安全地生存，如何快乐地生活，如何迈向生命的圆满、充实和幸福。没有生命教育的教育是不完整的教育。

生命教育是素质教育的重要内容，生命教育引导学生珍爱生命，敬畏生命，感恩生命，享受生命，提升学生的生命质量、生命尊严、生命幸福。生命教育不仅要呵护学生的自然生命，而且还要不断地完善学生的社会生命。

学校师生经过长期实践，取得的成效有：

1. 已经形成了自觉的生命与安全意识，“珍爱生命、自护自律、健康成长”已成为一种常态，形成了“书香满校园，安全护成长”的校园文化。

2. 构建了学校生命与消防安全的教育体系。以消防安全教育为切入点，从小学消防安全教育到初中生命教育，形成了一个完整的生命与消防安全教育链。此外，还开发和实施了相应的校本课程，在教学活动的设计、课件、视频、案例方面积累了大量的教学经验。

3. 促进了学校的安全教育。生命教育抓住了安全教育的核心，提高了学生的安全素养、认识以及感悟生命意义和价值的能力，培养了学生尊重生命、爱惜生命、欣赏生命的态度，这从根本上促进了学校“消防安全教育示范学校”的创建活动。经过几年的努力，学校消防安全工作成效显著，连续三年获评中山市“消防安全标准化管理先进学校”,2011 年度“全国消防安全教育示范学校”,提升了消防安全教育的境界,提高了安全教育的层次与水平。

生命教育活动研究

纪振义　周洁　秦艳霄

学校简介:西安交通大学附属中学分校是经市教育局批准成立的一所民办完全中学。学校依托西安交通大学附属中学的文化底蕴和人文氛围,形成了“勤奋、严谨、求实、进取”的校风、“敬业、规范、创新、求精”的教风和“惜时、乐学、善思、求真”的学风。学校努力营造宽松和谐的学习环境,积极探索进取:既重视科学教育,又重视人文教育;既重视学生的全面发展,又突出学生的个性培养。学校的高考、中考、竞赛成绩优异,在西安市乃至陕西省都名列前茅,大批优秀毕业生被输送到国内外知名大学深造,赢得了社会各界的普遍认可和广泛赞誉。今后,学校将进一步深化以促进学生全面发展为重点的素质教育,继续坚定不移地实践“育人为本”的教育理念,深入扎实地开展高中新课程改革,努力使学校实现更高层次的发展。

校长简介:冯冀,中学物理高级教师,任教育部《教育信息化》理事会理事、全国中学教育科研联合体常务理事、陕西省物理学会常务理事。近年来负责并参与了多个国家级、省级课题研究,被评为“国家‘十五’课题‘九年义务教育素质教育目标体系与评价机制研究实验’先进校长”,全国中学语文协会“‘创新写作教学研究与实验’课题实验学校先进校长”。他坚持 8 年每天写博客,并在国家级核心期刊上发表多篇论文。在物理教学和物理竞赛辅导上颇有建树,所教学生曾获高考状元和全国物理竞赛金、银、铜牌奖项。

一、研究背景及界定

结合我国当前中小学生的教育环境和时代发展的要求，2008 年至今，我校以“实施生命教育，创建生命化校园”为主线，从引导学生理解生命的意义做起，培养其珍爱生命、尊重他人、适应社会的品质和能力，促进学生身心健康发展；教育学生关注人类生存的社会环境和自然环境，关注自己与社会、与自然的和谐发展。为了更好地开展“以人为本”的生命化教育，我们对生命教育的活动进行了研究。

二、研究的意义

开展生命教育是提升国民素质的基本要求，是社会环境发展变化的迫切要求，是促进学生身心健康成长的必要条件，同时也是家庭教育的重要职责。

三、研究的目标、方法及过程

（一）研究的目标

1. 通过开展教师理论学习培训，加强师资队伍建设，促进教师树立以人为本、尊重生命的教育理念，提高教师开展生命教育的能力。

2. 通过学科渗透和各类教育实践活动，帮助学生加强对生命及其发展规律的认识；掌握保护自己及尊重他人生命的技能；养成文明健康的生活习惯；体验生命的美好，找到达成生命完满的方法；增强自我反省能力，培养学生对生命的敬畏之心与热爱之情，形成卓越的生命价值观和积极的人生观。

3. 通过营造安全、温馨、和谐的育人环境，形成完整的学校生命教育活动体系、制度体系，构建一支具有较强的生命教育能力和水平的师资队伍，逐渐形成和发挥生命教育实验学校的导向和辐射作用。

（二）研究的方法

本研究方法包括文献研究法、调查法、观察法和行动研究法等。

（三）研究的过程

生命教育的活动具体包括以下方面：

1. 促进教师树立“以人为本、尊重生命”的教育理念

例如学校在2012年和2013年召开的第九届、第十届德育工作研讨会上，分别邀请了江苏省“五一劳动奖章”获得者、江苏省“十佳师德模范”、特级教师李凤遐作了题为《用师爱成就学生和自己的精彩》的专题报告，以及全国著名“草根”班主任——南京六中的陈宇老师作了题为《班级的特点和作用》的报告，受到了与会者的一致好评。此外，还组织开展了班主任大讲堂、普法讲座、教师心理健康讲座等。

2. 让生命教育走进课堂

我校专门订购了由北京师范大学生命教育研究中心组织编写的《生命教育读本》，并特意安排课时，开设生命教育课程，内容包括“身体，生命的寓所”、“爱，让生命延伸”、“快乐，是一种选择”、“精神，铸就生命的永恒”等。从课程中引导同学们珍爱生命，欣赏生命，尊重生命，敬畏生命，感恩生命，保护生命，发展生命，成全生命，享受生命。

3. 在学科教学中渗透生命教育

通过组织召开教科研研讨会、青年教师专题研修活动、名师观摩研讨展示活动、学科节、校园文化艺术节，举办题为“兴趣 VS 规范”、“聚焦课堂内外”、“有效教育，让每一个梦想开花”等年级论坛，开展“立足课本，加强英语阅读教学”、“开展少教多学研究，提高课堂教学实效”、“中考呼唤，数学教师专业成长”、“课堂教学有效性的探讨”、“活动增强团队凝聚力，教研促进个人成长”等学科论坛，组织英语、语文书写大赛和“书声琅琅”晨读活动等，加强在学科教学中渗透生命教育。这不仅丰富了生命教育的途径，充分利用了学科中的生命教育资源，提高了生命教育的实效，而且增强了教师团队的凝聚力，提升了教师的教育教学能力，还使课堂教学实效和教师个人专业成长都得到了有效促进。

4. 以活动为载体，加强对学生生命体验教育的探索

召开主题班会，如“心存感恩，与爱同行”、“播撒友谊的种子”、“让理想之光闪耀”、“把学习玩酷”、“天生我才必有用”、“阳光心态美丽心灵”、“一滴水折射的光辉”、“平安与我同行”等，培养学生讲道德、懂礼仪、知荣辱、明是非的品行；组织“庆祝教师节”征文、摄影作品展及国庆节手抄报作品展、

"快乐自信,决胜中考"户外拓展训练、校园"漂流书屋"捐书活动;举办《三字经》、《弟子规》传统文化经典诵读比赛、"我的梦,中国梦"演讲比赛、"爱祖国,爱家乡"演讲比赛、"追梦·成长·歌唱"合唱比赛、"阳光体育,让梦飞翔"广播操比赛、"传承文明,铸造梦想"文艺汇演、"奋发图强,梦想飞扬"拼搏初三启动仪式;开展教师节、国庆节、元旦主题黑板报评比及班级文化建设评比、文明示范班评比表彰活动;组织参观西安交通大学工程坊、清明祭奠先烈、植树造林、节能环保等活动;举行奖学金颁奖典礼、"金蛇献瑞"新年音乐会、"祈福雅安·祝福四川"签名以及走进留守儿童村传递爱心活动。

5. 加强对学生干部的培养和管理,发挥团员的表率作用,引导学生体现生命的价值。如以学生会换届选举、学生社团纳新为契机,引导学生通过社团活动进行自我教育、自我管理和自我服务;组建初一年级班委及中队委,进行班、队、团干部培训,给初二、初三积极分子上团队课;成立学生自主管理委员会,举办"小鬼当家"——学生干部自主管理论坛;召开心理委员培训会;组织假期社会实践活动;开展志愿者走进社区等活动。

6. 坚持开展安全、法制、健康教育,贯彻"预防为主"的方针,建立和实施生命教育监护体系。如开设安全教育、心理健康教育和健康教育课程;给师生发放《生命　生存　生活》教育读本、《成就梦想,扬帆起航》中考专刊、《每日心语》心理知识荟萃和《心灵氧吧》校园心理报等;开展心理健康教育宣传周活动、安全疏散、防火逃生演练;举办消防知识、心理知识及青春期教育等专题讲座;坚持公寓管理工作例会制及住校生安全常规检查等。

7. 以家校配合为桥梁,提高家长对生命教育的自觉意识,帮助引导孩子学会珍爱生命、保护生命,促进学校、家庭和社会三位一体育人网络的和谐发展。如成立家长学校;组建年级家长委员会;定期召开家长会;举办家庭教育讲座;举办家长课堂,由家长向学生谈及个人成长经历、尖端科学的发展趋势以及对孩子的殷切希望等;心理老师、班主任及任课教师对家庭教育存在困惑的家长进行咨询、辅导。

四、研究结果

本研究以活动为载体,结合学校特有的地位,通过丰富多彩、针对性强的活动,营造了安全、温馨、和谐的育人环境,发挥了学校教书育人、活动育人、环境育人、管理育人的作用,发掘和培养了学生的生命观念,让学生认识到生命的重要性,学会了珍惜生命、关爱生命和保护生命,养成了健康、文明的生活方式。在教师成长方面,加强了师资队伍建设,增强了教师生命教育的意识,提高了教师生命教育的能力;在家庭教育方面,转变了家长的家庭教育观念,发挥了家庭教育的作用,提高了家庭教育的水平,逐渐形成和发挥了生命教育实验学校的导向和辐射作用。

学校、家庭、社会生命教育资源整合与利用的实践与研究

胡卫琼　梁铭　陈憬　谢副清　吴祖健

学校简介:北海市第九中学坐落于中国第一滩——广西北海银滩。这里风光旖旎,校园环境清雅宜人,充满人文氛围。学校占地面积38 798.8平方米,建筑面积19 000平方米,现有学生 2900 多人。学校一直坚持"发展个性,健全人格,让每位学生成功"的办学理念,是北海市体育艺术特色学校,体育艺术办学成绩显著,连续数年高考取得好成绩。学校先后荣获"全国流动人口子女和农村留守儿童示范家长学校"、"国家级规范汉字书写教育特色学校"、"全国教育科学'十五'及'十二五'规划教育部重点课题实验学校"、"'十一五'全国教科研先进集体"、"国家级体育传统项目学校"等称号。学校还是省级"六五"普法先进单位、价格诚信单位、卫生优秀学校、民族传统体育示范学校、北海市职工职业道德建设十佳单位、绿色学校、学校安全管理工作先进单位、"创建学习型组织,争做知识型职工"活动学习型组

织标兵单位、“依法治校”示范学校、“依法行政”示范学校。

校长简介：胡卫琼，女，理学学士，中学高级教师，中共党员。参加工作以来，先后荣获“北海市教育局优秀党务工作者”、“北海市五一巾帼标兵”、“全国‘十一五’教育科研先进工作者”、“北海市教育局优秀党务工作者”、“广西陶研会先进个人”等荣誉称号。先后主持和参加多项市级及以上的课题研究，发表论文4篇。她带领全校教职工积极开展生命教育课题研究工作，使学校成为教育部规划课题“新形势下中小学生命教育理论与实践探索”重点实验基地。

从2010年开始，我校申报并参加了生命教育课题研究。学校根据本校实际，认真组织研究工作，取得了喜人成果：有20多位教师的论文、教案、教学设计、教育叙事等获国家课题研究成果一、二等奖，被评为生命教育课题研究一等奖。总结几年来的实验探索，我校在以下几方面取得了突破：

一、管理者理念发生转变

在“生命教育”的思想指导下，学校管理者把关注的重点真正聚焦在学生上，坚持“学校教育无小事，一切为了生命的发展”的教育宗旨，努力实现教师与学生的人格平等。从校长到教职员工都本着“发展个性，健全人格，让每一位学生健康成长”的办学理念，去思考、安排各项工作，想家长之所想，急家长之所急，让家长放心地把孩子交给学校、交给老师。

二、教师职业倦怠消减

教师具有一定的生命教育素养是实施生命教育的关键。生命教育的目标不仅仅是帮助青少年健全人格、发展生命，还要使教师的生命意识有所提高，解决教师中存在的职业倦怠问题。学校教育发展的原动力是激发教师的创造力和自主发展的能力，激励教师不断提高、不断超越自我，远离职业倦怠，而教师的内在动力在于他们对个体生命的价值和意义的认识。在践行生命教育的过程中，我校工会基于生命教育的理念，提出了“健康快乐每一天”的生命口号，开启了“教职工俱乐部”、青年教师争创“工人先锋号”等

"生命航班",并积极开展班主任心理拓展训练,使教师先前存在的职业倦怠状况得以改善,教师的个体生命得到发展。其次,学校对教师的人文管理让他们都能以最佳的工作状态去面对学生,促进了每一个鲜活生命的成长,让教师的人生价值得到体现,也消减了工作中存在的教师职业倦怠问题,使他们成长为一支具有较强生命教育教学能力的师资队伍。

三、教育教学活动更具有生命意识

我校根据学校实情,在基础教育课程中增设有关生命教育的知识。这是对学生进行生命教育的一条最直接有效,也是最容易实施的途径。

1. 开展专题生命教育课,增强学生热爱生活、珍惜生命的意识

专题生命教育课将原有的大多以零散的形式存在的健康教育、青春期教育、安全教育、法制教育、健康教育、预防艾滋病教育、禁毒教育、环境教育等专题课整合在一起,使原本相互脱离的各专题课有了统领,如吴祖健老师教的"摒弃交通陋习,安全文明出行"安全教育课,许茹兰老师教的"幸福在哪里"等专题教育课,都结合了生命教育的需要,根据不同阶段学生的情况,进行生命教育。通过这些专题活动的开展,同学们珍爱生命的意识有了显著提高,他们热爱班级,热爱老师,热爱学校,相互帮助,相互关爱,共同成长。可见专题生命教育课的效果是显著的。

2. 学科课程渗透生命教育,使学生养成良好的行为习惯

学科体现生命教育课是实施生命教育的主渠道。我校把生命意识与学科教育结合起来,充分利用学科教学优势,对学生进行生命意识的渗透,培养学生优良的品格、聪慧的悟性、丰富的情感和敏锐的感觉,从而培养学生正确的生命观。各学科教材中有许多关于生命教育的好文章,如有关于生命意义的,有从大自然旺盛的生命力中获取对生命意义的理解的,有对弱小群体关怀的,有体现中华民族的优良品格的,等等。所以说利用现有教材,通过学科教学的重要环节进行生命意识的培养是可行的,也是必要的。我校每年的生命教育优质课评选活动中就有多位教师利用学科资源进行生命教育,收到了良好的效果,如学生抽烟、践踏草坪的行为少了,遵守交通秩序的多了。良好行为习惯的养成将使他们的生命获得更健康的成长。

3. 重视综合实践，感悟生命价值

综合实践活动是学生体验生命成长的重要途径。利用班团队活动、节假日活动、仪式教育、学生社团活动、社会实践活动等多种载体，开展生命教育，让学生感悟生命的价值。通过开展丰富多彩的、具有鲜明时代特色的活动，为学生展现生命光彩提供舞台，为学生生命能力的锻造开辟训练场。我校先后组织了"实现中国梦，法律伴我行"、"小手拉大手，安全文明出行"、"美丽北海，清洁校园"、"远离毒品，珍爱生命"等活动，鼓励学生在活动中通过角色扮演、角色置换等方式，在亲身经历中体验一定的角色，激发学生的热情和爱心，让自己的生命之泉在活动实践中得到个性的发展，同时也在其中体验、品味、感悟、丰富、升华生命的意义。

四、转变课堂教学评价，注重生命发展

随着新课改的实施，新课程理念强调教学应以人为本，应注重生命的发展。因此，作为一名教师，我们不但要教好书，教学生学好科学文化知识，更要育人，注重学生个体的生命教育。教学应是一种以人的生命发展为依归的教学。所以，我们应注重生命发展的教学评价，尊重生命，关怀生命，拓展生命，提升生命，使生命教育真正走进师生，提高师生对生命意义的理解，做一个真正懂得爱自己、会关心他人的人。

五、发挥家庭作用，体现生命教育的社会价值

家庭教育在一个人的成长过程中是不可缺少的，生命教育理应成为家庭教育的一项重要内容。家庭教育中最重要的是言传身教，父母的生活方式会影响孩子的生活方式，而科学的生活方式正是热爱、珍惜生命的诠释。家庭在生命教育中的优势在于对未成年人的生命变化发展给予及时、必要的指导和关怀。在发挥家庭作用方面，具体实践活动有：学生社团文学社创办了《起跑线》校刊，对促进学校、家长、学生之间的沟通起到了很好的作用；开展"小手拉大手"系列活动，积极寻找、创设生命交流的平台；定期为家长开展"珍爱生命、健康成长"专题讲座。让生命教育走进家庭，让家校紧密配合，让年青一代健康成长。

以人为本的时代，教育期待回归生命。这是教育发展的必然选择，也是每一位教育工作者奋斗的目标。

生命教育——学生心理健康教育的研究与实践

熊晓波　黄志雄　卢邦瑾

学校简介：广州涉外经济职业技术学院是经广东省人民政府批准、国家教育部备案设立的民办普通高职院校。学校地处广州市白云区，毗邻广州南湖旅游乐园，坐落于风景秀丽的白云山麓，空气清新，地理位置优越，交通极其便利，是陶冶情操、求学成才的理想之地。2012年12月广州涉外经济职业技术学院荣获“年度十大品牌民办高校”殊荣。同年获得“最具社会认可度学院奖”和“高效综合治理优秀学校奖”。2013年7月被授予“在新形势下生命教育理论与实践探索示范基地”荣誉称号，被评选为“生命教育科研先进单位”。

校长简介：寻立祥，男，66岁，中共党员，曾任肇庆工商职业技术学院院长、湖南工程学院副院长、湖南纺织高等专科学校代理校长。寻校长是国家教育部独立学院办学条件和教学工作专项检查评估专家组专家、中国教育家协会理事、中国专家大辞典编委会专家联络员、国际交流中心高级会员、中国流通经济学会理事、《中华教育教学实践与研究杂志》特邀编委，并被中国管理科学研究院聘为研究员和学术委员会学部委员。他还是广东省人才培养工作评估专家、湖南工程学院学术委员会副主任和职称评审委员会副主任、湖南省社会科学和自然科学成果评审专家、湖南省高等教育学会理事、湖南省高校科协常务理事、湖南省高等教育国际交流学会常务理事。

关怀生命已成为当代中国学校教育价值的新取向。如何通过学校的心理健康教育辅佐开展德育工作,引导学生健康积极发展,真正达到生命教育的目标——“了解生命,珍惜生命,保护生命,提升生命”,是学生工作的重中之重。我校心理咨询中心的老师通过多年的实践探究,探索出一些适合大学生心理健康辅导的新途径,并把生命教育作为永恒的活动主题。

在生命教育中,我校坚持树立“以人为本”的生命教育理念,并在辅导过程中形成了两个“坚持”、两个“突出”的工作理念。两个“坚持”就是指坚持小班教学、坚持全方位教育;两个“突出”就是指突出团体辅导作用、突出学生体验。

2008 年 5 月 12 日 14 时 28 分,四川省汶川县发生的 8.0 级大地震,举世关注,全国悲痛。经历了大灾,也经历了一次心灵的洗礼,抗震救灾中那一具具废墟下的尸体的惨状,那一幕幕幸存者获救的感人镜头,总在冲击着我们每个人的感官、神经及人生观、价值观。与此同时,我们也在思考何谓“生命的轻”与“生命的重”。作为教育工作者,我们如何在教育教学中对学生进行“了解生命,欣赏生命,珍惜生命,尊重生命,热爱生命,保护生命,提升生命,回馈生命”等生命主题教育就显得十分重要。我校老师与时俱进,提出了相应的要求,并将其应用到实践当中。

一、坚持小班化教学,确定实践课以团体心理辅导课的形式出现,确立生命教育是永恒的主题

近些年大学生自杀事件频发,青少年犯罪、校园暴力常见于报端。各方呼吁必须尽快给学生补上“生命教育”这一课。教育的本质是对人的教育,从这一意义上来说,心理健康教育本质上就是开展生命教育。团体心理辅导课是面向全体学生的以团体辅导为主的心理教育模式,是以团体情景为平台提供心理帮助的咨询形式,即个体在团体内的人际互动中通过观察、学习、体验以达到探讨自我、认识自我、接纳自我、发展自我的目的,并通过学习好的态度和行为方式,调整和改善与他人的关系,发展良好的人际适应,最终达到更完善发展与成长的人生目的。它面向全体,是全员参与、全面渗透、高效率的。这一特点决定了生命教育是目前学校开展学生心理健康教

育的重要载体和途径，也决定了生命教育是新时期学校团体心理辅导活动课内容的必然要求。从2008年开始，学校已开设心理健康教育，作为必修课程在全校所有的新生中开展教学；2009年，实施了小班化教学；2010年，增设了实践课，每个班级每学期增加了4个学时的团体心理辅导课，把生命教育作为主题，引导学生认识生命，珍惜生命，尊重生命，热爱生命。收到了良好的效果。

二、让生命教育在团体心理辅导课中的开展成为一种常态

首先，这是目前生命教育严重缺失的现状对团体心理辅导课提出的要求。时下，在校大学生的生命状态出现了两种偏向：一种偏向是只知生活而不知生命，把生活当作人生的全部。他们往往不能承受"生活之重"（挫折、失意、痛苦），轻视生命的可贵，动辄做出放弃生命的偏激行为，给社会、学校和家庭带来不幸。另一种偏向则是只知生命不知生活。他们往往表现为人生动力不足，追求物欲享受，奋发意识不够，勇于进取的观念薄弱。团体心理辅导课作为德育课程的重要载体，理应将这一生命教育贯穿在日常团体辅导活动的各个环节，使之常态化，通过多种形式的辅导活动，如角色扮演、情景体验、经验分享、谈话沟通、行为训练等，不断对学生进行渗透，以开展生命主题教育。

其次，这是生命教育的内容宗旨对团体心理辅导课提出的要求。

以生命作为信仰，以生命作为崇拜对象，是生命教育的本质要求。生命教育的内容包括生命和性别、生命与生存、生命与生活、生命与安全、生命与尊严、生命与关怀和生命与价值等。

这一本质内容和宗旨，决定了团体心理辅导课中的生命教育效果的达成不可能是一蹴而就的，团体心理辅导课中生命教育的基本思路应是三个"着眼于"，即着眼于全体学生身心的和谐发展，为学生的终身幸福奠定基础；着眼于学生个性的健康发展，为提升学生的生存能力和生命质量奠定基础；着眼于增强学生在自然和社会中的实践体验，为营造健康和谐的生命环境奠定基础。学校团体心理辅导课应根据学校、学生的实际，统筹规划，精心安排，突出重点，细水长流，常态化开展，系统化推进。为了进一步把心理

咨询与心理健康教育的工作做实做细，促使心理咨询中心的工作向纵深推进，完善学校、院系和班级三级心理保健网，在学生群体中培训一批对心理保健有兴趣、能够热心关注其他同学心理健康状况的心理保健员，我们心理咨询中心开展了全校性的朋辈心理保健员的培训工作，自2008年下半年以来，已进行了25次，得到了各院系的支持，也取得了良好的效果。

三、生命教育在团体心理辅导课中的实施方法

在团体心理辅导课中，心理辅导教师要坚持以人为本，树立生命教育的理念。比如，汶川地震后，学生们十分关注汶川的灾情，十分同情灾区人民的苦难，纷纷奉献爱心，表现出了强烈的社会责任感和生命意识。我们意识到这是开展生命教育的良好契机，为了充分利用这种“突发的情境”，我们精心制作了主题为“扬起生命的风帆”的PPT课件，组织全校学生开展生命教育大型讲座（内容涉及“灾情关注”、“众志成城，抗震救灾”、“一方有难，八方支援”、“地震科普”和“地震逃生”等）。活动中，当播放成龙演唱的赈灾歌曲《生死不离》的感人视频后，很多学生的眼眶里都布满了同情的泪水。“此时无声胜有声”，辅导教师已经不再需要言语的说教，在大量动人的抗震救灾画面和感人的音乐声中，学生已经在进行生命的自我体验和感悟了。这时，“了解生命，珍惜生命，保护生命，提升生命”的生命主题教育的效果已不言而喻。

作为学校心灵工作的播种者、实践者，我们理应将生命教育作为心理辅导工作的永恒主题。

学校积极心理健康教育中的生命教育探索

王瑞华　刁锡恩　张伟伟　杨倩　赵璐璐

学校简介：即墨市实验高级中学位于青岛市即墨经济开发区，学校现有82个教学班，4500余名学生，400余名教职工，是山东省规范化学校、青岛市首批现代化学校。学校大力实施素质教育，以争创高质量、有特色、现代化齐鲁名校为目标，确立了“为学生一生奠基、对民族未来负责”的办学理念，营造了“勤奋、和谐、求实、创新”的校风。我校不断加强师资队伍建设，有市学科带头人、市名师100余人，85%以上的教师获得市级以上荣誉，教育教学质量名列青岛市前茅。学校重视学生的特长发展和全面发展，为学生的个性发展提供广阔的平台。学校在艺术、体育等全国、省、市级以上比赛中屡获大奖。学校顺利通过了山东省体育传统项目学校、青岛市艺术教育示范学校和心理健康教育示范化学校的验收，获得“全国德育工作创新先进单位”等荣誉称号。

校长简介：王瑞华，本科学历，中学高级教师，获“全国科研先进校长”、“青岛市德育工作先进个人”、“青岛市优秀专业人才”、“青岛市三八红旗手”、“青岛市高中教学能手”、“即墨市专业技术拔尖人才”等荣誉称号。

一、理论基础

积极心理健康教育以积极和发展为取向，核心是对人性坚持积极的评价，加强人自身的积极因素和潜能的开发，用积极的心态来对人的心理现象进行解读，用积极的内容和方式激发人内在的积极品质，使自身潜能得到最大限度发挥，使心理免疫力和抵抗力得到大幅提升，使生命最佳状态得以丰富和发展，从而塑造与和谐社会相匹配的积极向上的美好心灵。

近年来，我校以积极心理健康教育理念为依托，不断进行积极心理健康教育方面生命教育的探索。生命教育是现代教育的重要价值取向，提倡在教育中要以人为本,直面人的心理,善于回归人的生命本体,顺应人的生命发展规律。而心理关怀直面的是师生内在的生命发展,其本质也是一种生命关怀,一种生命教育。

积极心理健康教育理念与生命教育的真谛是一致的,我校将两者融入学校教育教学改革之中,使教师爱教、会教、教会,使学生爱学、会学、学会,有效地克服了厌教厌学现象,使全体师生能够幸福、快乐地工作与学习。这不仅为新课程改革提供了新的突破口,更为全面提升全校师生的幸福指数提供了新的支点。

二、实施学校积极心理健康教育中生命教育的主要任务

通过3年左右的时间,初步建立全方位、全过程、全员参与、全面渗透的立体型生命教育模式,基本形成实验高中鲜明的积极心理健康教育中的生命教育办学特色,力争在区域普通中学乃至心理健康教育领域产生积极的影响。

三、深化积极心理健康教育中的生命教育的主要举措

1. 关注生命实践,构建新型师生关系

关注生命是教育学的基本品格,也是心理学智慧的源泉。华东师范大学叶澜教授创立的"新基础教育"以"生命·实践"为主旋律,以直面生命、关怀生命为基本价值追求,以"生命"、"生活"、"生成"为主要线索,以对生命的理解和尊重为基本价值取向。她认为,"真正的教育智慧就是建立在对自我生命、他人生命和对两者沟通的体悟的基础上",倡导"教育是促进人的生命发展的一种独特的实践活动,即生命实践活动"。这为实施心理关怀、提升生命活力提供了一个理想的范式。我校倡导教师要以生命的眼光看待教育教学工作,善于分析和理解学生,切实把"爱"转化成为一种能够发现和挖掘每个学生生命独特价值的欣赏能力、透析能力,转化成为一种能够促使学生的生命获得健康发展的推动力,转化成为一种构建新型师生关系的感染力。

2. 构建"主体—发展性"心理健康教育模式

"主体—发展性"心理健康教育模式是对积极心理健康教育理念的一次

大胆实践。积极心理教育的宗旨是“优化心理机能，提升精神品质，形成和谐人格，服务人生幸福”。因此，在教育中要基于关怀，直面发展，以人为中心，尊重、推崇学生的发展，弘扬生命存在的意义和主体独立自觉的价值，学校教师要加强积极引导，给予积极帮助，为学生创设快乐学习、幸福成长的环境，并充分唤醒学生的主体意识，引领学生主动体验积极情感，主动改善心理机能，主动培育积极的心理品质。

3. 倡导积极的心理健康教育

国学大师梁漱溟先生认为，“生命本性可以说就是莫知其所以然的无止境的向上奋进，不断翻新”。从本质上说生命原本是以积极的状态呈“向上、向善”发展趋势的。而积极体验有利于树立正向的体验价值。中国教育科学研究院孟万金教授提出了积极心理健康教育实施的 14 项核心内容和途径，即：增进主观幸福感，提高生活满意度，开发心理潜能，发挥智能优势，改善学习力，提升自我效能感，增加沉浸体验，培养创新能力，优化情绪智力，健全和谐关系，学会积极应对，充满乐观希望，树立自尊自信，完善积极人格。可见，积极心理健康教育重视开发人的积极潜能，注重培养积极的心理品质，注重塑造积极向上的心态，为幸福人生奠基。

为此，在教育过程中要面向全体，坚持从正面积极的因素入手，用发展的视野、积极的方法去开展教育活动，预防心理问题，消解心理障碍，发展多元智能；启用积极性评价促进学生的积极情绪体验，发展学生的积极心理品质，实现“从只关注于修复生命中的问题到同时致力于建立生命中的美好品质”的生命关怀价值，切实从“生命”出发，用“积极的视角发现和解读问题的积极方面，用积极的途径培养积极的品质，用积极的思想浇灌积极的心灵，用积极的过程提供积极的情感体验，用积极的反馈强化积极的效果”。

4. 创设条件，营造心理关怀大环境

(1)我校学生成长发展中心下设成长驿站(个体咨询室)、团体活动室、小团体辅导室、沙盘室、馨萱室(宣泄室)等功能室。各功能室通过对学生个别咨询、团体辅导、沙龙式交流活动，将生命教育与教学相结合，改善自我认知，开发潜能，全力打造具有持续学习力、心智成熟与全面发展的学生。

(2)打造鲜明的积极心理校园文化特色

整体设计，分步实施，把积极心理健康教育与学校的办学理念、办学目标相融合，力求营造出具有积极心理健康教育特色的校园文化环境，使之潜移默化地、积极地影响师生的心理。

5. 目标管理，考评激励

将学校教师开展的生命教育的探索成果（如发表论文、课题研究、课例设计、校本课程等）纳入学校考评与年终评优，并与职称评定挂钩，促进了行动实施和工作落实。

四、积极心理健康教育中的生命教育探索取得的主要成效

实施积极心理健康教育，给学校的改革与发展注入了活力，并初显成效。在日常学习、工作和生活中，“积极心理”、“生命教育”成为高频词，大家开始有意识地运用相关知识指导自己以及影响周围人群。科研成果列举如下：

1. 校本教材《心理健康教程》获得“青岛市校本课程一等奖”和“即墨市新异课程一等奖”。

2. 学校荣获“青岛市心理健康教育示范化学校”称号。

3. 学校“积极心理健康教育中的生命教育探索”被评为“山东省基础教育研究优秀成果”。

4. 学校心理教师上的《合理归因　助我成长》一课获“青岛市优质课一等奖”。

五、未来愿景

基于积极心理健康教育的生命教育让学生感悟到生命的有限性、唯一性，从而思考个体生命的存在价值，并在人生实践中实现生命价值，教会学生接受与认识生命的意义，尊重与珍惜生命的价值，热爱与发展每个人独特的生命，并将自己的生命融入社会之中，树立起积极、健康、正确的生命观。珍惜生命、敬畏生命，才可能培养起坚定的理想和信念，才可能以博大的胸怀和坚韧的毅力去实现个体的生命价值，为社会创造幸福。

生命教育——学生心理健康教育的研究与实践

王保田　张新荣　柳莹　周品妮　支鹏　田艳红

学校简介：富平县华朱初中毗邻陕西省青少年爱国主义教育基地习仲勋陵园，学校环境幽雅，绿树成荫，是一所公办寄宿制学校，在校学生500余名。学校始终坚持“管理兴校、质量立校、科研强校”的办学思路，从细节入手，狠抓生命健康教育，教育教学质量连年攀升，赢得了学区群众的赞誉。近年来，华朱初中先后荣获“国家级‘春苗营养计划’优秀管理奖”、“教育部‘十二五’重点科研课题‘全国生命教育’结题成果二等奖”、“省级学生劳动实践示范基地”、“渭南市师德建设先进集体”、“渭南市文明校园”、“渭南市学校后勤管理示范学校”、“渭南市学校营养餐管理示范学校”、“未成年人思想道德建设先进集体”、“德育工作先进集体”等50多项荣誉。

校长简介：王保田，中学高级教师，渭南市先进教育工作者，渭南市青少年发展研究会会员。多篇论文荣获国家、省市级奖励。在学校管理中，他始终坚持“管理兴校、质量立校、科研强校”的办学理念，赢得了学校师生的一致好评。2013年荣获“陕西省科研兴校明星校长”称号。

2011年4月，在县教育局基教股指导下，华朱初中申报了教育部“十二五”重点科研课题“新形势下生命教育的理论与实践探索”子课题“心理健康教育的实践与探索”研究工作。两年多来，学校领导高度重视，按照课题研究的计划与进程，组织部分骨干教师展开了课题研究工作。投入近四万元资金，开展了丰富多彩的生命教育活动，并于2012年10月圆满结题，结题获二等奖。现将实施情况以及后来开展的工作总结如下：

一、寓生命教育于学校教育的全过程

1. 生命教育在课程中落实

(1)虽然目前学校还没有开设生命教育课程，但生命教育在其他各课程中已经渗透。如我校自申报此课题开始，就通过召开“生命教育”专题会议，向全校教师宣传生命教育理论，要求教师在本学科教学中渗透生命教育理念，注重学生心理方面的引导与疏通，让学生在学科学习中潜移默化地领悟生命的意义。

(2)学校建立了心理辅导室，聘请田福生老师担任心理辅导咨询师，帮助有心理困惑的学生及时解开心结。

2. 生命教育在活动中开展

(1)学校积极开展“国旗下讲话”、“阳光体育运动”、“健康大课间”等活动，为学生创建了积极向上、强身健体的平台，使学生在活动时，不但强健了体魄，还形成了阳光的心态。

(2)学校组织开展生命教育专题活动。如地震应急演练、溺水应急演练、火灾应急演练等，教育学生面对自然灾害时要镇静，掌握自护自救方法，认识生命的宝贵。

(3)学校组织开展生命教育的专题讲座。如有交通安全教育、校内安全教育、家庭安全教育、急救知识等讲座，并教育学生积极预防流行性疾病，拒绝不良嗜好与习惯等。

3. 生命教育在体验中渗透

学校合理开展生命教育实践活动。首先，组织学生参观健教园，认识健康对于生命的重要性。其次，组织新生填写“学生基本情况调查表”，特别是在调查表中设置“困惑与烦恼”一项，以便及时了解学生成长过程中遇到的问题。引导学生懂得如何回报帮助过自己的人，如何使自己的生命更有价值。再次，有秩序地组织学生参与到学校的综合实践活动中，体验劳动的快乐和生命的意义。

4. 生命教育在校园、班级文化中闪耀

(1)创建独特的校园宿舍文化。我们课题组的教师关注本班学生宿舍文化的建设。如在宿舍贴上鼓舞人心的话，种养几株喜欢的花草，把宿舍建成一个温暖的“家”。

(2)创建积极向上的班级文化，对学生良好道德形成方向上的引导。这种引导既可以是文字性的，也可以是图画性的，无论是教室内黑板报的布置还是其他布置，都赋予班级文化内涵，同时，让学生明白其中的意蕴。

二、课题研究取得的阶段性成果

本课题研究目前已取得初步成果，学校领导、教师对生命教育由不知到知，由不能到能，发生了很大变化。

1. 教师提高了生命教育的理论知识，提升了教育水平

(1)教师明确了开展生命教育与提高学生素质教育的关系，对生命教育的理论关注得更多了。

(2)在教学活动中体现生命关怀。生命教育是充满人性关怀的教育，应用生命去温暖生命，用生命去滋润生命，用生命去灿烂生命。

(3)在生活中以身作则，开展生命教育。教师健康地、快乐地、有尊严地、负责任地、有爱心地、有创造性地生活，给学生树立了榜样。

2. 学生行为日趋文明规范，个个健康成长

(1)形成了良好的行为习惯和积极的情感态度。让学生通过各项活动增强体验，关注自身的身体及成长过程，在对各种生命现象及自身认识有所提升的同时，逐步养成良好的行为习惯，学会珍惜生命，并获得一定的自我保护能力。

(2)生命教育的实施逐渐课程化。学校全面实施生命教育课程，努力推进生命教育选修课的课程化建设以及生命科学素材包的建设。

3. 课题研究成果显著

经过两年多的研究实践，我们对“农村初中学生的心理健康教育”的研究取得了一定成果，达成了共识，获得了一定的效益。此研究于 2012 年 10 月结题，结题报告论文获国家级二等奖。

针对该课题，教师们撰写了相应的教研论文，柳莹老师的《树立班主任的威信》、樊娟娟老师的《与逃课说再见》、郑红利老师的《给点阳光就灿烂》、周品妮老师的《让学生形成自主学习和自主管理的习惯》等 16 篇论文获得好评。教师通过学习别人的先进经验，认真撰写课题教研论文，水平得到不断提高。

三、课题研究遇到的困惑以及今后的工作设想

1. 有关生命教育课研相关的资料较少，需要学校和教师大量搜集整理。今后我们将鼓励每一位教师发现和挖掘教材中的生命教育因子，学会利用教学过程中的各种资源开展相关教学。还可以通过搜集国内外有关生命教育的大量的理论，如利用网络平台、QQ 平台和邮箱获取生命教育的有关信息，通过课堂教学或其他专题形式，让学生了解生命教育的主要内容及教育意义。

2. 我校两年多来拿出了近四万元经费用于课题探究，但要真正做好课题，还需要更多的经费投入，以解决在研究过程中教材购买、会议交流、走访调查、查阅资料等费用难题。

3. 我们将和总课题组一起，建立富平县生命健康教育实践基地。由著名教育家肖川教授指导，全力推广生命教育的科研成果，扩大生命教育的影响范围。我们还将组织课题组教师积极撰写有关教育叙事、教学案例等教育教学论文。

总之，通过两年多的课题研究，我们课题组深有感触：我们的家庭教育、学校教育和社会教育，往往只重视对青少年的应试教育、成才教育，而忽视生命教育，缺乏对青少年的人文关怀。与成人相比，青少年的心理更脆弱，更容易受到一些突发事件的影响，更容易产生心理疾患。课题组认为，与知识教育相比，“生命教育”更为重要，因为这关系到学生个人、家庭、社会的希望和未来。

学生毒品预防教育的研究与实践

杨增书　何世峡　李清　方庆南　钱义兵

学校简介：云南省曲靖市第二中学位于曲靖市麒麟区，是曲靖市直属高中，前身是云南省曲靖师范学校，2002年转型为普通高中。目前学校占地面积75.6亩(1亩=667平方米，后同)，建筑面积约54 800平方米，在校学生2980人，现有47个教学班。专、兼职教师175人，其中特级教师7人，高级教师63人。学校提出了“学校的一切都要为着学生的充分发展而设计和运作”、“为学生的成功发展和人生幸福奠基”的办学宗旨，不断落实“品德奠基，质量立校，发展为本，创新飞跃”的办学理念，全力促进学生成人、成才、成功。转型以来，学校被教育部授予“依法治校示范学校”称号，四次被中共云南省委、云南省人民政府授予“文明单位”的称号，学校党委被云南省委评选为“先进基层党组织”。2009年，我校被中央文明委授予“全国精神文明建设先进单位”的荣誉称号。2013年，在云南省一级高完中教育教学质量综合考评中我校名列全省第9名，荣获教学质量一等奖，跻身于云南十强优质高中队伍。2013年，学校被批准为云南省25所首批高中特色化发展实验学校。

曲靖二中是曲靖市“毒品预防教育先进学校”，国家禁毒办、中国禁毒基金会和云南省禁毒委“不让毒品进校园”项目试点学校。在曲靖市禁毒委指导下，从2004年开始，我校开展了“毒品预防教育的研究与实践”，制订了《曲靖市第二中学“不让毒品进校园”项目试点学校工作方案》，将毒品预防作为学校教育的一项重要内容，并纳入学校教育教学工作计划之中。我校师生积极探索和实践，开展了各种形式的教育实践活动，出色完成了作为项目试点学校所承担的工作，提高了全体师生防毒、拒毒的能力。

一、毒品预防教育研究与实践的背景和意义

云南地处禁毒的前沿阵地，禁毒任务繁重，禁毒形势严峻。随着吸毒人群低龄化，青少年成为易染毒对象，在青少年学生中开展禁毒教育活动，进行毒品预防教育工作，是遏制毒品问题发展蔓延而采取的重要措施。

毒品预防教育是学校在社会发展多元化的大背景下，面临的一项十分重要而紧迫的任务。青少年接受教育的主要途径是学校的教育，因此毒品预防教育很大程度上要依赖于学校教育。

毒品预防教育是公共安全教育、健康教育、生命教育、生活教育、生存教育的重要组成部分，是素质教育的重要内容。毒品预防教育不仅仅局限于对毒品知识的普及教育，实际上还包括了各种人际交往技能的培养。

毒品预防教育是一项长期的基础性教育工作，需要以科研为基础，以理论为指导。

二、毒品预防教育研究和实践的主要内容

我校毒品预防教育研究和实践的主要内容：

1. 完成"不让毒品进校园"项目试点学校所承担的工作，逐步形成具有本校特色的毒品预防教育。

2. 积极探究在中学生中开展毒品预防教育的方式方法，探究适合中学生特点的教育途径，制订切合实际的毒品预防教育计划，建立符合中学生特点的毒品预防教育长效机制。

3. 建立校内外毒品预防教育网络，办好家长学校，积极参与社区活动，提高学生、家长的禁毒知识知晓率。

4. 将毒品教育渗透到学科教学之中。重点研究教学方法与技能、毒品预防教育效果评价等，并以此为基础编写出具有可操作性的教案和课件。

5. 注重学生的内心体验，开展体验式学习活动。如组织好志愿者服务队工作，做好新生的入学教育、世界艾滋病日和禁毒日的宣传教育工作以及暑期社会实践活动。

三、毒品预防教育研究和实践的主要成果

1.结合新课改实际,我校逐渐形成了符合中学生特点的毒品预防教育长效机制。

(1)在课堂教学实践中,我们发现,化学、生物、历史、地理、政治、心理健康等学科都有渗透毒品预防教育的切入点。在课堂教学的设计上,我们可以把毒品预防教育和新课改结合起来,让毒品预防教育嵌入其中,充分发挥学科优势,把毒品预防教育合理地渗透到学科教学之中,使毒品预防教育知识与学科知识有机地结合起来。学生在学习学科知识的同时,也可以受到毒品预防教育。实践证明,渗透教育是毒品预防教育走进课堂的最好方式,其效果是其他宣传教育难以替代的。

(2)组织学生参加禁毒体验活动,发动学生走向社会,培养学生的社会责任感。学生参与禁毒宣传的禁毒体验活动,并纳入社会实践活动之中计算学分。学生开展毒品预防小课题研究形成的成果(小论文、调查报告、音像材料等)在校内展出,作为研究性学习的成果计算学分,通过这些方式使禁毒教育的课外体验活动常态化、规范化。体验性学习使禁毒教育化被动为主动,学生的积极性被调动起来,远离毒品成为学生的自觉行动。

(3)积极开展教学研究活动,上好毒品预防教育专题课,形成针对不同层次、类别的学生的可复制、可推广的禁毒教育模式;开展毒品预防教育系列活动,让所有学生都能通过不同渠道接受禁毒教育,了解毒品防范知识,了解知道毒品的危害,从而自觉远离毒品。

目前,学校实现了 4 个 100% 的目标:学生接受禁毒知识教育面达 100%;开展禁毒教育活动达 100%;在校学生无涉毒行为面达 100%;学生家长禁毒知识知晓率达 100%。学校在广大青少年的心灵上构筑起一条坚固的防线,帮助学生树立珍爱生命、远离毒品的观念。

2.加强师资队伍建设,开展师资培训,在教师中普及毒品预防知识,提高业务水平,我校初步形成一支稳定的毒品预防教育师资队伍。

(1)选派教师参加禁毒教育一级培训,积极开展二级培训,提高禁毒教育专、兼职教师专业化水平。目前学校有 6 名教师参加了曲靖市《全国"不

让毒品进校园”活动系列教育读本》一级师资培训班，均取得“曲靖市一级师资培训班结业证”。学校针对47 名班主任和135 名骨干学生进行二级培训，主要内容是介绍相关教学计划、方案、活动步骤，并配发《毒品预防教育读本》及其教案、活动包、PPT 课件等。

(2)学校积极开展禁毒教育专、兼职教师教育科研活动，提高课堂渗透毒品预防教育的能力，积极开展相关的教改或科研成果交流活动，积极组织参加省、市的禁毒教育说课比赛和课堂教学竞赛，如安粤廉老师的作品获“云南省禁毒教育说课比赛三等奖”，而邓家术老师的生物课“神经调节”成为渗透毒品预防教育的经典课例。

3. 加强教学组织与管理，用好地方教材，开发校本教辅资料。

(1)制订符合学生身心特点和中学教学实际的禁毒教育教学计划。各班按照政体处的统一布置，利用班会课完成教学，确保每学期2 课时。学生禁毒教育课外实践活动由团委布置安排，并记入学分。

(2)政教处组织教师有重点地开发教学资源，编写校本教辅资料，指导各年级开展毒品预防教育：由参加过市禁毒骨干培训的教师统一编写教学活动方案，提供给各班参考；充分利用师资力量，积极开展禁毒教育选修课的开发，举办禁毒专题讲座。

(3)学校计划投资8 万元建设毒品预防教育活动室，作为学生活动、展示成果的场所。

4. 以喜闻乐见的课外活动为载体，推进毒品预防教育工作。

具体活动如下：

举办禁毒教育美术作品创作活动：在美术教师的悉心指导下，创作活动课涌现了很多优秀作品。举办禁毒文艺节目展演：情景剧《罂粟之恶》被选定代表曲靖市参加云南省学校“禁毒防艾”舞台剧创作表演大赛。

举办读书活动，开展禁毒主题黑板报评比，开展禁毒教育知识问卷调查。以“6·26”国际禁毒日为契机，组织学生开展“读一本禁毒书籍，看一场毒品预防教育专题片，听一场毒品预防教育专题报告，写一篇禁毒感想的文章，出一期禁毒主题黑板报”的活动。通过这些活动，广大学生提高了对毒品危害的认识，增强了自觉抵御毒品的能力，共同营造了一种人人防毒、拒毒的良好氛围。此外在禁毒日进行的知识竞赛中，同学们都能认真查阅资料，顺利完成答卷，成绩很好，令人满意。

开展国际交流与合作。2007 年我校举办了中泰毒品预防教育座谈会，我校学生与泰国中学生进行了深入广泛的交流，学校领导和部分教师与泰国中学生毒品预防教育代表团进行了亲切友好的交流，我校毒品预防教育得到来宾的赞赏和肯定。2010 年学校与英国兰德学校建立了合作关系，在学校“禁毒防艾”的合作与交流中达成了共识。

教师教育学生防范毒品，远离毒品才会有校园的平安、和谐。毒品离我们的学生并不遥远，我们必须看护好学生健康的思想和纯洁的心灵，否则稍有不慎，毒品就有可能潜入校园。毒品预防教育工作容不得半点松懈，力度不能有丝毫减轻。我们要从思想上高度重视，始终保持清醒的头脑和高度的警惕，努力做好毒品预防教育的各项工作。

“活出自己”才能实现生命价值

刘永军　齐占忠　徐卫东　刘中昌　孟凡彬　丁志刚

学校简介：河北昌黎第一中学是河北省首批办好的 13 所重点中学之一，河北省首批示范性普通高级中学，河北省信息技术教育研究实验学校，河北省学生心理健康教育实验学校。学校占地面积 390 亩，环境幽雅，设施先进，是一所现代化的花园式学校。近年来，学校先后建起了高标准的教学楼、科学楼、图书馆、体育馆、学生宿舍楼、双层学生餐厅、标准塑胶运动场等，为学生提供了舒适的学习、生活环境。

校长简介：刘永军，男，1967 年生，中共党员，研究生学历，中学高级教师，曾任中国西部教育顾问、河北师范大学硕士研究生导师。自 2006 年上任以来，刘校长以与时俱进的开拓精神和科学先进的教育理念带领全校师生抢抓机遇、奋力拼搏，为昌黎一中这所百年名校不断续写新的辉煌。近年来，学校先后被评为“省文明单位”、“省德育先进学校”、“省安全文明校园”、“省依法治校示范学校”、“省先进基层党校”、“省普法工作先进单位”、“省现代信息技术教育试验学校”。他本人先后被评为“首批秦皇岛市中小学骨干校长”、“市优秀教育工作者”、“市中小学健康教育实验研究先进校长”、“市安全工作管理先进个人”等，并当选为昌黎县第十一次党代会代表。

在心理健康教育实践中，我们已明确在学校进行心理健康教育的重要性和迫切性。在科学技术飞速发展、竞争日益加剧的今天，我们更应注重学生潜能的开发，培养学生良好的社会适应力。那么到底该如何对中学生进行心理健康教育呢？

为了帮助同学们更好、更清晰地发掘自我，了解自己，我们在高二年级心理课上开展了毕淑敏老师的《心灵7游戏》之《我的五样》活动。在活动中我们引导学生细致地体察自己，知晓重塑自我的途径。“一个选择，决定一条道路。一条道路，到达一方土地。一方土地，开始一种生活。一种生活，形成一个命运。”毕淑敏老师在她的《心灵7游戏》中如是写道。通过这些活动，学生们意识到应该珍惜自己目前所拥有的，并能从实际行动上去表达这种珍惜。在交流分享阶段，同学们真诚地分享了自己的心声，说到动情之处还伴随着啜泣之声。

活动后同学们这样说：

同学甲：“我从来没有认真思考过自己心中最重要的是什么，可在这个活动中我清晰地看到了自己的内心，发现自己最舍不得的竟然是亲情，竟然是平时唠唠叨叨的父母。对我来说，日常生活中我真的没有那么珍惜他们，老惹他们生气，现在想想真是不应该。”

同学乙：“五样珍贵代表着心底里最珍爱的五样东西。我挥霍着自己真爱的东西，可发现挥霍之后，什么也没有留下。我还以为感情就像行李一样可以放在车站，过后还可以去取，可发现并不是那样。我愿倾尽所有去换取我最珍贵的一样——家人。”

教师感言：

《心灵7游戏》之《我的五样》讲授了5天，每天都有着深切的感动。感谢同学们的深情参与，感谢同学们的积极体验，更感谢同学们的真情分享。

我们生命中最为珍贵的五样东西，曾经都是我们的挚爱，随着我们的选择与放弃，我们亲手埋葬了四样，而最终只留有了一样。看着面前的白纸，不舍、心痛、挣扎、哭泣等各种感受纷至沓来，然而我们终于还是认识到了生命中最为珍贵的一样，同时也体会到了放弃的残酷。我们感受颇深，受益匪浅。

领悟一：生命是合作

肖川教授曾说：“如果我们的教育能够带给学生温暖的回忆，并因此热爱学习、交往、探索与富有个性的表达；如果我们的教育能够让学生学会自律、自主、互助与合作，提升着他们生命质量和生命尊严的意识；如果我们的教育能够让教师更多地感到精神的充实和生活的愉悦，并总是信心满满地投入工作；如果我们的教育能够让家长感到信任、自觉地支持学校的工作并由此而获得成长，那我们的教育就可以当之无愧地称之为生命教育。”在日常的教育教学中我们发现，学生在生活中往往以“自我利益”为先，重竞争忽视合作。为改善这种现状，增强集体凝聚力，也为提高学生自主、互助和合作意识，我们开展了“穿越封锁线”的团体心理辅导活动。

这个项目要求团队中的每个人在规定的时间内从规定大小的网孔中钻过去，并且身体不能碰网，活动开始后团队成员之间只能使用肢体语言交流。在活动开始阶段，多数同学都是各自为政，尝试着依靠自己的力量完成任务。多次失败后，他们也开始向自己的伙伴寻求帮助、合作。他们开始研究策略，制订计划。他们选定了瘦小灵活的同学作为第一个合作对象，双手撑地，双腿被伙伴们抬着，第一个成功地过去了。他们无声地用力握起了拳头，用眼神互相鼓励着。在合作模式下，团队中的每位同学都完成了任务，即使是体重100多公斤的同学也惊喜地发现自己已经完成了本来不可能完成的任务,顺利地穿越了封锁线。在本次活动的过程中,每位同学都有很深的感悟,他们从关心个体能力到关心团队组织、协调及配合,他们意识到只有这样,才能把团队合作的精神发挥得淋漓尽致,这就是合作,这就是成长。

此次活动给了同学们一次难忘的经历,让他们领会了团队精神、信任和沟通的重要性,认识了群体的作用,让他们在人际关系、关心他人、与人合作方面有了全新的认识。

领悟二:信任是一种有生命的感觉

信任是一种有生命的感觉,信任也是一种高尚的情感,信任更是一种连接人与人之间的纽带。你有义务去信任另外一个人,除非你能证实那个人不值得你信任;你也有权受到另一个人的信任,除非你已被证实不值得那个人信任。

"盲行"是团体心理辅导中的一种游戏活动。采用活动、体验、感悟和提高的模式,使参与者在体验人际交往中的情绪和行为的同时,产生一种心灵的碰撞、人格的互动,实现多元多赢的交流,从而使参与者在乐趣中受训,在时效中成长。

当有学生谈到,在盲行中为了表示关系融洽,偶尔会开玩笑,有时不再引导盲人,而是让盲人自己一个人走。尽管只是玩笑,但盲人在那种情况下可能会很紧张、害怕,特别是盲人如不小心碰到墙后,建立起来的信任感会马上消失,这时盲行任务的完成会受到影响,可能盲人根本就不会继续走了。面对这种局面,教师可以提醒学生思考:在生活中,尽管是好朋友,有时也不能无原则地开玩笑,你觉得这样是融洽关系,但对方未必这样想(在生活中,有些人就是因为开玩笑过分导致朋友关系分崩离析),而信任感一旦受到打击,再度建立是很麻烦的,所以我们应该珍惜彼此的信任。这种分享需要教师认真把握学生在生活中遇到的问题。

通过游戏活动,同学们理解了"盲行"的真正含义,学会了在生活和学习中如何相互沟通,如何帮助他人,明白了相互信任的重要性,同时也理解了感恩的含义,懂得了珍惜现在的幸福生活。

活动后有同学这样总结:"……开始,我还不敢往前走,总怕前面会撞上什么。而她(指静香)会尽最大努力为我描述我所处的场景,鼓励我勇敢前行。在这个过程中,唯一可以听从、唯一能信任的就只有她了。于是我慢慢变得勇敢,坦荡荡往前走。当有台阶时,她会双手扶紧我,努力去描述前行道路的状态。虽然有时会有点小紧张,不过还好,最后我成功地到达了终点。当她跟我说中途我走上的高台就是下面有水的荷花池边沿时,我确实很惊讶——平时睁着眼睛都不敢上去的地方,竟然在看不见的情况下上去了。"

"信任是良药,是信任让我前行。当我摘下眼罩重见光明,我就看到静香一个大大的拥抱向我扑来,让我倍感温暖,友谊也在这次盲行中愈加坚固了。"

总之,生命教育就是活出生命的意义与价值,通俗来讲,就是要活出自己。关怀生命已成为我国当代学校教育价值的新取向,作为学校心灵工作的播种者、实践者,我们理应将生命教育作为心理健康教育工作的永恒主题。

生命教育在思想政治课教学中的实践与探索研究

张绿沈　赵秋菊　颜春丘　王忠德　牛萍

学校简介:柳州铁路第一中学创建于1946年,是一所有近70年办学经验的全日制高中,是广西壮族自治区重点中学,2002年被广西教育厅确定为全区首批示范性普通高中。学校以科研为先导,促进教育教学改革,成绩斐然。学校以"责任教育"课题为核心的德育教育新模式的研究,促进了学生身心健康发展,成为学校综合性教育的一大特色,对学生的良好品质和行为习惯的养成起到难以估量的作用。学校的"高效课堂教学模式的研究"的课堂教学改革，抓住了素质教育的核心，研究如何培养具有创新精神和实践能力的中学生，极大地调动了广大教师参与科研的积极性。

校长简介：胡冬梅，中学高级教师，自治区先进工作者，自治区骨干校长，自治区绿色学校优秀校长，自治区五一劳动奖章获得者，自治区“巾帼建功”标兵，柳州市第十届人大代表，铁道部中青年有突出贡献专家，中华全国铁路总工会火车头奖章获得者，全国城镇妇女“巾帼建功”标兵，铁道部首批青年科技拔尖人才。在外享有较高声誉，多次担任校长培训班和教师培训班主讲，是广西壮族自治区基础教育的领军人物。

印度诗人泰戈尔说：“教育的目的应该是向人类传递生命的气息。”教育的作用在于提供一个安全、自由、充满人性味的心理环境，让学生固有的优异潜能自动地被挖掘出来，从而使学生得到发展。为此我们做了以下一些尝试。

一、确立“诱—动—情—思”的教学方式，寻找渗透生命教育之教学方式

教学中，“诱”是基础和前提，其本质应是创设一种教学情境，这种教学情境应该能够“拨动学生的心弦”。我们在教学中，应该改变过去写教案的思路，应该了解学生之后去备教材，备学案，这样才能在教学中体现学生的主体性地位。“诱”要坚持以问题为中心，以贴近学生生活为出发点，体现人文精神。

“动”是激活课堂氛围的切入点。学生的行为过程可以归纳为一个字——“动”。要展现“动”，就要在教学中充分尊重学生的创造性，体现学生的主动性。学生的动，必然要求教师的动，教学是一个互动的过程，如果不能在教学中实现师生互动、生生互动，这种教学方式是没有意义的。

“情”是指激情。要求在教学中创设情境，在教学中通过各种方法激发学生的学习激情，在教学中让学生有快乐的心境体验。俗话说，成功始于意念，反映于心理。快乐的心境或压抑的心境，对学习结果的影响是截然相反的。

“思”就是在教学过程中学生通过学习体验，形成良好的反思性学习习

惯。只有形成良好的反思性学习习惯，学生才能充分实现其独立性、能动性、创造性、基础性。

结合政治课教学开展的诱思探究教学在“诱—动—情—思”方面应该做到：

1. 提升信心，激发学生的信心和学好思想政治课的信念

自信是力量的源泉。进行自信的培养，是激发学生学习激情的首要因素。我们不妨用“皮格马利翁效应”来激发学生的自信心和上进心——心理学书籍《课堂中的皮格马利翁》讲述了两个教育工作者的实验。研究者向一所小学提供了一份名单，说这是从一项测验里发现的天才学生，只不过是“迟熟”罢了。其实这是从该校的学生名单里随意抽出来的。然而有趣的是，学年结束时，这些学生成绩果然比其他学生好出许多。研究者解释，是教师对这些学生的期望和鼓励，激发了学生的自信心和上进心。

2. 启动兴趣，激发学生学习的热情和求知欲

心理学认为，学习动机与兴趣、情感、反馈、奖惩、竞赛等多种因素有关，而兴趣在学习动机中居于核心地位。教学中若能激发学生的学习兴趣，必然会刺激学生的求知欲望，从而达到预期的教学目的。

学生的学习兴趣与教师的教学方法关系密切，在教学过程中根据教学内容，采取适当的教学方式导入新课，是激发学生学习兴趣的有效途径。思想政治课在导入新课上可灵活采取“新闻分析”、“故事、诗歌、谜语、谚语”导入、“举例导入”等方法，从而激发学生的学习兴趣。

3. 启动乐学，让学生快乐地学习和在学习中体会快乐

心理学实验表明，当人想快乐的事时，人的神经系统会习惯性地令人处于一种快乐的身心状态。学习是学生个体的体验，人不可能在强迫中学到东西，因此教学应做到寓教于乐，寓学于乐，让学生在学习中体验到快乐，从而快乐地学习。思想政治课启动乐学的一个重要途径是教学过程中要做到枯燥东西趣味化，不给学生制造压力。它主要是通过在课堂中引入各种活动的方式得以实现。

4. 启动目标，让学生体验学习成功的喜悦，增强学生学习的动力

学习的动力在于不断地体会到成功的喜悦。目标的作用是巨大的，是

对人的一种鞭策。人一旦有了成功感,就会乐观起来,悦纳自己,学习的动力就会进一步增强。

教师在教学过程中,要注意把握教学内容的层次性,确定不同层次的教学目标,把教学任务分成若干个步骤,让学生在学习的过程中每一次努力都有成功的喜悦。教师在教学中可以多给学生自由支配的时间,按"基础→理解→联系→综合"四个层次进行教学,做到由浅入深、由表及里,使学生在每一阶段的学习都能体会到成功的喜悦。

二、定期定时组织教师参与集体备课,研究分析与整合教材,使之与生命教育相融合

1. 搜集整理素材,建立教学素材库

首因效应,指在社会交往中,最初获得的信息较以后得到的信息对于整体印象和态度会产生较强影响的现象。因此,第一印象作用最强,持续的时间也长,比以后得到的信息对于事物整体印象产生的作用更强。所以我们也应该重视教学过程中的首因效应,采用各种方法使学生对所学内容形成强烈的第一印象,为此备课组教师分工合作,搜集各种素材资料,以文字、图片、视频等形式组建素材库,便于优势互补,活化知识。

2. 发挥集体智慧,妙解学习方法

思想政治课一直给学生一种古板严肃的印象,其实这并不正确,可如何还原其生动、活泼的一面呢?除了教学过程的探索变革之外,学习方法的教授方面也有一定的帮助。在给学生讲解学习方法时,我们使用了网络流行语、卡通配图等方式,拉近了教师与学生的距离。

三、尝试开发思想政治课的有趣活动,激发学生学习兴趣

为了不使政治课教学内容与学生的自身体验相脱节,让学生体会到学习的快乐,我们尝试在政治课中开发和引入活动。

1. 辩论使人明智

"学源于思,思源于疑","辩论使人明智"。政治教学中激发学生的疑和辩,既实现了学生与学生、教师与学生的互动,也点燃了学生的思维火种。

矛盾是事物发展的动力。教师要激发学生的问题意识,开展讨论,可以通过创设认知冲突情境来实现这一目的。如讲到"市场经济与集体主义价值取向"时,引用一则例子:某大学生到某公司应聘,看到一位老人后,主动让座,但公司的领导认为她这是缺乏市场竞争意识,故不被录用。这就很容易激活学生的问题意识,活跃课堂气氛,实现课堂教学的互动。

2. 时政进课堂——学生的时政发布会

怎么才能激发学生的学习兴趣,激活课堂的教学,实现教与学的互动呢?我们决定在学生中开展"时政进课堂——学生时政发布会"活动,在每周的第一节课进行。

根据当前时事,每组确定一个专题,结合书本知识进行分析,广泛收集材料,开展讨论,形成文稿,每周定期发布。有的专题做得很深入,学生的知识、能力得以充分体现。教师将学生每次做的专题都收集上来,并进行整理、归纳,张贴公布、表扬。

"时政进课堂"这一教学方式展现了学生的主体性、合作性、探究性原则。学生需要分工合作收集材料,既要求学生充分地掌握所学的学科知识,又要求学生综合运用思维对材料进行分析、理解、运用,从而培养了学生的综合思想能力、合作能力、语言表达能力,并充分调动了学生的积极性,实现了课堂教学中抽象的东西具体化、枯燥的东西趣味化。

3. 关于引入活动的其他随想

受各种主客观因素的制约,有很多关于"活动进课堂"的想法没有得到实践,例如组织学生参观博物馆;参观柳州的一些著名企业以了解柳州工业的历史、地位及贡献;在政府机关开放日,带领学生参观政府机关,以了解政府的办事流程、职能等,增进学生的公民意识。很多时候,老师口沫横飞的一节课,比不上学生自己的一次经历。

通过以上一些尝试,学生的学习有了热情,教师的教学有了激情,而教育的初衷不正是通过传递生命的信息,以生命滋养生命么?

法在心中　伴我成长

龚燕泉　邱景科　史秀梅　李维浩　谢锋俊

学校简介：南联学校创办于1951年，历史悠久，底蕴深厚，60多年来勤施教化，传承文明，是一所育人环境优美、教学设备先进、稳步健康发展的现代化公办九年一贯制学校。

校长简介：龚燕泉，硕士研究生，中学高级教师，全国小学数学教学改革先进个人，优秀教育工作者，广东省二级星星火炬奖章获得者，深圳市首届中青年骨干教师，南粤教坛新秀，龙岗区优秀校长、先进教育工作者，获“龙岗区教育系统突出贡献奖”。他是一个学者型、专家型的校长，出版著作《目标——间接管理》，发表论文《生成教学法的实验》、《多一种课程就多一种未来》、《中小学办学特色构建的实践探索与思考》等40多篇，办学成绩突出。

一、开发的背景

我校处于城乡结合部，外来人口较多，社区一些居民法制观念淡薄，违法犯罪现象时有发生。据调查，全乡1.7万多人，每年犯罪率将近2‰，学生违法违纪现象也时有发生。因此，重视和加强学校法制教育的任务迫在眉睫。为此，我校成立了法制教育校本课程开发小组。

二、课程需要评估

1. 社会发展的需要

青少年是祖国的未来和希望，在他们的身上寄托着实现中华民族伟大复兴的中国梦。党和国家领导人多次指出，法制教育要从孩子抓起。党的十二大报告中就指出：“要在全体人民中间反复进行法制的宣传教育，从小学起各级各类学校都要设置有关的法制教育的课程，努力使每个公民都知法、守法。”1985年11月，第六届全国人民代表大会常务委员会通过的《关于在全体公民中基本普及法律常识教育的决议》中指出:“将青少年作为普及法律常识教育的重要对象之一。”

2. 学生发展的需要

法制教育是德育的重要组成部分,也是德育的一项基础性的内容。对小学生进行法制教育,能提高青少年对荣与辱、美与丑的判断能力;能使他们理解和掌握相应的法律知识;能运用法律维护自己的合法权益;能使他们有较强的法制观念,具备足够的能力抵御社会不良风气的侵袭,从而降低青少年走上犯罪道路的可能性,为他们走向社会成为合格的社会公民打好基础。对小学生进行法制教育,不仅是实施素质教育和保证小学生健康成长的需要,也是进行社会主义现代化建设和建立社会主义法治和德治国家的需要。

3. 课程发展的需要

校本课程是基础教育课程体系的重要组成部分,是基础教育改革的基本发展趋势,是对国家课程和地方课程的有益补充。让孩子们知法、守法、讲法、用法,成为合格的小公民,是我们学校和老师的职责。我校法制教育校本课程的开发,是以学校教育为中心,以社会教育为依托,以家庭、社区教育为重点,努力推进青少年法制教育工作有序、有效地开展。借助《龙岗区中小学生普法教育资料读本》和学生身边的事例,切实提升校本课程开发的深度与广度。

4. 学校发展的需要

“21 世纪是知识经济时代”已成为共识,社会对人才的要求已经发生很大的变化。为适应历史的趋势,各国都积极采取了各种应对措施,尽管措施不尽相同,但大力推进教育改革,促进教育的发展是各国的共同点。我国政府在 20 世纪末就开始构思新一轮课程改革,以适应社会进步对教育的要求。新课程改革目标之一就是要将学生培养成“具有社会主义民主法制意识,遵守国家法律和社会公德”的公民。新课程的目标对教育提出了更高的要求,学校教育要适应社会的需要。

三、课程资源

1. 依托国家法律法规,构建法制教育知识体系,如《交通法》、《未成年人保护法》、《义务教育法》、《国旗法》、《国徽法》、《预防未成年人犯罪法》、《环境保护法》、《治安管理处罚条例》、《婚姻法》等。发挥全体教师的积极性和创造性，开发适合小学生的法制知识资源体系。

2. 依托校园文化建设，构建校园法制文化教育体系。在校园宣传窗、校园醒目处张贴浅显易懂的法律条文，在班级的黑板报上设立专门的《法官对你说》栏目，让学生时刻受到法律知识的感染和熏陶。

3. 依托社区地理环境，构建社区法制教育体系。我校地处深圳市郊，龙岗河从我区穿越，由于城市的快速发展，也带动了龙岗工业的发展。龙岗街道厂房林立，工业废水、工业垃圾以及生活垃圾都排入河中，造成龙岗河的污染。带领学生对龙岗河污染的原因、危害进行调查与研究，对学生实施环保教育，引导学生保护环境。

4. 依托班队活动，构建社会实践法制教育体系。社会实践活动是学校法制教育的重要组成部分，是指导学生学法、守法、讲法、用法的重要途径。在学生中开展"问卷调查"；收集社区中违法犯罪的事例；设立"红领巾法庭"；成立"学校小交警队"、"法制宣传队"。使学生把课堂中学到的法律知识用于实践，通过实践把法律知识内化为学生的自觉行为。

5. 依托"社会与生活"、"社会与品德"、"人、自然、社会"等学科，构建法制教育与各学科整合体系。因为上述学科也有法制教育的内容，可把它们与校本课程有机地整合起来，多渠道地对学生进行法制教育。

四、课程目标

1. 总体目标

通过开展各种活动，让学生初步了解一些与日常生活密切相关的法律知识和司法程序；对学生进行法制观念的启蒙教育；逐步培养学生分辨是非的能力和遵纪守法的良好品质；使学生形成知法、守法、讲法和用法的意识与能力，感受法律的威严；使学生能在各种场合宣传法律法规，能简单地运用法律武器，维护自身和他人的合法权益。

2. 具体目标

低年级：(1)认识国旗、国徽，培养热爱国旗、国徽的情感；(2)培养学生自觉遵守交通规则和保护动物的意识与习惯。

中年级:(1)了解法律的重要性,培养学习法律知识的兴趣;(2)了解法律常识,学会运用法律武器保护自己。

高年级:(1)感受法律的威严,形成基本的法制观念;(2)培养初步的知法、守法、讲法和用法意识与能力。

五、课程结构

1. 课程呈现方式

(1)通过对法律条文的解析、法律条文的背诵、法律知识的讲座、收看《今日说法》等,启发学生思考;通过"法律在我心中"的演讲活动、法律知识竞赛、法制手抄报竞赛、法制主题队会、普法征文活动以及开展的社会实践等,完成对教学目标的落实。

(2)在教学过程中,根据教学需要,课题组将改编《婺城区中小学生普法教育资料读本》,把师生收集的小故事编写成《小学法制教育故事集》,将优秀的活动方案编辑成《小学法制教育活动方案集》。

六、课程的设置与管理

1. 课时

年段	低段(一、二年级)	中段(三、四年级)	高段(五、六年级)
周课时	1	1	1

2. 师资:全体教师

3. 课程管理:为了有利于校本课程有序、有效地运作,采用科研、教学和行政三管齐下的管理方式。

(1)科研管理:科研管理侧重于课程的开发与建设。制订试行方案、分析实施情况等。

(2)教学管理:教学管理侧重于课程的实施,进行课程的开发、积累和筛选,立足于活动案例的设计,并对教学的组织形式、教学的方法和教学的评价开展实践研究。

(3)行政管理:行政管理侧重于实施质量的管理。教务处要及时总结课程实施的成功经验。任何课程的计划、目标、活动内容都必须接受教与学的转化和检验。教师和学生是活动实施的主体,要充分发挥他们的作用,最有效的方式就是方案实施信息及时交流,对方案实施过程中出现的问题及时研讨与反馈。因此,任课教师每学期上交法制教育课程案例两个,由教务处、教科室组织优秀案例评比,每个年段每学期推出一节以"法制教育"为主题的优质课,使法制教育活动始终在参与者积极能动的环境中得以实施。

七、课程评价设想

1. 对学生的评价

构建合理的课程评价方式,着眼于学生的发展,了解学生发展中的需要,帮助学生认识自我。在评价内容上,注重学生参与意识的提高和活动体验。在评价形式上,注重多样性,如竞赛式、汇报式、展示式等。在评价主体上,注重多元性,采取自评、互评、教师评、家长评等形式。在评价方法上,以鼓励为主,注重学生的发展。评价的结果,可定量,也可以定性,最终把评价的结果放入学生的成长袋。

2. 对教师的评价

主要关注教师在课程实施过程中的情感与态度,在课程实施过程中能否及时对学生的学习效果做出分析与评价,对教学效果做出反思,并提出改进的措施。学期结束时,对所任教的班级进行法律知识与遵纪守法行为的考核(遵纪守法行为可以参照四项活动竞赛情况),评价结果与教师年度考核和职称晋升挂钩。

开展生命教育课题研究　促进青少年生命健康成长

陈长兴

学校简介：福建省厦门市五显中学坐落于福建省厦门市同安区文教旅游重镇——五显镇，是厦门市最北面、同安文教旅游区唯一的一所完全中学。近五年来，学校深入贯彻党的教育方针，全面实施素质教育，赢得社会的广泛赞誉。先后获得了“福建省依法治校示范校”、“福建省红十字模范校”，“厦门市文明学校”、“厦门市义务教育标准化学校”、“厦门市绿色学校”、“厦门市三项主题活动先进集体”、“厦门市第四届中学课堂教学改革创新大赛团体奖”等30多项集体荣誉。

校长简介：陈长兴，男，43岁，硕士研究生，闽南师大兼职硕士生导师，厦门市同安区拔尖人才，福建省骨干校长培养对象。陈长兴同志长期致力于教育教学研究，笔耕不辍。他曾先后于多家省级以上刊物发表了《试论课程改革中校长角色的转变》等20多篇论文，还曾主持多项课题研究，成果颇丰。陈校长出版的教材及文集有“生命教育系列”6本地方教材，《答嘴鼓集锦》校本教材以及《校长培训札记》、《青草地》等文集。

为总结阶段研究成果，有效推进课题研究，学校课题组在实践研究的基础上，组织34位骨干教师精心编写了“生命教育系列”的地方教材，共6本，约120万字，分别是《守护生命》、《做自己生命的舵手》、《心露》、《青春正能量》、《探索生命》、《礼仪滋养生命》。

“生命教育系列”的地方教材是为了适应生命教育课程实施的需要，分别从生命教育的不同层次出发编写的。其中《做自己生命的舵手》、《守护生命》两本教材立足于呵护学生之自然生命，主要内容包括针对学生的安全教育、预防青少年违法犯罪教育等；《心露》、《青春正能量》两本心理健康教育教材立足于不断完善学生之社会生命，主要内容包括培养学生的同情心、关爱心，让学生学会宽容，学会尊重差异，学会合作，学会沟通与交流，懂得欣赏他人等;《礼仪滋养生命》、《探索生命》两本教材则立足于启迪学生的精神生命,主要内容包括引导学生从学习礼仪文化、红十字会精神入手,让学生的生命充满智慧和激情。

一、《做自己生命的舵手》

本书主要从"预防青少年犯罪"的角度来教育学生要珍惜青春,珍爱生命。全书共四个单元,十二课时,其中前三单元"驱散生命航程的迷雾"、"避开生命航程的暗礁"、"远离生命航程的漩涡",主要列举青少年在青春期中容易遇到的较为典型的问题,通过案例呈现和案例分析,引导青少年从现实生活的悲剧去观察思考,对单元课程中所提出的问题加以重视,然后通过对相关法律规章的学习,进一步提升学习效果,培养青少年学法、懂法、依法、守法的意识。再结合实际生活,发表自己的看法,将理论和实际相结合,将法律意识融入现实生活,真正达到学以致用的目的。第四单元"灯塔为生命引航",侧重阐释与青少年健康成长密切相关的部分法律规章,提出了一些改正青春期某些不良行为的习惯、预防犯罪的建议,让青少年在青春期这个敏感的黄金生命期能正视不足,自我调整,全身心地投入学习中去,成长为对家庭、社会、国家有用的人才。

二、《守护生命》

本书从交通安全知识、防溺水知识、防电防火知识、防邪教防诈骗知识、防自然灾害知识及食品安全知识等方面,系统介绍了学校经常存在的安全隐患及中学生安全防范知识,旨在提高学生的安全防范意识和自我保护意识,同时也为维护学校正常的教育教学秩序提供保证。

本书集理论性、知识性、实用性于一体,通俗易懂,图文并茂,既可作为中学安全教育校本教材,也可作为中学生安全教育读本。

三、《心露》

本书借鉴了众多心理学专家、一线心理教师的实践经验,将学生心理问题与心理学知识相结合,从心理学的角度透视初中生在认知、情绪、行为、人际关系等方面常见的问题,内容丰富,形式生动,趣味性强,贴近中学生活,对帮助学生形成健康心理具有很好的指导意义。本书主要解决困扰中学生的几个常见问题,如进入新学校不适应怎么办,怎样提高学习效率,怎样与父母、老师相处,如何结交新朋友,如何度过青春期,成长究竟意味着什么等。

本书旨在普及中学生心理健康教育,达到预防心理疾病、培养健全人格、开发心理潜能的功能,力图使更多的学生接受心理健康教育,促进身心全面发展。

四、《青春正能量》

《青春正能量》是一本写给高中生的书。青少年是国家的未来、民族的希望,承担着振兴中华的重任。因此,帮助青少年健康成长是我们教育工作者义不容辞的责任。

青春发育期,是个体生理、心理从未成熟走向成熟,从未定型到定型的急剧变化的时期。青少年在身心发育最终成熟化、定型化之前,都要经历一个名叫"青春期危机"的阶段。由于社会环境的变化和家庭生活水平的提高,我国青少年生理成熟年龄明显提前,较早陷入了"青春期危机"。

为了让同学们增加心理学知识,提高抵抗心理疾病的能力,顺利地度过"青春期危机",获得身心的健康成长,我们编写了这本书与同学们分享、交流。

本书分为"健康的自我概念"、"合理的情绪管理"、"和谐的人际关系"、"科学的学习方法"、"明智的生涯规划"五个单元,每个单元又分别有五课内容。每一课都将心理学理论与学生学习生活相融合,既有富有启发性的"心灵故事",蕴含心理学理论知识的"心理导航",还有实践性很强的"心理体验"、"成长工作坊"、"拓展训练"等丰富内容。

五、《探索生命》

本书以"认识生命之可贵,珍惜生命之存在,欣赏生命之美好,尊重生命之个性,创造生命之价值"的核心理念为主线,各单元循序渐进、科学立体,各内容有机衔接，和谐统一，为建构生命的终极关怀提供了富有特色的模块知识。

教材每一课都包括5个板块，即案例呈现、选文、思考与讨论、三个观点、活动与体验；此外，还设计了小资料、名言锦句等栏目，以丰富多彩、富有情感体验的教育内容为学生们的健康成长开辟了一方绿色的学习园地。

全书共3个单元。第1单元，从认识生命学会善待自己，即“知己”开始，安排了探索生命的奥秘与传承的相关内容；第2单元，从爱护自己、尊重他人的态度并提升面对挫折的能力，即“尊己”开始，安排了探索生命的脆弱与救护的相关内容；第3单元，从关注群体伦理、关心弱势群体和个体、寻求永恒价值和生命归宿，即“知人”开始，安排了探索生命的价值与意义的相关内容。

六、《礼仪滋养生命》

本书是根据教育部《中小学文明礼仪教育指导纲要》，从中学生的知识背景和身心发展出发，注重研究性实践体验活动进行编写的。本书设置了初中篇6个单元、14课、6个单元综合礼仪活动；高中篇4个单元、12课、4个单元综合礼仪活动，这对学生学习文明礼仪和健康成长将有一定的帮助。

本书分单元、课、板块三个层次，每个单元围绕一个礼仪主题，设计一个单元综合礼仪活动。在课题下设置了主题词或导言以提炼本课的主题，帮助学生了解本课所要学习的主要内容，起承上启下的作用。初中篇从培养学生的基本礼仪修养开始，分“学习礼仪”、“彬彬有礼的举止”、“谈吐自如的分寸”三部分，逐步拓展到学习、生活、交往等领域中所涉及的礼仪实践、应用内容，如“校园生活的风度”、“家庭礼仪的仪范”、“社会交往的名片”等。每课内容由“礼仪故事”、“礼仪导航”、“体验拓展”、“自由阅读”四个板块组成。高中篇设“礼仪文化探究”和“礼仪文化实践”两个单元，在知识体系上增加深度和内涵，关注同学们未来的发展、终身的发展。每课内容由“礼仪论坛”、“礼仪讲台”、“体验拓展”、“自由阅读”四个板块组成。四个板块既有功能区别，又相互联系、相互作用。此外，还设计了小资料、小知识等链接，名言锦句等栏目，以丰富教学内容及形式，为同学们探究学习开辟了新的天地。

总之，我校课题组推动“生命教育系列”的地方教材进入课堂，深入开展“学校生命教育课程的开发研究与实践”课题研究，积极引导青少年树立正确的人生观和价值观，形成乐观积极的生命态度，掌握基本的生存和生活技能，进而激发生命潜能，实现生命的价值和意义。

构建班级生命教育氛围　激发中职学生自我觉醒

李正祥　苏胜保　陈湘　胡坚　陈蔚

学校简介：长沙市电子工业学校是长沙市教育局直属公办的国家级重点职业学校、湖南省示范性中等职业学校、湖南省文明单位，是毛泽东同志的夫人杨开慧及挚友李淑一的母校。学校明年将迎来百年校庆。学校目前开设了电子技术类、机电技术类、信息技术类三大专业。电子技术应用专业为首批国家级重点建设专业，湖南省“十一五”精品专业，湖南省“十二五”示范性特色专业，学校已建成生产性电子实习实训工厂。

校长简介：李正祥，男，1965 年 9 月出生，湖南望城人，中共党员，本科学历，中学高级教师。1983 年 9 月参加工作。中国教育学会学校后勤管理学术委员会常务理事，湖南省教育学会学校发展研究专业委员会常务理事。李正祥同志从事教育工作 20 多年来，曾获得“望城县名教师”、“优秀共产党员”、“优秀教育工作者”等光荣称号。他潜心教学研究，有 20 多篇论文获奖。其中，《克服职业中专新生专业课学习障碍的有效办法》一文被评为全国教育科学“十一五”教育部规划“有效教学的行动策略研究”课题终期研究成果一等奖。他曾主持或参与多个课题研究，其中主持的全国教育科学“十一五”教育部规划“职业中专专业课有效教学的行动策略研究”子课题被评为优秀子课题,荣获二等奖;主持的湖南省教育科学“十五”规划重点资助课题“中学心理健康教育模式与实践研究”获得省级奖励。2008 年 11 月至 2009 年 5 月李校长参加了北京师范大学举办的全国中等职业学校骨干校长高级研修班学习,后赴德国考察研修,并以优异成绩毕业。

一、我校推进生命教育情况简述

我校自 2011 年正式加入教育部“新形势下生命教育的理论与实践探索”的课题研究和教育实践,重点开展生命教育中学生文明行为的研究与实践,在高一班级中开设了生命教育课程,发放了教材,开展了系列生命教育活动。在活动中,学生的文明行为得到了规范和提高,学生的责任意识、生命意识得到了增强。在班级生命教育方面,班主任和全体任课教师一方面加强了生命教育理论的学习和研讨,另一方面在班级管理和学生素质教育等方面取得了阶段性成果。

二、班级生命教育的需求研究

1. 中职学生心理特点呼唤生命教育

中职学生正处于青春期,无论是生理还是心理都尚未成熟,自我意识和认同感急剧增强,批判性思维逐渐形成,容易受到社会环境中负面因素的影响而产生消极情绪。据调研,进入中职学校学习,不少学生不同程度地存在着心理困惑。这一部分学生认为他们是中考的落败者,成绩不理想带来的心理挫败感严重影响到了他们进一步的学习和生活。学习上,他们畏难情绪严重,自信心不强,是对学习不感兴趣的落后分子;人际交往中,他们难沟通,难相处,是谁也惹不起的“刺猬”;班级活动中,他们漠然冷淡,是不屑一顾的旁观者。内心的自卑使得他们的自尊心更加脆弱,似乎在挫折中他们已经迷失了自我。生命教育正是引导学生在体验生命的艰辛与美丽的同时,认识到生命的价值和尊严。

2. 社会生活影响下的中职学生急需生命教育

我们面对的是一个经济和科技都高速发展的时代,中职学生在充分享受丰富物质基础的同时,也受到社会消极现象的影响,加之网络作为无处不在的新兴媒体，它在带来便利的同时，所构成的虚拟世界也充斥着各种诱惑。中职生的道德观、价值观尚未成熟，他们渴望成功，但对成功的概念并不清楚，错误的思潮很容易影响他们的价值取向及行为习惯。另外，竞争激烈的社会给他们带来无形的压力，技能考核、就业出路也是他们不得不面对的现实问题，一旦梦想受挫，他们往往容易采用“鸵鸟战术”逃避现实或做出一些极端行为来发泄情绪。

3. 家庭教育与学校教育中渗透生命教育刻不容缓

现在中国许多家庭只生养一个孩子，家长将所有的爱倾注在孩子身上，许多家长对孩子有求必应，让孩子觉得一切的索取都正常，也必须得到满足。而家长对唯一的孩子寄有极高的期望，一旦孩子的成绩达不到家长的预期，家长自己的心态首先失衡，之前的一味满足纵容，就有可能变为单纯的埋怨责备。由于孩子的承受能力所限，由此产生的后果是难以想象的。

三、班级生命教育的实践研究

1. 融洽班级氛围，营造宽松环境，激发自我意识中的真诚之心

融洽的师生关系是培养融洽的班级氛围，营造宽松环境的前提，学生往往只有“亲其师”，才能“信其道”。融洽的师生关系建立在相互了解、相互尊重的基础上，因此班主任只有通过积极的家校互动，对学生的家庭环境、个性特点、心理特征有了全面的了解之后，才能有针对性地与每一位学生建立起融洽的师生关系。要营造和谐的班级环境，还必须做到：在人格上，尊重学生，给予每一位学生平等的地位；在生活中，关心学生，通过聊天、谈心等方式拉近与学生之间的距离，并积极主动地帮助学生解决困难；在班级教育中，用宽容的态度对待学生，用幽默的语言调节气氛，倡导学生发表个人意见，鼓励学生提出不同观点。一个宽容幽默、富有爱心耐心的教师必然能营造出一个温暖宽松的育人环境，而在其中的每一个生命都受到平等对待与尊重。

2. 实施自主管理，培养团队意识，激发自我意识中的进取心

我国早在先秦时期，孟子就提出：“君子深造之以道，欲其自得之也。自得之，则居之安；居之安，则资之深；资之深，则取之左右逢其原。故君子欲

其自得之也。”可见教学的目的并非纯粹地输送知识和人生道理，而是激发学生的进取心和潜力，在学习实践中培养生存技能。这些技能既包括专业知识技能，更包括为人处世的态度与方式。

3. 班级文化，润物无声，激发自我意识中的包容心

近年来，由于一些社会消极因素如缺乏社会责任感的媒体的影响，校园暴力现象增多。一些青少年学生不懂得正确处理人际交往过程中的矛盾与纠纷，有时只是因为一点小误会就能引起轩然大波，乃至致伤致残甚至致死，青春的花朵早早凋谢，因此对青少年进行生命教育刻不容缓。班级文化阵地是影响学生思想，渗透生命教育的主阵地，班主任可以利用它进行“促进生命主体全面、和谐、主动、健康发展的教育”。苏霍姆林斯基说过：“用环境，用学生自己创造的周围情景，用丰富集体精神生活的一切东西进行教育，这是教育过程中最微妙的领域之一。”

4. 多彩校园活动，大胆自我欣赏，激发自我意识中的自信心

世界上没有两片完全相同的树叶，同样每一个生命个体都是独特的、唯一的。生命教育正是要提供一个展现自我、彰显个性的舞台，让生命在自由挥洒中体会存在的价值与意义，感受生活的愉悦与魅力。开展多姿多彩的校园活动，既能发掘学生的潜力、培养学生的自信，又能使班主任从中把握育人契机。

5. 尊重生命，勇于担当，激发自我意识中的责任心

我们在生命教育中所说的关爱生命并不能狭义地理解为关爱人的生命，而应该是对世间万物的关爱，对自我的负责，对家庭的负责，对社会的负责。针对十六七岁的中职生，干巴巴的口号只会令他们反感，他们需要的是生活中实实在在的、能够触及心灵的体验。

四、小结

在班级生命教育研究和实践中，我和教师团队、家长团队紧密团结协作，与全体学生密切联系，取得共识并收到教育实效。我们认为，构建班级生命教育要以尊重学生的生命发展为出发点，以彰显独特个体的生命价值为核心，以激发学生积极向上的自我意识为目标。教师团队普遍认为，生命

教育改变了学生抵触学校教育的思维方式，使学生对学习更有信心了；家长团队普遍认为，生命教育化解了孩子自我否定的消极情绪，使学生对生活更有热情了；班内学生也普遍感受到生命教育润滑了人际关系，使自己对他人更有爱心了。因此，构建班级生命教育氛围，激发中职学生自我觉醒，有利于中职学生投身于立志服务社会和实现自我价值的学习活动中来，为自己的终身发展打下坚实的基础。

建设生命教育系列校本课程　促进学生全面发展

刘向辉　邱伟雄　杨绍林　伍强华　王振全

学校简介：精华学校建于2002年9月，是按省一级学校标准兴建的一所集中小学为一体的九年一贯全日制优质民办学校，由青年企业家范朝权先生独资兴办。我校秉承“科研强校，特色兴校”的办学理念，坚持科学管理、规范管理、严格管理、精细管理，各项工作都踏上科学、规范、创新、高效的大道。我校积极创建特色学校，培养学生优秀的思想品质，以推进心育工程，塑造学生健康心理；以创新教学模式，开启学生的智能潜力；以开发校本课程，张扬学生的个性特长。

校长简介：刘向辉，中学一级教师，中国西部教育顾问，广东第二师范学院民办教育研究中心特聘研究员，被评为“广东省民办教育创新管理校长”，“区优秀校长”，荣获第四届全国“新公民园丁奖”、“优秀党务工作者”和“创建全国文明城市工作先进个人”等称号，多篇德育教学论文在省市级刊物上发表或获奖。

一、课题的提出

1. 课题提出的背景

在认真学习《关于进一步加强和建设未成年人思想道德建设的若干意见》、《深圳市中小学生命教育指导纲要》的基础上，在精华学校全面提升德育能力，争创德育金牌的理念指导下，我校不断提高对生命教育的认识，形成了一种大文化范畴指导下的德育追求，并把生命教育理解为一种"春风化雨"、"有色有声"的教育行动，一种"潜移默化"、"自始至终"的教育实践，这种教育必然需要通过有目的、有计划的课程来承载。生命教育课程化是精华学校在参加深圳市中小学生命教育试点学校项目的过程中提出并进行深入研究的重大课题。

2. 课题的理论依据

生命教育课程化研究植根于关于培养与发展的理论与实践之中。马克思关于人的全面发展学说、陶行知的生活教育理论，以及杰·唐纳·华特士关于教育原基点——生命教育理论和建构主义理论都为生命教育的实施提供了强有力的理论支撑。从近年来国内学者的研究来看，叶澜教授的《让课堂焕发生命活力》也使我们在课题设计时受到启发。

3. 课题的界定

生命教育的课程实施应着眼于每一个学生的发展。因而，生命教育课程应当为必修课程。但是，与其他必修课一样，仅仅开设必修课仍不能满足精华学校学生群体对生命教育的需求。因此，学校对生命教育课程化确立了明确的目标：通过两年左右的时间，使生命教育形成学科教学与专题教学相结合、课程形式多样化、成层次化分布的完整课程体系；并完成与生命教育校本课程同步的生命教育课程的评价体系。

二、课题的研究内容

1. 五种课程形态的建设

生命教育课程化的研究重点放在五种形态的课程建设上。五种课程形态如下：

第一种课程:生命教育必修微型课程——《生存安全训练》、《100 课时的责任课程》,这一课程旨在落实每个学生必须掌握的行动能力等方面的生存训练。

第二种课程:生命教育选修课程,已经建设了 12 门。

第三种课程:生命教育化的基础课程,在基础课程中,有机地实现生命教育化的课程,主要是通过在生命科学、思想政治和心理课等学科课程中融入生命教育的思想。生物教研组开展了在生命科学学习中学生形成科学生命观的研究。

第四种课程:生命教育德育课程,这是以班级为单位的主题团日及特色班的社会实践等活动。如跨越两极的"极地班"通过跟科考队员的接触,学习生存的理念和技能。

第五种课程:生命教育隐性课程,主要包含学生的社团活动及校园生活中的生命教育内容。

2. 课题的实施重点

学校通过在研究德育等相关课题的基础上,鼓励和扶持教师们进行生命教育类课程的设计、开发、实施和反思,促使生命教育有特色,有创新,有实践意义、操作性强的子课题形成,进而形成我校生命教育课程化的特色和亮点。

(1)实施过程中,加大力度推进选修课程的建设,因为这是形态较为完整的生命教育课程,也是我校教师独立开发的课程。目前,成果已经初步形成,即《精华学校生命教育选修校本课程》。

(2)在实施过程中,加大力度推进《在生命科学必修课程中实施生命教育的素材包的建设》。

3. 课题研究的价值和意义

我校深入研究生命教育课程化课题,将生命教育融入德育校本课程,这种设计是在保持德行教育之长(生活化、体验化、参与化、活动化)的前提下,借鉴学科教育之长(有序化、操作化、检测化、效果化),两"长"并举,尝试改善学生对生命意识、生命价值认识的不足,建立科学的生命观和道德伦理观,增强学生的生存能力。通过生命教育课程化,尝试解决学生关于生命知识把握的支离性、随机性的问题,达成系统性、预生成性目标。通过生命教育实践活动,尝试解决生命教育的低效、无效或负效性,达成实效性和长效性目标。

4. 课题的研究方法

资料法:利用因特网和图书馆查阅有关资料。借助已有的研究成果,为课题研究提供丰富的资料,对课题组成员观念的更新起到推动作用。

培训学习:部分课题组的成员参加学习,如学校老师参加深圳市生命教育首届高级研修班的学习与进修,参加中华青少年生命教育的研讨会。

经验总结法:重视资料的积累,及时总结课程开发过程中有益的做法和案例,举办精华学校全员参加的培训活动以及落实"两纲"教学展示与研究活动。召开了深圳市首届生命教育高级研修班研讨会,发挥辐射作用。及时研讨课程开发中遇到的问题,一经解决后就形成有价值的总结材料。

三、课题的研究成果

1. 明确了生命教育与学生素质教育的关系,建设了12门选修课程

生命教育和素质教育是密不可分的,关注学生素质的同时,必须关注学生的生存和发展状况,指导学生关注生命,尊重生命,珍爱生命,欣赏生命,成全生命,敬畏生命。教师创设的一系列生命教育课程涵盖了生命科学观、生命情感以及生命价值的知识和技能。

2. 建设了"在生命科学中实施生命教育的素材包"

"在生命科学中实施生命教育的素材包"是浦东新区生物教师培训基地承担完成的项目。这一项目的完成将为全市生命科学教师实施生命教育提供必要的工具,现已完成高中部分和初中部分各一套。

3. 形成了一批生命教育的论文和教学案例

教师在开发和实施生命教育课程中不断地深化了生命教育与学科之间的关系,经过探索与实践,形成了一批有生命教育意义的论文、教学设计及教学案例。

四、分析与结论

1. 分析

我校生命教育在高中阶段实施课程化，在尝试与研究过程中，采取学校教师全员参加，全面实施寻找与创设五种形式的课程，一方面有效地整合了德育资源和学科教学资源，另一方面重点突出了选修课的课程化建设以及生命科学素材包的建设。由于有目标、有计划，采取的方式得当，收到了较明显的育人效应。在全员参与的基础上，又培养了一部分生命教育骨干教师，有助于提高课程开发与管理上的实效性，在操作过程中同时进行教学管理的保障与评价，使得课题能够如期完成。

相关研究表明，以专家引领，骨干教师带头，全员参与的生命教育课程化其效果是明显的，操作是可行的。

在课程实施过程中，坚持在“三个创设”上下功夫：创设道德两难的问题情境，让学生在辨别真伪、是非、美丑中建立科学的生命观和道德伦理观；创设有意义的生活情境，让激动人心的生活展现在学生的日常生活中，让学生在生活教育中，拥有更多次“终生难忘的回忆”，在心灵震撼中经历他们的青春年华；创设感悟的教育机会，让学生把曾经受过的影响通过不断地体会、回味，上升到理性的高度来认识，在与同伴的分享中使感悟得到强化。学校把生命教育具体化，让孩子体验到生活中不仅有许多欢乐，还有激情澎湃的时刻，有令人感动的细节和久久不能忘怀的经历。体验生命历程，感悟人生道理，唤醒生命意识，激扬人生目标，做大写的人，成大器的人。

由于课程目标明确，课题也就有了明确的价值取向，推动研究一直朝着课题目标深入发展。

2. 结论

在高中阶段进行生命教育课程化是可行的，而且以选修课为主的校本生命教育体系应以全方位实施为基础，采取重点突破的方式进行。

刷新"教学好声音"　实现生命教育课堂梦想

——生命教育与教学资源整合利用的实践研究

张丽清　邵永岳　黄敏华

学校简介：城区初级中学创办于1998年，10余年来，城中人刻苦奋进，实现了跨越式发展。目前，学校拥有"全国德育工作百强学校"、"全国教育科研先进学校"、"广东省一级学校"、"广东省义务教育规范化学校"、"广东省现代教育技术实验学校"、"广东省体育传统项目学校"、"佛山市义务教育阶段优质学校"、"佛山市心理健康教育达标学校"、"顺德区先进学校"、"顺德区德育示范学校"等诸多荣誉，教育教学成绩斐然，社会声誉良好。

校长简介：熊文华，男，1966年8月出生，1988年8月加入教师队伍，大学本科毕业，浙江师范大学研究生课程班结业，中学语文高级教师。2008年7月至今，熊文华任顺德区北滘镇城区初级中学校长。从教至今，他先后获得"优秀共产党员"、"优秀德育工作者"、"教书育人优秀教师"、"全国科研杰出校长"等荣誉称号。熊文华同志带领全校师生坚持"德育为主导，教学为中心，体艺为特色，全面发展学生综合素质"的办学理念，努力把城区中学建设成为"安全、文明、和谐、充满活力、可持续发展"的现代化品牌学校。

如果说中国梦是强国梦，教学梦则是强学梦。所谓教学梦，就是让我们的学生能在自主、合作、探究的小组学习氛围下轻轻松松、快快乐乐地学习。目前，城区初级中学正在开展的"小组合作"学习，处处渗透着生命教育的理念，我们的学生正在合作探究中快乐地成长着。现把我校生命教育与教学资源整合利用的实践经验总结如下：

一、刷新"教学好声音，提升生命价值"的紧迫性

每个人都应该珍惜自己的生命，懂得生命的价值，理解生活的意义。然而，当代某些中学生对待生命的消极态度和极端行为却令人担忧。自杀、早

孕、虐待动物……一个个充满黑暗的字眼频繁地和青少年联系在一起，频繁见诸报端。据调查，目前我国中学生的自杀率正呈现逐年增高的趋势。学生喜欢听到教师对自己欣赏与赞扬的声音，喜欢听到自己想听到的声音，但学生在学校听到的更多是埋怨与责备声，教师或发号施令或按上级指示的文件来执行对学生的教育。于是出现的画面是：一些学生采取行尸走肉的态度对待学习，遵循着所谓的各项规章制度，他们在“学习的意义”及“人生的价值”面前都显得无知与无助，对他们来说，所谓的“生命概念”到底是什么，他们不关心也不想知道。

当今时代的中学生，无不知晓大型励志专业音乐评论节目——《中国好声音》，这个节目之所以红火，究其原因是节目的形式新颖，能融入百姓生活，发挥着正面能量，激励和鼓舞人们不断向前奋斗，相信梦想，也相信奇迹。学员听到的是真诚的建议和指导，而绝非讽刺和谩骂。《中国好声音》能在音乐节目大混战中独树一帜，令人耳目一新，最终的结果归为两个字——真诚。在日常教学中，如果学生能够时常听到这种真诚、互动、鼓励、激昂的声音，我们相信学生的人生意义能够明确，人生目标能够清晰，学校的生命教育工作也更容易开展。正是在这一背景下，我校力推“小组合作”的学习模式，在教学中寻找教学的好声音，刷新教学的好声音，实现生命教育课堂的梦想。

二、运用智慧的教学策略，实现生命教育课堂梦想

通过不断地摸索与实践，我们发现在“小组合作”的课堂上，我们必须让课堂充满关注生命的气息，让生命的活力充分地涌流，让智慧之花尽情地绽放，让自觉追求教学实效成为永恒理念。要实现这样的目标，提升生命教育的实效，离不开智慧的教学策略，更离不开刷新教学的好声音，只有这样，才能真正实现生命教育课堂的梦想。

1. 刷新宽松、尊重、平等、民主的教学声音

在教学中，我们应该多聆听学生的心声与诉求。作为教师，我们不能只是不断地灌输上级领导的指示而忽略学生的感受，我们应该站在学生的角度来分析学生到底能理解多少，他们是真心实意地服从还是违背自己的意

愿无奈地执行。所以，在颁布上级指示时，作为教育工作者，我们要懂得运用尊重、平等、民主的声音，让学生更容易去接受。比如，2013 年顺德区教育局下发了一个关于让学生在暑假学会游泳的指示，因为这涉及对学生进行生命教育的内容，所以我校十分重视此项工作。为验证效果，我们一改以往简单宣讲的传达方式，要求各年级通过主题班会的形式，先由班主任用感性的语言告知文件精神，再播放近年来暑假发生的因不会游泳而导致悲剧的视频，接着在轻音乐的背景下让学生畅谈不会游泳而去游泳的结果，让他们表达自己的感受与想法。结果发现，教师只需要在旁边静静地听着，让学生在民主、宽松、平等、尊重的环境里谈自己的感受与体会，最后学生都能欣然接受学校的要求和建议。这一例子所体现的正是我们所追求的目标：让学生从情感上而不是从知识上感受生命的意义，体味生命的价值，从而引发他们对生命的热爱，使他们能够更自由、更快乐地健康成长。

2. 刷新体验、感悟、分享的教学声音

现在很多教师奉行的是课堂紧绷着脸，用严厉的斥责来镇住学生，师生之间变成了唯一而单纯的师生关系。可想而知，这样的课堂，这样的教学活动只会停滞或低效。作为新时代的教育工作者，教师只有树立欢乐课堂的观念，师生关系才能和谐，教学才能实现高效。

3. 刷新赏识、期待、渴望的课堂声音

王金战老师曾说过，“好孩子是夸出来的，不是骂出来的”。我校的杨老师(区优秀班主任)相信，真心的夸赞能焕发一切生机。在教学中，她常利用含有表扬意思的简单英语来辅助教学，以此来表达对学生的赞美。她发现用简单的“Good”、“Wonderful”、“Perfect”、“Well - done”以及“Good - job”等等，要比十句说教管用得多。对于学生的精彩回答，她都会用以上英语来作总结及表扬。有时候，当学生听到某位同学的精彩回答，也会情不自禁地来一句“Wonderful”。其实，我们就是需要这样的教学，这样的教学才具有丰富的内涵，才体现人文教学的意义，才更能培养学生学会做人，学会做事，学会成长。我国伟大的教育家陶行知先生也说过：“你的冷眼里有牛顿，你的歧视里有瓦特，你的讥讽里有爱因斯坦。”为人师者首先要爱自己的学生，爱他们的优点，也包容他们的缺点，亲近他们。少一点审查责备的目光，多一些欣赏鼓舞的热情,帮助他们在成功和失败的体验中不断努力,这种教育就道出了生命教育的核心——充满人性关怀,对生命进行热爱、欣赏和珍惜的教育。

4. 刷新生命化的平台,欣赏生命蓬勃的声音

在一次主题班会课中,我校的梁老师(镇、校级优秀班主任)播放这样一个视频:一粒种子破土而出,伸出两瓣柔嫩的绿叶;一朵鲜花沐浴着阳光雨露,逐渐绽放;一只小鸟啄破蛋壳,挣扎着站了起来;一只小海龟从沙堆中出来,在大海浪涛的召唤下迅速爬向大海……这时候让学生畅谈感受与体会,及时导入,抓住学生的注意力,赋予课堂以生命活力。学生畅谈后,梁老师及时总结:人的生命历程有多种状况,显示人生的丰富多彩。人生总是幸福与苦难、顺利与曲折相伴相随的,生命是从渺小微弱,继而成长为强健壮大,最终归于消亡的过程。生命始终向前发展,这是任何力量都不可阻挡的。后来,她让学生根据自己对生命的理解,也把生命比喻为一种事物并且用一段话来表达生命精神的内蕴,从而升华了学生对生命的认识,提高了学生的语言表达能力。接下来她还让学生讲述自己所知道的“感动中国2012”的生命故事,让学生畅谈生命之美,从而使学生更深刻地领悟生命的意义和价值。

三、结语

在教学实践上,我校结合“小组合作”的理念,把生命教育切切实实地融进去,渗透生命教育理念,构建生命化的教学课堂平台,引导学生树立正确的人生观,让学生体验到生命的价值,学会尊重与关爱他人,从而拥有健康的心理和良好的心态。

习近平总书记说过:“中国梦,一定能实现。”我们相信,生命教育的课堂梦想也一定能实现。因此,作为教育工作者,我们应该不断地反思自己的教学实效。在日常教学中,我们要不断地刷新课堂的教学好声音,让课堂涌动着生命的灵性,因为这是一种心系学生未来的教育,它让学生真切地感受到了生命之贵、生命之美,从而激发自己生命的活力,让它绽放出美丽的生命光彩,最终实现生命教育的课堂梦想!

在语文活动中渗透生命教育

——生命教育与语文活动整合利用的实践研究

覃虹　罗琼花　潘少源

学校简介：南宁市育才实验中学是南宁市教育局批准成立的一所全日制寄宿学校，是南宁市教育局直属学校。学校领导班子凝心聚力，一心一意谋发展，认认真真抓管理，实实在在提质量。学校建校至今，办学成果显著，在社会各界引起了越来越广泛的关注。学校连续3年在中考、高考中升学率持续上升，在南宁市64所普通高中高考升学率中排名第六。连续荣获"南宁市高中毕业班工作成绩优秀奖"，"广西艺术高考美术专业第一名"等荣誉称号。

校长助理简介：覃虹，女，1970年出生，籍贯广西。1994年毕业于广西壮族自治区玉林教育学院，专修汉语言文学。先后在广西壮族自治区桂平西山一中、广西壮族自治区南宁市育才双语实验学校、南宁市育才实验中学从事初中语文教学，担任班主任工作，现就职于育才实验中学，任初中语文教师兼班主任，并任学校校长助理、学校教务处副主任，主管初中教务工作。覃虹女士有近20年的班主任工作经验，一直从事初中毕业班语文学科的教学，在历年的初中毕业升学考试中获得良好成绩，多次荣获"优秀班主任"、"南宁市优秀教师"、"优质课比赛一等奖"、"优秀评卷员"、"优秀教育工作者"等称号，担任过国家级课题"话题作文教学"的研究员。

《义务教育语文课程标准》突出地强调了语文教学要有"丰富的人文内涵"，而"丰富的人文内涵"也包含对人的生存状态、生命意识、生命价值的思索与理解。其实质就是通过语言文字的教学，充分地认识生命的价值和地位，最大限度地挖掘生命的内在潜能，充分调动生命的积极性和主动性，展示生命的个性，从而最终提高生命的质量。如果能深刻认识到这一特点，对于教师正确地实施语文教学，增强语文教学的人文魅力，塑造学生高尚的人格，都具有十分重要的意义。

一、生命教育在中学语文学科教学中缺失的表现及原因探析

1. 生命教育在中学语文学科教学中缺失的表现

语文知识代替生命意识。传统语文教学过分强调知识系统，学生成为被动接受知识的容器，缺乏对生命应有的思考，生命的意义与价值得不到关注，生命教育无从谈起。另外，语文教学围绕着考试这个中心，为使学生掌握考试的知识点，大多以训练代替了学生的自主学习，生命教育的因素被人为地弃置，学生个体的生命得不到应有的尊重，没有认识到生命的价值。有些学生自我伤害，表面看是心理问题，仔细追溯，其实质是生命价值观的严重扭曲。

2. 语文教学中生命教育缺失的原因

造成生命教育在中学语文学科教学中缺失的主要原因是功利倾向。教育往往被当成追名逐利的工具，使得教育的目的不是为了人的发展和完善，而是在为个人谋生做准备。以分数论英雄的传统思维在学生思想中根深蒂固，语文教学也无法逃出这一怪圈，应试教育充斥于语文课堂教学中，学生难以体会生命的意义，阅读、写作俨然已成为对学生的惩罚。

二、语文学科教学中渗透生命教育的优势

语文学科最有可能也最容易渗透生命教育的内容，它有着其他学科不能比拟的优势。

1. 语文课程人文性最强，包含了几乎所有的生命教育的内容，新的语文课程标准对语文的基本性质定义为“工具性和人文性的统一”。“人文性”指出了语文课程对学生思想情感进行熏陶的文化功能和课程所具有的人文学科的特点。

2. 语文教材蕴含着巨大的生命教育资源。语文教材有三类与生命教育相关的内容：①直接写对生命的看法的作品，如《谈生命》、《再塑生命的人》等；②有关对社会、对他人的看法及自我生命体验的作品，如《伟大的悲剧》、《荒岛余生》、《紫藤萝瀑布》等；③对自然及其他生命的关注的作品，如《斑

羚飞渡》。许多课文作者的事迹就体现着强烈的生命意识。还有新教材中的“写作、口语交际、综合性学习”中的某些内容,如《成长的烦恼》、《微笑着面对生活》等,也是生命教育的重要资源。

3. 语文与人的生活密切相关

生活是生命的轨迹,生活是语文教育的家园。语文的存在就是要从纷繁平淡的生活中发现美,创造美,体验美,就是要使学生在平凡真实的生命体验中向往生命的辉煌。

4. 语文的范围很广

除了教材中的经典篇目,还可以把优秀的课外读物引入课堂教学,让学生在倾听和阅读的过程中鉴赏文化精品,提高审美情趣,充实精神营养,完善人格塑造,感受生命的意义。

三、语文学科教学中渗透生命教育的途径

1. 在阅读教学中渗透生命教育

现在的学生大多数都是独生子女,享受着几代长辈的宠爱,但过多的呵护使他们逐渐习惯了来自亲人的关爱,很少懂得回报与感恩。他们逐渐丧失了一颗敏锐感受生活、感悟亲情的心。语文教科书中有很多文章是描写亲情的,由于内容、题材与学生的生活非常贴近,学生很容易感同身受。例如朱自清的《背影》,父亲年迈体弱,生活遭遇困顿,却依然细心地照顾着自己的儿子,攀爬月台的经典一幕,语言质朴,情感深厚,可谓字淡情浓,很容易让学生联想到父亲对自己的爱,产生感悟。

另外,通过阅读教学,我们引导学生感受、欣赏充满生命力的意象,从自然生物旺盛顽强的生命力中获取生命的力量,认识生命的意义。如《斑羚飞渡》一文,讲述了一群羚羊受到狩猎队的追击,老羚羊用死亡架起生命之桥,年轻羚羊秩序井然地飞跃悬崖以求生存的故事。羚羊在拿着猎枪的人们面前无疑是弱者,但是它们在关键时刻所表现出的合作与献身精神,让人自叹不如。学习后,学生无不为老羚羊的壮举所感动,他们深深地感受到生命的高贵与尊严,真正懂得了对生命的珍惜与敬畏,认识到了生命的价值,懂得了珍惜生命,传承生命,善待生命,热爱一切生命。课堂内激荡着生命的

礼赞！

2. 在语文实践活动中渗透生命教育，学会尊重生命，珍爱生命

生命教育是触及心灵的教育，是感染灵魂的教育。在语文课上，除了阅读文本，我也经常通过表演课本剧、分角色朗读等方式，让学生直接参与表演，感受“真实情景”中的人物的各种情绪，体会其中的喜怒哀乐。例如在教学《谈生命》时，我校施教的老师让学生找到自己的脉搏，静静地感受脉搏的跳动，从而直观地面对生命。抽象的概念，在这样的活动下变得具体、亲切、可感。在课外，我们拓展学生的阅读面，读贝多芬、张海迪、海伦·凯勒，读他们身体有缺陷仍续写生命的勇气，读他们身处逆境生命之花仍绽放的奇迹，读他们对生命无比珍爱与眷恋的浓厚情愫，让学生更深刻地感受生命的主题。

3. 在写作教学中渗透生命教育

一篇作文就像一面镜子，它既能照出一个人的文采，也能折射出一个人的思想。在作文教学中引入生命问题的题材，可以促使学生对生命问题进行思考，培养学生的生命意识并从中体会生命的伟大、生命的可贵、生命的可敬，感悟生命的意义。我常在平时的作文教学和评讲中将生命教育的内容自然渗透进去，以期得到“润物细无声”的效果。如在学习了课文《假如给我三天光明》之后，我让学生以“假如还有三天生命”为题作文，让学生假设自己只剩下三天生命，会做些什么，想些什么，以假设的方式让学生感受到生命的珍贵，懂得要珍惜生命。在“我手写我口，我笔抒我心”的学生习作中，学生经常会流露出对生命的困惑与迷茫。面对学生心的呼唤，我们以习作为信使，传递对生命的诠释，让对话奏响生命教育的主旋律。

4. 拓展延伸，利用课外阅读对学生进行生命教育

语文教学有着极大的拓展空间，许多文学家都具有同样的生命意识与珍视生命价值的体验。我国古代的屈原、司马迁、杜甫、范仲淹和现代的鲁迅、闻一多、冰心、巴金等人，国外的安徒生、高尔基、海明威等人都是如此。他们的作品都是课外阅读中生命教育的典型题材。语文教师可以在对学生进行课外阅读指导时适当地进行生命教育的渗透，让学生去感受屈原“路曼曼（漫漫）其修远兮，吾将上下而求索”的坚持；感受杜甫“安得广厦千万间，

大庇天下寒士俱欢颜”的感慨；感受范仲淹“先天下之忧而忧，后天下之乐而乐”的广阔胸襟；感受安徒生笔下那一颗颗善良的童心。体会这些名垂千古的人物对自己生命价值的追求，用他们的人格精神来影响学生，使学生树立起正确的生命观。

成功的语文活动必然是关注生命、珍视生命、渗透生命教育的教学。我们必须引导学生通过用心阅读、用心体会、用心表达等方式获得心灵的震撼，认识到要珍爱生命。即使在逆境中，也要积极进取，顽强地开辟一条走向幸福的路，让所有的孩子都能在健康积极、充满热情的学习生活中展现自己生命的光亮。让我们用生命教育来点亮学生的心灵吧！

拓展作者文化内涵　培养学生生命意识

张溢

学校简介：确山县第一高级中学建于1925年，现已发展为省级示范性高中。学校坚持民主管理，依法治校，科研兴校，大力推行诱思探究学科教学论实践，有力地促进了教育教学质量的提高。学校连续几年被市教育局授予“高考先进学校”的称号，承担了“诱思探究学科教学试验”、“语文导读导写研究与试验”、“中华传统美德教育实验研究”、“中华文明礼仪养成教育”等国家级实验课题，荣获“全国中小学信息技术道德教育实验学校”、市级“学校思想政治教育工作先进单位”、“统战工作先进单位”、“绿色学校”等称号。全校师生在以舒国顺同志为校长的新领导班子带领下，本着“质量立校、特色强校”的办学理念，秉承“团结、务实、求实、创新”的校训，大力推进学校各项教育教学工作的开展。

校长简介：舒国顺，43岁，高级教师。河南省骨干教师，河南省学术技术带头人，驻马店市课改先进个人，市优秀校长，曾获得驻马店市“五一劳动奖章”。他忠诚于党的教育事业，工作积极努力，开拓进取，踏实能干，任劳任怨，有较高的学术造诣，在实施素质教育和新课程改革中能起示范和带头作用，有较高的教学技能和学术水平。在新课程改革精神的指引下，舒校长锐意改革，与时俱进，积极参与新课改，落实三维教学计划，引领学校科学发展，使确山第一高级中学教育教学质量不断迈上新台阶。舒校长积极学习研究教育教学理论和教育管理理论，有较高的教学管理理念和学术水平，在学校教师中起到了示范和带头作用。在工作之余，他还积极参与科研课题研究，承担国家级课题及省级课题。他认真撰写学术论文，不断探索教育教学改革的新方法新思路，对于推动学校传统文化建设，提高学生的人文素质起了很大作用。近年来，我校为各大高校输送了数以万计的优秀学生，为当地经济建设培养了大批合格人才。

在课堂教学中，许多教师只注重教材内容的讲解，忽视了对作者内涵的挖掘，以致影响了学生语文素养的提高和语文课程育人功能的进一步发挥。笔者认为，在语文教学中，应对课文的作者进行探究，通过作者渗透的优秀文化，塑造学生热爱祖国、献身人类进步事业的精神品格，使学生形成健康美好的情感和奋发向上的人生态度。因此，我们在教学中，应对教材中的作者进行必要的拓展与延伸，充分挖掘教材中作者的内涵，培养学生的生命意识。

一、感受磨难，可以培养学生的耐挫折能力

经过逆境磨炼的人，更能有效地适应环境。所谓“艰难困苦，玉汝于成”、“自古雄才多磨难，从来纨绔少伟男”等，说的就是这个意思。正因为如此，许多有远见的教育家都非常强调从小要让孩子经历艰难困苦的教育，使其懂得生活中有逆境、坎坷、困难等。我们在课堂上更应通过介绍作者背景等有关资料，使学生心灵受到启迪。

比如，在讲授《报任安书》时，插入司马迁的经历、出身背景以及李陵之祸等资料：司马迁被关进监狱，处以腐刑。这种奇耻大辱，污及先人，见笑亲

友。他在狱中又备受凌辱,几乎断送了性命。可后来他想到,人总有一死,但死“或重于泰山,或轻于鸿毛”,死的意义是不同的。他觉得自己如果就这样“伏法而死”,就像牛身上少了一根毛,是毫无价值的。他想到了孔子、屈原、左丘明和孙膑等人,想到了他们所受的屈辱以及所取得的骄人成果,顿时觉得自己浑身充满了力气,于是毅然选择了腐刑。面对最残酷的刑罚,他痛苦到了极点,但没有怨恨,也没有害怕,只有一个信念,那就是一定要活下去,一定要把《史记》写完。“是以肠一日而九回,居则忽忽若有所亡,出则不知其所往。每念斯耻,汗未尝不发背沾衣也。”正因为还没有完成《史记》,他才忍辱负重地活了下来。

二、了解背景,可以实现理想人格教育

陆游少年即有报国之志,早年参加考试被取为第一,但为秦桧所妒,一年后的考试便被黜落了;后来又因力主北伐,随北伐的失利而被罢官归里。此后,他宦海浮沉,屡遭排挤打击,人生道路十分坎坷,但他坚强的斗志始终如一,爱国思想至死不衰。“数篇零落从军作,一寸凄凉报国心。”他浩瀚的9300多首诗词中,都闪耀着爱国主义的夺目光辉。我们从《十一月四日风雨大作》中看到陆游独居孤村但心怀壮志,不得志却不自哀,以致积思成梦:“夜阑卧听风雨声,铁马冰河入梦来。”从《示儿》中看到陆游临终时写下“王师北定中原日,家祭无忘告乃翁”,谆谆教诲子孙不要忘记北定中原的大事。如果再读他的《卜算子·咏梅》,联系他一生的政治遭遇和矢志不渝的高风亮节,则从“零落成泥碾作尘,只有香如故”两句可见,词里所写的梅花,正是诗人斗争精神和高洁品格的化身。

再如学习辛弃疾、毛泽东等诗歌时也可通过介绍作者,实现对学生理想人格的教育。

三、知人论世,可以提升人生境界

通过学习《梦游天姥吟留别》一文,了解李白的个人经历,引导学生进行创作。一位学生写道:李白,他,酌酒花间,磨针石上;倚剑天外,挂弓扶桑;他,盛唐诗酒无双士,青莲文苑第一家。千古诗才,蓬莱文章建安骨;一身傲骨，青莲居士谪仙人。长安市上酒家眠，醉后敢将天子傲；采石矶头明月好，当年犹说谪仙月。自信长风破浪，难容摧眉折腰。文坛群星璀璨，谪仙最是耀眼！

又如学习了《苏武牧羊》后，学生有感而发，写下了如下精彩片段：

十九年的孤独，凝聚成一腔热血，抛洒在大汉的土地上。面对敌人的诱惑和折磨，他宁死不屈。宁愿自己一个人独守一片山河，也决不背那叛国的千古骂名！他，不会舞刀弄剑，不会杀敌立功，可他依然是大汉朝的英雄！

好一个永远的苏武！他用睿智铭记对大汉忠贞不渝的信念。在漫天风雪中且行且歌，把那光秃秃的旌节升华为一段千古的惊奇，书写了一段流传千古的悲歌。好一个永远的苏武！他用勇气忘却了单于荣华富贵的引诱，在大漠黄沙中渐行渐远，把那群枯瘦的羊群定格为一段不朽的历史，挥洒了一曲可歌可泣的壮烈悲歌。

学生将自己掌握的作者的情感经历移入创作，运用到作文写作中，融合自身的人生体验，写出了文采飞扬、震撼心灵、文质兼美的作文。

四、感悟人生，可以获得精神超越

在学习苏东坡《赤壁赋》一文时，先介绍余秋雨先生在《苏东坡突围》一文中对苏轼的评价。余秋雨认为，这段炼狱般的经历让苏轼真正走向了成熟，因此，在文末余秋雨写道："成熟是一种明亮而不刺眼的光辉，一种圆润而不腻耳的音响，一种不再需要对别人察言观色的从容，一种终于停止向周围申诉求告的大气，一种不理会哄闹的微笑，一种洗刷了偏激的淡漠，一种无须声张的厚实，一种并不陡峭的高度。勃郁的豪情发过了酵，尖利的山风收住了劲，湍急的细流汇成了湖，结果——引导千古杰作的前奏已经鸣响，一道神秘的天光射向黄州，《念奴娇·赤壁怀古》和《前(后)赤壁赋》马上就要产生。"

接着又介绍林语堂先生的《苏东坡传》中对苏轼的评价："苏东坡是一个不可救药的乐天派，一个伟大的人道主义者，一个百姓的朋友，一个大文豪，大书法家，创新的画家……一个政治上的坚持己见者，一个月夜的漫步者，一个诗人，一个生性诙谐爱开玩笑的人。"

林语堂认为苏东坡比中国其他诗人更具有多面性天才的丰富感、变化感和幽默感，智慧超群，心灵却像天真的小孩——正如耶稣所说："具有蟒蛇的智慧，兼有鸽子的温厚敦柔。"这无疑是对苏东坡的最为精妙的概括。

然后我给出这样的结语：一次赤壁之夜的游历，一次内心的对话，更是一次精神的洗礼，一次精神的超脱。这是一个人的夜晚，一个人的对话；这是无数个人的夜晚，也有无数个人的对话。这个夜晚苏轼超越了自我，这个夜晚，也为无数人指明了走出困境之路。

语文有着它丰富的内涵，语文教学的任务之一就是引导学生积累文化素材，将渗进其中的民族精神、民族情感、审美倾向、思想观念、思维方式和价值判断等加以吸收和内化，达到传承文化的目的。在教学中我们不可忽视教材中的文化内涵。语文学科应当对教材中作者的内涵进行必要的拓展与延伸，实现对学生的生命教育，提升学生的精神境界。

家、园合作开展幼儿园生命教育的实践研究

钱玲华　胡惠萍　邱静静　张晓芳

学校简介：文翔幼儿园创办于2006年9月，2008年9月新增加了分部，总部位于松江区通波路725弄1号安琪小区内，分部设在松江区南青路108号，毗邻华实初中。两部共占地面积7722平方米，建筑面积约5860平方米。文翔幼儿园是一所隶属松江区教育局管辖的全日制公办区一级一类幼儿园。园内共有16个班级：总部6个班级，分部10个班级。两部均设有小、中、大三个年龄段，可容纳600多个孩子。全园教育教学设施设备齐全，有培养幼儿多种能力的专用活动室，有大型的游乐设施等，是孩子欢乐的天地。幼儿园按照松江区学前教育发展要求，树立"以发展为本"的人性化管理理

念，积极探索适合本园的发展策略，并以新课程园本化实施和生命教育研究为手段，促进幼儿全面和谐地发展。从2008年起一直被松江区教育局评定为教育教学质量A级单位。全园师生共获得各类全国级奖项20多项(次)，市级奖项100多项(次)。数篇文章在市、区级刊物上发表。

校长简介：钱玲华，女，52岁，中共党员，幼教高级教师。钱玲华女士从事学前教育近30多年来，兢兢业业，成绩突出，特别是2006年担任文翔幼儿园园长以来，强化学校管理，狠抓教育教学质量，以生命教育为特色，加强师资队伍建设，不断完善管理策略，《走班促成长》、《在二思、三订、一行中成长》校本研修获得区优秀校本研修奖。2008年我园开始增设分部，办学规模不断扩大，教育教学质量不断提高，学校面貌焕然一新。钱玲华女士为学校的建设与发展做出了突出贡献，是一名开拓创新、务实有为的园长。

文翔幼儿园"家、园合作开展幼儿园生命教育的实践研究"的课题于2010年9月被立项为2010年度上海市教育科学研究规划项目课题。历时三年的研究，我园在充分挖掘家、园、社区资源的基础上，整合课题组、教研组、家教组进行了教科研合一的实践研究，不断探索适合不同年龄段幼儿发展特点的生命教育目标和基本内容，通过家、园合作的模式，借助"主题活动"、"亲子活动"、"专题活动"等将生命教育渗透于幼儿每天的生活中，丰富生命教育的内涵与方式，拓展生命教育的途径与策略，进而推动教师的专业成长，彰显幼儿园的品牌特色，促进幼儿健康和谐地成长。

一、研究目的

通过调查，了解幼儿在园、在家的行为表现和家长的生命教育观，及时发现幼儿园在开展生命教育过程中存在的问题，家园共育，共同构建以健康、关爱、安全为内涵的幼儿园生命教育框架，探索开展幼儿园生命教育的途径与策略，推动幼儿、家长、教师的共同成长。

二、研究内容

1. 家、园合作开展幼儿园生命教育的意义与价值。

2. 幼儿生命教育的现状调查与比较研究。

3. 家长的生命教育观探析。

4. 家、园合作开展幼儿园生命教育的内容与方式。

5. 家、园合作开展幼儿园生命教育的操作途径与策略。

三、研究对象与方法

1. 研究对象：文翔幼儿园全体幼儿、教师与家长

2. 研究方法

(1) 行动研究法：了解幼儿感恩关爱行为的现状和家长的生命教育观，发现其中存在的问题，分析存在这些问题的原因，拟定实施的方案，进行实践、反思、总结。

(2) 调查法：运用观察、问卷和访谈等方法对幼儿在家、在园的关爱行为、家长的生命教育观等内容进行调查，了解家、园合作开展生命教育中存在的问题。

(3) 经验总结法：选择以往实践过程中的经验，借鉴他人家、园合作的研究成果，选择效果好、有影响力的家、园合作方式，进行经验总结并加以运用。

(4) 文献研究法：通过对国内外生命教育家、校合作研究成果的学习，结合本园前期区级重点课题研究成果和实践经验，形成研究综述，为本研究奠定内容基础。

(5) 案例研究法：积累家、园合作开展生命教育实践过程中家庭教育和幼儿园教育的典型案例，并根据案例及时反思，丰富家园合作的方式，使其更具针对性。

其中“行动研究法”和“案例研究法”是本课题运用的主要方法。

四、研究结果

1. 完成了两份调查报告

(1) 幼儿在园和在家的生命教育行为比较研究。

(2) 家长生命教育观的因素分析。

(3)研究结论

①家、园合作的对象,特别强调男性家长的作用。

②幼儿园开展生命教育的内容侧重于爱、健康、安全三个方面。

③幼儿园开展生命教育的形式以亲子活动、主题活动为主。

2. 构建了幼儿园开展生命教育的目标与内容

(1)确立了幼儿园生命教育的目标

结合生命教育的基本内涵和办园理念,本研究将幼儿园生命教育的目标定位于“健康·安全·关爱”,并按照孩子身心发展的特点和规律,逐层分解,确立了生命教育各目标指向下的总目标和分目标。(具体内容略)

(2)研发了生命教育幼儿园实践的内容

围绕目标,结合文献成果,由课题组牵头,依托课程研发小组,从“人与己”、“人与人”、“人与自然”三个方面出发,初步明确了幼儿园开展生命教育的基本内容。校园实践活动主要由幼儿园发动,课题组引领策划,课程组教师具体落实,家长辅助参与,每月开展两个活动。(具体内容略)

(3)明确了生命教育家庭实践的内容

围绕目标,结合家长的教育需求,由教研组牵头,依托子课题研究,确立了各年龄段开展幼儿园生命教育家庭实践活动的基本内容。家庭实践活动主要由家长发动、教研组引领策划,家长具体落实,教师辅助参与,每月开展一次。

①关爱自我,减轻负担——家、园合作开展小班亲子辅导的实践研究。

②关心他人,亲密互动——家、园合作开展中班家庭游戏的实践研究。

③关注社会,回报社会——家、园合作开展大班社会体验的实践研究。

3. 明确了家、园合作开展幼儿园生命教育的方式与途径

(1)家、园合作开展幼儿园生命教育的基本方式

①由家长主动发起,以解决家庭教育中的问题为目的的合作。

②由幼儿园主动发起,吸收家长参与教育决策的过程,促使家长参与子女教育的合作。

③由幼儿园和家庭、社区共同发起,利用家庭、社区资源,以解决教育中存在的共性问题为目的的合作。

(2)家、园合作开展幼儿园生命教育的操作途径

①以主题活动为载体,家、园共研生命教育内涵(感恩主题、关爱主题)。

②以亲子活动为抓手,家、园共建生命教育特色(感恩节、运动节)。

③以专题活动为落脚点,家、园共育生命教育活动(用餐礼仪、精彩一课、感恩小喇叭)。

五、研究成效

1. 促进了幼儿全面和谐的发展

(1)促进了幼儿个性的和谐发展。

(2)促进了幼儿情感的和谐发展。

2. 提升了教师的专业水平

(1)提升了教师的科研能力。

(2)提升了教师的家教指导能力。

3. 树立了幼儿园品牌特色

近年来,我园生命教育的特色活动多次在区级以上层面展示,如"怀孕妈妈"、"PM2.5"等;区科研交流活动"同育感恩之心,共筑关爱之行"等获得了同行的肯定;"运动节"、"感恩节"等活动受到了社区、家长的一致好评;课题研究成果得到一致肯定,2010 年《感恩在心、关爱在行》获松江区第十届教科研成果三等奖;幼儿园被评为松江区科研工作先进集体;《走班促成长》获松江区第二届校本研修特色项目荣誉称号;《在二思、三订、一行中成长》获松江区第二届校本研修发展项目荣誉称号。2011 年,我园的《共育感恩之心,共筑关爱之情》在上海市幼儿心理健康教育年会上交流;我园获松江区学生健康促进工作先进集体奖;大班教研组获松江区优秀教研组奖;《在课题研究中促教师的专业成长》发表在《上海托幼》上;《教师专业发展的有效途径》发表在《上海教育》上。2012 年 8 月,我园的《幼儿园园本课程建设中男性家长资源开发与利用研究》立项为 2012 年上海市家庭教育指导研究市级课题。此外本研究课题已经顺利结题,得到市评委专家的肯定。根据研究成果汇编的《家、园合作开展幼儿园生命教育的活动方案集》、《家、园合作开展幼儿园生命教育案例集》正筹划出台。

农村高中学生人生价值观现状调查

陈水献　孙俊涛　李华　王平心　李军　任合国　张贺开　李爱民

学校简介:上蔡第一高级中学创建于1952年,是一所历史悠久、环境优美、师资力量雄厚、设施设备现代化的首批河南省示范性高中。目前,学校占地面积204亩,建筑面积约7.5万平方米,绿化面积约3.6万平方米,在校学生9000多人,教职工400余人。其中具有研究生学历教师24人,国家级优秀教师6人,特级教师10人,高级教师136人。上蔡第一高级中学已成为一所闻名的省级重点中学,是河南省中学教育的示范窗口,学校被教育部授予"国家级现代教育技术实验学校"、"全国教育网络示范单位"、"教育部依法治校示范学校"等荣誉称号。近年来学校先后获得了"省文明单位"、"省文明标兵学校"、"省教育系统先进单位"、"省普通高中课程改革先进单位"、"省先进基层党组织"、"省'五个好'先进基层党组织"、"省优秀青少年法律学校"、"省师德师风建设先进学校"、"省未成年人思想道德建设先进单位"、"省校园文化艺术工作先进单位"、"省卫生先进单位"、"省绿色学校"等多项荣誉称号。

校长简介:陈水献,男,中共党员,河南省特级教师,国家级骨干教师,省劳动模范。他不断地创新管理思路和方法,科学决策、规范管理,办学水平明显提升,教育教学质量名列省市前列,使学校成为享誉中国的名校。在做好教育教学管理的同时,他积极倡导并亲自主持教育科研课题的研究。他主持了教育部"十一五"重点课题"名师教学思想与教法研究"、"超越性课程理论与实践探讨"等。他先后十余次荣获省市教育科研优秀成果奖,有多篇论文发表。

由于业绩突出,陈水献同志被评为河南省劳动模范,河南省特级教师,河南省优秀教师,河南省教育厅学术技术带头人,河南省平安建设先进个人,驻马店市第六、七、八批专业技术拔尖人才,首批驻马店市名师,驻马店十大教育领军人物,驻马店市优秀校长,上蔡县十佳校长等。

近几年来，上蔡第一高级中学在激烈竞争的环境中勇于开拓进取，大胆创新，办学实力迅速得到提升，学校声誉与日俱增。

一、用“以人为本，以德为先，依章治校、民主理校、科研兴校”的办学理念引领学校发展

多年来，我校始终坚持“以人为本，以德为先，依章治校、民主理校、科研兴校”的办学理念，全校师生发扬“与时俱进、永不言败”的精神，十分注重对学生进行德育教育，实现了德育教育向教学和管理的全程渗透。学校秉承优良校风，实施科研兴校，办学水平稳居省、市前列。近几年，我校的教育教学成绩在驻马店市同类学校中遥遥领先，高考成绩自2001年起连续13年以绝对优势在驻马店市位居第一名，在全省名列前茅。13年内学校有35名同学先后被清华大学、北京大学录取。2013年，我校毕业班学生上一本线的有1307人，上二本线的有3239人，有8人分别被北京大学、清华大学录取。

二、细化教学管理，提升教学质量

在学校管理方面，我校不断地探索民主、科学、精细、高效的管理模式，重视师资队伍的建设，一手抓师德师风建设，一手抓教师的专业化成长，努力打造一支知识丰富、业务精湛、淡泊名利、乐于奉献的教师队伍。

在对学生的管理上，我校充分体现了育人为本的理念，把“身心健康、人格完美、知识丰富、能力高强”作为育人的目标，深入开展德育教育，促进良好校风学风的形成。学校把纪律约束和真情关爱结合起来，要求教师对学生做到“爱在细微处，严在该严时”。

在教学管理上，我校始终以提高教学质量为中心，以转变教学理念、转换教师角色、优化教学方法为抓手，把培养学生的思维能力、创新能力和实践能力作为课改目标，把是否有效果、有效率作为评价课改的标准。不跟风，不搞形式主义。在课改中，注重革新与传承的有机结合，注重不断更新的教育理念与传统的优秀教育理念相结合，注重不断改进的教育教学方法与始终不变的狠抓落实等方法相结合，促进教育教学质量的不断提高。

三、以改革用人体制为突破口，创新学校内部管理

打破单位与职工之间的依附关系，强化职工的开拓创新意识，使教职工能够通过自主选择找到自己的最佳位置，实现人员优化组合，精简高效。通过改革传统的人事管理模式，建立起聘用制和岗位责任制，淘汰以制度为主的人事管理制度，逐步形成有利于人才成长、人尽其才、才尽其用的用人机制。

在劳动人事体制深化改革的同时，进一步完善学校的规章制度，做到按制度办事，按程序办事，有监督，有考评，有奖惩，充分调动全体教职员工的工作主动性、积极性和创造性。

四、以生命教育为德育重头戏、心理健康教育的主内容，开创素质教育新途径

河南省上蔡县第一高级中学"生命教育研究与实践"于 2013 年 5 月作为教育科研课题立项，并开始了探索工作。《生命教育研究与实践》于 2013 年 8 月在我校一年级新生中全面展开学习。

1. 农村高中开展生命教育的必要性与重要意义

最近几年来，学生自杀与伤害他人等残害生命事件频发，如果在百度搜索里输入"学生自杀案例"，会跳出上千条信息。有大学生、中学生，甚至还有小学生，数量多结果惨，触目惊心，令人痛惜，发人深思。所以，作为学校，开展生命教育刻不容缓。

首先是生存教育。教会学生爱惜生命、保护生命、尊重生命。生命对于每一个人都是重要的，同时也是脆弱的，一个小小的失误就可能导致生命的消亡。在自然灾害面前，学会自救互救；遵守交通规则，文明出行；面对意外伤害，学会自我防范，在自己能力允许的范围内，最大限度地减少各种伤亡。

其次是生命的教育。生命是上天对人的馈赠，我们要学会感恩，带着一颗感恩的心生活。人的一生，从来到这个世界到离开这个世界，短短几十年，其间会经历各种各样的挫折与困难，各种疾病、天灾人祸，我们虽不能决定生命的长度，但是可以增加生命的厚度，让自己的生活过得精彩。通过学

习知识,改变自己的命运;通过辛勤劳动,创造美好的未来;怀揣梦想,积极努力,不断向梦想靠近,实现自我的价值。

因此,为了让青少年更好地成长,结合我校实际情况,并在借鉴其他学校教育经验的基础上,我们研究了如何有效地开展心理辅导,实施生命教育。

2. 我校开展生命教育研究的主要目标

通过开展一系列心理健康辅导活动,教会了学生在灾难面前自救互救的知识,科学施救,降低自然灾害造成的伤亡概率。帮助学生理解生命的意义,从而使学生具有尊重生命、珍视生命的意识,提高生命的质量,促进学生身心健康地发展。

3. 我校开展生命教育研究与实践的基本方法

目前我校开展生命教育的主要方法可以概括为"三个密切结合":即在生命教育的研究和实践的全过程中,理论教学与实践活动密切结合,教师和教育行政后勤管理人员密切结合,学校教育与社会教育密切结合。

4. 我校目前开展生命教育研究与实践的成效

通过近一个学期的研究与实践,我校在两个方面取得了明显成效。一是理论研究成果喜人。通过研究与实践,课题研究组已公开发表了《农村高中学生人生价值观现状调查》等优秀论文。二是实践教育效果明显。通过实施生命教育,一个学期以来,我校没有发生一起群体打架斗殴事件和其他意外伤害事件,抽烟酗酒、通宵上网的学生少了,热爱学校、热爱班级、热爱老师、相互帮助、相互关爱的现象多了,热爱生活、珍惜生命的意识强了,生命教育的效果是比较明显的。

生命教育校本教材——《生命如歌》

程刚　陈颖辉　郑宇群　涂林晓

学校简介：福州教育学院附属中学创办于1995年，是福州市直属公立完全中学。目前，全校共有66个教学班，学生2759人，教职员工223人。学校依托福州教育学院雄厚的教学科研力量，采取联手教研的形式，有效地提高了各学科教师的教学科研能力，形成了具有我校特色的课改之路。经过几任领导和全体师生的共同努力，学校教育教学质量不断提高，办学成绩显著。学校先后获得"联合国教科文卫组织健康促进学校"（金奖）、"福建省知识产权保护试点学校"、"福州市新课程改革实验学校"、"福建省第九届文明学校"、"福州市绿色学校"、"福州市平安校园"、"福州市环境友好型学校"等荣誉称号。

校长简介：程刚，省级骨干教师、省学科带头人、省语文协会常务理事。程刚同志自2007年担任校长以来，坚持以教学科研为中心，重视校本课程的开发，先后主持开发校本课程《乌山文化》、《福州民俗文化》及《生命如歌》；注重提高教学实效，在新课程理念的指导下，先后主持了"自主·合作·探究学习"、"同课异构高效课堂"、"信息技术与各学科的有效整合"等省市实验课题，努力构建务实高效的课堂教学模式；丰富校园文化，改善办学条件。在他的带领下，学校教育教学质量显著提高，学校管理科学规范，办学特色更加突出。

2010年，我校鉴于当前中小学生命与健康教育零散无序、交叉重复、操作性差的尴尬状况，同时基于对部分未成年人漠视生命的担忧，为了切实落实《基础教育课程改革纲要》精神，实现国家、地方、学校三级课程管理，构建我校校本课程建设的新模式，我们结合校内外资源进行论证，确定以"生命教育"为主题，开发《生命如歌》的校本课程。通过学科建设、主题活动、校园文化渗透，形成学校教育教学合力，增强学校的育人功能，促进学校教育教学特色的形成，意在引导学生认识和理解生命的价值和意义，形成热爱生命、积极向上的人生态度和健全的人格。

2010年7月上旬，在程刚校长的策划下，我校召开了“生命教育”校本课程开发的研讨会，先后邀请福建省教育科学研究所林斯坦副所长、《福建论坛》执行主编、“生命化教育”的倡导者与实践者张文质先生，为我校“生命教育”校本课程的开发做指导。

2011年6月，学校组织教科室及相关人员参加全国校本课程开发暨成果观摩会，带回了大量资料和全国各地开展校本课程研究的先进经验，为课程的顺利开发奠定了良好基础。此后，我们又利用暑假多次召开生命教育专题研讨会，至《生命教育》教材定稿之前，我校共组织了七场各种规模的研讨会，与会人员近200人，收集了大量资料，几易其稿，终于成书，并在十月份福州市中学市级公开周上推出，得到了来校领导和同行们的高度评价。

我们的教材《生命教育》借鉴了国内一些地区的思想和做法，针对当前中小学生命与健康教育零散无序、交叉重复、操作性差的缺陷，融入新课程的改革理念，以引导学生享受生命的美丽，学会健康地生活，凸显鲜明的特色。

1. 常识性。教材定位于“常识”，主要探讨青少年发展中具有普遍性和迫切需要解决的问题，着重学生生命与健康方面基本常识的教育，以加深学生对生命与健康的理解，帮助学生解决成长、发展、学习、交往中的困惑，提高学生的生存技能和生命质量，为学生的终身幸福奠定基础。

2. 针对性。教材是针对当前中小学生命与健康教育的缺失而设计的，也是针对中小学生在成长过程中出现的生命困惑与健康问题而设计的。因此，教材追求的是教育的“必需”和“有用”。也就是说，内容是青少年生命成长过程中必须获得的“常识”。教育是以对学生生命成长有用为目的。

3. 综合性。教材按照孕育诞生、珍爱生命、规划生命、感悟生命四个主题对课程内容进行了综合性表述，并整合心理教育、安全教育、健康教育、环境教育、禁毒教育等专题教育，构成了课程的内容体系。

4. 生活性。教材不是以学科知识的逻辑序列来组织的，而是以学生校园生活和社会生活为基础，从人与自我、人与他人、人与环境、人与社会等多个方面进行组织的，其内容以学生的生活经验和遇到的现实问题为主，与学生的生活息息相关，从而满足了学生生命成长与发展的需要。

5. 本土性。教材是具有鲜明的地域性和本土性，突出其针对性和实用性，并且带有显著的个性化特征的。教材编写的过程中，充分利用了福建的相关教育资源，以增强教材对学生的吸引力。

教材采用了灵活多样的编写形式，重视新课的引入，从生活现象入手，从问题导入，对某些重点知识并不直接给出结论，而是安排"思考"、"讨论"、"反问"等环节。在呈现形式上，教材采用卡通人物对话、实物照片、表格和图形等多种形式，力求做到图片与启发式提问相结合，图形与必要的文字相结合的效果，使教材版面呈现出活泼生动、图文并茂、形式多样的特点。在内容上，教材不失启发性，能给学生留有一定的思索空间。

2012 年，我校开始开发"生命教育 2"的校本教材，目前已定稿。我们的章节设计如下：

第一章：飞扬的青春（第 1 节　青春的躁动　第 2 节　成长的烦恼）

第二章：网络与健康（第 1 节　网络与我们的生活　第 2 节　上网成瘾与心理疏导　第 3 节　合理利用网络　第 4 节　手机使用之忌）

第三章：衣食住行（第 1 节　衣　第 2 节　食　第 3 节　居　第 4 节　行）

第四章：生活技能（第 1 节　小家电维修及自行车维修等　第 2 节　急救常识　第 3 节　手工类：编织、十字绣、剪纸等）

目前，我们在开展生命教育课程上已有以下做法：

1. 发挥课堂教学的主渠道作用，开设独立的校本生命教育课程。在非毕业班的年级内安排每两周一节的生命教育课，做到定师资、定课时、定教材，使生命教育课程与心理健康课程相得益彰，优势互补；使生命教育在课堂教学的主渠道中得到具体落实。

2. 利用主题节假日，开展生命教育专题活动。在学校德育活动计划中，结合妇女节、儿童节、禁毒日、世界环境日、预防艾滋病日、安全教育周等节日，开展青春期教育、心理健康教育、安全教育、健康教育、环境教育、禁毒教育、预防艾滋病教育、逃生教育、法制教育等各类专题生命教育活动。

3. 丰富生命教育内容，开展生命教育主题活动。开展“生命安全教育”主题活动，使学生初步了解来自各方面的不安全因素，掌握一些简单易行的防范方法与自救办法，有效地躲避危险与伤害。开展“生命意义和价值教育”的主题活动，引领学生树立起崇尚科学的生活方式，自觉抵御毒品，不涉足网吧，不参加危害身心健康的活动。开展“生命与环境系列教育活动”，组织学生观察环境，开展环保调查，写观察日记、探究小报告，提高学生的实践能力，增强学生参与社会生活、关注生命与自然的意识。

4. 全员行动，拓宽生命教育资源。

(1)利用各种宣传途径，如升旗仪式发言、黑板报、宣传栏、队报、红领巾广播台等，进行生命教育的宣传工作。

(2)调动学校全体教师关注和参与生命教育活动。学校围绕生命教育的主题，设计、开展活动，班主任老师要抓住一切契机，利用生命教育开展活动并撰写出相关案例。

(3)聘请校外辅导员或专家来校为教师、学生、家长进行法制教育、安全教育、心理健康教育、毒品预防教育、环境保护教育等知识讲座。

(4)充分发挥家庭在生命教育中的优势，引导家长对孩子的成长给予及时、必要的指导和关怀。让生命教育成为家长的必修课，不断提高家长实施生命教育的意识和能力。

5. 关注情感、态度和价值观的形成，在学科教学中渗透生命教育。学校结合新课程改革的实施，组织、引导各学科教师在课堂教学的设计、组织、评价等方面重视三维目标中的“情感、态度和价值取向”的落实，在各学科教学中有机地渗透生命教育，努力做到知识教育与生命教育相结合。

生命教育——学生安全教育的研究与实践

孔令今　朱贤贤

学校简介：贵州省威宁县第四中学始建于2002年8月。建校初，只为义务教育阶段学生服务，2005年8月，开始面向高中招生，成为完全中学。自建校以来，威宁县第四中学在威宁县委、县人民政府及教育主管部门的正确领导下，始终坚持“以人为本办学，以德为先育人，科学民主治校”的办学思想，全面贯彻党的教育方针，全面实施素质教育；始终坚持以“学校、荣誉、责任”为校训，以“热爱、奉献、反思、发展”为教风，以“每天进步一点”为学风，以“让每个学生成就最好的自己”为目标，重视研究教育规律，面向全体学生，促进学生全面发展，努力提高教育教学质量。经过全体教职工的不懈努力，学校办学规模不断扩大，已由一所小型初级中学发展为较具规模的优质完全中学；教育教学成绩后发赶超、跨越提升，近几年来，中、高考成绩一直名列全县前茅。

校长简介：孔令今，男，出生于1968年10月，贵州省威宁县人。1990年8月参加工作，1991年10月加入中国共产党，大学本科学历，中学高级教师。曾任威宁县中学校长，党支部书记，威宁县第四中学副校长等职。2013年4月起任威宁县第四中学校长。自任校长以来，孔令今同志提出了“办一流学校、育优秀人才”、“让每个学生成为最好的自己”、“老师是学校的法宝，只有教师充分发展，才能促进学校和学生的发展”等一系列办学理念。孔令今校长狠抓教师培训，加大教育科研的投入力度，以教育科研为依托，研究切合学校发展的新思路、新方法、新理念，强化养成教育，通过教育研究服务学生，造福社会，使学校朝着名校的方向发展。目前，孔令今校长正带领全校近5000名师生向品牌学校奋进。

一、生命教育的核心概念的界定

生命教育是直面生命和人的生死问题的教育，其目标在于使人们学会尊重生命、理解生命的意义以及生命与天人物我之间的关系，学会积极地生存、健康地生活与独立地发展，并通过对生命的呵护、记录、感恩和分享，由此获得身心和谐，事业成功，生活幸福，从而实现自我生命的最大价值。

从最根本的意义来说，生命教育乃是一种全人教育，它涵盖了人从出生到死亡的整个过程和这一过程中所涉及的各个方面，既关乎人的生存与生活，也关乎人的成长与发展，更关乎人的本性与价值。生命教育的核心目标在于，通过生命管理，让每一个人都成为"我自己"，都能最终实现"我之为我"的生命价值，即把生命中的爱和亮点全部展现出来，焕发出自己独有的美丽光彩。

学生的安全教育是生命教育的重要组成部分，学生安全教育的质量直接影响到学生的生命质量。

二、学生安全教育的背景及意义

近年来，由于中小学生缺乏自我保护的安全意识所引发的伤害案件事件不断增加。缺乏安全教育是造成中小学生非正常死亡的主要原因之一，意外伤害成为威胁学生安全的头号杀手。我国中小学生因溺水、交通事故、食物中毒、建筑物倒塌等意外事故死亡的，平均每天有 40 多人，相当于一个班的学生！2013 年 11 月 6 日 14 时 10 分左右，泸州市纳溪区龙车镇学校围墙外一民房墙体在拆除过程中轰然倒塌，致 9 名学生受伤。受伤的学生迅速被送往医院救治，3 名学生经抢救无效死亡。2013 年 7 月 11 日，湖南省岳阳县、桃江县、衡阳县各发生一起学生溺水事故，9 名儿童不幸遇难。2013 年 12 月 13 日，贵州省毕节市七星关区海子街镇，一辆无牌农用车行至七星关区海子街镇某下坡路段，车子刹车突然失灵，撞伤 7 名放学回家的小学生，造成 3 名小学生当场死亡，2 名送医院抢救无效死亡，2 名受伤。生命不保，何谈教育？为了让青少年健康地成长，对中小学生进行安全教育具有重大的现实意义。

三、生命教育的理论依据

1. 生命教育观理论

生命教育观认为，生命教育乃是生命与生命交流之过程。生命教育应遵循生命发展的原则,依据生命发展的动力,引导生命走向完整、和谐和无限的境界,保证生命发展的无限可能性,促进生命不断超越。生命教育是生命意义逐渐显现的过程。

2. 教育为本

《国家中长期教育改革和发展规划纲要(2010—2020年)》(公开征求意见稿)多次提到把"育人为本"作为教育工作的根本要求,并明确指出:人力资源是我国经济社会发展的第一资源,教育是开发人力资源的主要途径。人力资源的载体和基础是鲜活生命的存在,生命存在是人力资源的前提,生命成长是人力资源的保证。将一个个鲜活的生命培育成为"身心健康、聪明智慧、道德高尚,富有自主意识和创新精神"的公民,是党和国家赋予教育的神圣使命。生命教育是教育走向"生命关怀"的起点和突破口,是提升受教育者生存技能和生命质量的基础和根本保证。

四、中小学学生发生安全事故的主要类型

1. 学生校外安全事故主要有

(1)交通事故;(2)溺水;(3)自然灾害;(4)食物中毒(校内外都存在);(5)煤气中毒;(6)学生拉帮结伙打架斗殴等等。

2. 学生校内安全事故主要有

(1)学校的教育、教学及生活设施中存在安全隐患所造成的安全事故;(2)学生玩耍造成的意外安全事故;(3)教师体罚或变相体罚学生造成的安全事故;(4)意外事件中造成的人身安全事故;(5)校外人员在校内进行违法犯罪活动造成学生伤亡的安全事故等等。

五、造成中小学学生安全事故的主要原因分析

纵观全国中小学校发生的学生安全事故,分析造成事故的主要原因,有内因和外因之分。内因方面:学生缺乏自我保护意识和必要的自我保护知识,如学生的安全意识淡薄,不遵守交通规则,乘坐无证驾驶车辆或性能不好的车辆等;在不熟悉水情的地方游泳或在不熟悉的河(湖)边玩耍嬉戏;拉帮结伙打架斗殴等等。外因方面:自然灾害(如地震、雷电等)、校内外的食

物中毒、生活设施中存在安全隐患、教师体罚或变相体罚等。

六、进行生命安全教育

1. 学生方面

(1)加强对学生的思想教育。在全校学生中开展安全教育的主题班会活动,如开展交通安全教育的主题班会;食品安全教育的主题班会;结合威宁县公安部门在全校进行交通事故的图片展,通过图片的展出,强化学生对生命的敬畏,增强学生对生命的保护意识。

(2)加强学生对安全知识的学习。有针对性地进行消防安全演练和抗震救灾演练等活动。使广大学生树立起强烈的安全意识,认识到生命的可贵与脆弱,帮助学生掌握基本的防护技能,提高在各种危急情况下自救、互救和自我保护的能力,提高学生的生命质量,保证学生在身体、心理、知识、能力等方面能得到全面和谐发展。

2. 教师方面

利用每周一下午的全校教职工大会对教师进行培训,提高每位教师的师德修养,增强教师的育人功能,切实为学生的生命安全保驾护航。

在已发生的安全事故中,有一部分事故原因来自于教师,如教师对学生的体罚或变相体罚造成学生的身体伤害和心灵伤害。当事故发生后,很多教师都会有"要是当时能够自我克制该多好,要是当时有人制止,就不会这样了"的感慨。提高教师的职业道德修养是学校义不容辞的责任,也是教师和学生能和谐相处的保障。学校会在第一时间搜索周边和省内外的学生安全事故个案并在学校大会上进行通报,以起到警示作用。

3. 学生家长方面

在学校领导的动员和指导下,班主任和任课教师借助家长会的机会,与学生家长进行沟通,达成家长与学校对学生共育的效果。家长会改变了部分家长认为自己的知识水平不能辅导孩子的错误观念,让他们认识到"家长是孩子的第一任老师"这句话的普遍性。教育不仅仅局限于知识方面,情感方面的教育也是必不可少的。在情感方面的教育中,父母的作用是其他任何人都不能替代的。家长会可改变部分家长与子女的对立关系。

七、进行安全隐患排查

学校每学期进行应急疏散演练，每周进行安全隐患排查。本学期以住宿学生为疏散对象的应急疏散演练，得到威宁县相关单位领导的高度评价。县相关领导一致认为，在夜晚进行疏散演练具有创新性，值得推广。学校每周会对校园内的用水、用电、建筑设施和食堂全面进行的安全隐患排查，对发现的问题及时进行清理，及时整改。

小结：在学校领导的精心策划下，在全体教职员工的精诚团结和全力配合下，我校通过对生命教育的背景、意义的分析，对学生安全事故的主要类型的研究，对学生、教师和家长进行了多方面的安全教育，对建筑设施等进行了安全排查和及时整改，我校为学生提供了安全、和谐的学习环境。

加强法制教育　构建和谐校园

——学生法制教育的研究与实践

陈增良　刘英　窦克贤　窦永军　张旭

学校简介：天津市滨海中等专业学校坐落于滨海新区国家生态石化基地大港功能区，是国家级重点中等职业学校、天津市首批省部级重点职业中专、天津市首批“3A”学校、天津市职业教育先进单位。2013 年被教育部批准为“全国千所中等职业教育改革发展建设示范学校”。学校占地面积 13.6 万平方米，建筑面积 4.5 万平方米，包括两幢教学楼和一幢 9145 平方米的综合实训楼、2000 平方米的实训机加工车间、2200 平方米的艺术体育场馆、5200 平方米的宿舍楼、1500 平方米的食堂和标准运动场等基础设施。学校教师共计 169 人，其中专任教师 154 人，企业兼职教师 15 人，双师型教师 91

人，具有研究生学历的有23人，具有本科学历的有131人。学校拥有数控技术应用、机电设备安装与维修、汽车运用与维修、计算机应用、计算机网络技术、学前教育、会计、旅游服务与管理、化工仪表及自动化9个专业，并配备设施设备较为完善的教室40余个。

校长简介：唐慧忠，男，50岁，硕士，中学高级教师。多年来，唐校长潜心钻研中等职业教育，提出了“让每一位学生有尊严、体面地生活”的管理理念，秉承“以服务为宗旨、以就业为导向”的办学思想，确立“学生升学有希望，就业有本领，发展有基础”的办学思路，取得了突出成绩。唐校长抓基础建设，办学条件得到了极大改善；抓师资队伍建设，涌现出各类名师和骨干；抓教育教学质量，专业建设贴近市场；抓校企合作，为学生搭建了工与学相结合的平台；抓学生管理，严、爱相济，全员育人；抓校园文化，突出人本管理。学校办学规模不断扩大，面貌焕然一新，赢得了社会的高度赞誉。

一、问题的提出

道德法制教育是学校素质教育的重要组成部分，是一种养成教育和性格教育。我校作为一所职业中专学校，学生的综合素质不强是一个不争的事实。由于一些学生法律意识淡薄、明辨是非能力不强、社会公德意识欠缺而导致的纪律散漫、破坏公物、顶撞教师、打架斗殴等违法违纪事件时有发生。近年来，中专学生因一点摩擦而大打出手、打群架、聚众斗殴，造成死伤、致残的事件屡见不鲜。很多学生思想认识有偏差，集体意识较差，“触网”学生较多，道德问题与个人心理问题交织。这些问题的存在更突出了我校加强法制教育的必要性和紧迫性。只有通过多种形式的法律宣传教育，才能进一步提高学生的法律意识，让他们逐步形成恪守法律及道德规范的习惯，做到自律、自强，养成全心向上、全心向善的优良品格，从根本上预防和减少中职生违法违纪现象的发生，从某种意义上讲，这是功在当代、利在千秋的大事。为了加强学生的法制教育，我校积极开展法制教育系列活动，旨在通过这些活动达到人人学法、知法、守法，人人学会用法律保护自己，用法律解决纠纷和争议，维护社会和谐稳定的目的。

二、实施基础及目标

学校领导高度重视学生的法制教育，以往开展的法制教育活动积累了丰富的经验，通过法制教育促使学生"学法、知法、懂法、守法"的实践活动已受到师生的高度认同，并已取得良好效果。

围绕"法制教育系列活动"完善我校法制教育机制，在这一过程中逐步探索适合中职学校的法制教育模式，提升我校师生法制观念和意识，从而在全校形成人人守法的良好风气，打造全国一流的校园法制教育特色中职学校。

三、研究内容

1. 法制教育系列活动三级管理机制的建立与完善

一级管理：建立校长亲自抓法制工作的责任制度，及时解决在法制教育过程中存在的问题。

二级管理：德育处制订法制教育活动的具体形式和内容详细的实施方案，然后由各系部部长负责组织协调。

三级管理：形成以班主任和思想政治课教师为主体，党、团、队干部为骨干，各科教师全员参与的学校法制教育工作队伍。

2. 法制教育五项活动的建立与完善

第一项活动：法制教育征文

征文的主题：培养学生的爱国意识、公民意识、守法意识、权利义务意识、自我保护意识，养成尊重宪法、维护法律尊严的习惯，树立正确的人生观、价值观和荣辱观，树立依法治国和公平正义的理念，提高分辨是非和学法、守法、用法的能力。

征文的内容：围绕发生在身边的案例，讲述给自己带来心灵震撼和深刻教育的经历，讲述家庭、学校、村镇所发生的法制事件。围绕法制建设内容，结合学习生活的实际情况，畅谈学法心得。

第二项：法制教育主题班会课

班会课的主题：通过主题班会活动提高学生的法律意识，提高分辨是非和学法、守法、用法的能力。班会课不拘泥于形式，目的是唱响“我知法，我守法，我健康，我发展，我快乐”的主旋律，弘扬法治精神，树立正确的人生观、价值观，践行社会主义荣辱观，同时能够体现班级的特色，增强班级的凝聚力，融洽师生之间的关系。

第三项：法制动漫设计大赛活动方案

法制动漫设计活动主题：法制动漫作品是运用现代信息技术、数字技术开展法制教育的有效载体和形式，传播渠道多，覆盖面广，观看便捷，普法效果好，深受广大学生喜爱。运用法制动漫作品对学生进行法制教育，能够起到寓教于乐的作用，是目前影响力较大、老少咸宜的法制教育方法。为深入开展法制教育，广泛普及法律知识，传播法治文化，弘扬法治精神，促进在全社会形成自觉学法、守法、用法的良好氛围，我们结合我校开展的法制教育系列活动，举办了“法制动漫设计大赛活动”。

第四项：法制报告会和模拟法庭

聘请法制副校长做法制报告，为学生讲解法律知识，让学生学会用法制武器保护自己。

由司法局法制办组织专业人员到校开展“模拟法庭进校园”活动。通过模拟法庭的实践活动，让学生介入模拟诉讼的全过程，扮演各种诉讼角色。由此学生学习法律从被动接受转变为主动参与，学生成为学法、用法的真正主体。

第五项：与天津外国语大学涉外法政学院联手共建法制教育基地

为扎扎实实开展普法教育和法制宣传工作，我校通过司法局法制办与天津外国语大学涉外法政学院联手，共建法制教育基地。

具体工作：委托外国语大学领导选派优秀大学生作为法律辅导员，为我校教师进行法律辅导。天津外国语大学涉外法政学院优秀大学生担任各班法制班主任，负责为学生讲解法律，解答学生提出的法律问题。

四、预期效益

经过两年的研究与实践，建成了我校“模拟法庭”和“法制教育功能教室”，成为我校法制教育的专用基地；完善、丰富我校法制教育三级管理机制和法制教育五项活动，使法制教育活动能融入师生的校园生活、学习中，使法制观念能深入每一位师生的内心，并内化为师生的实际行动，力争使每一位老师和每一个学生“以遵纪守法为荣，以违法乱纪为耻”，成为知法、懂法、守法的合格公民，承担起遵纪守法的社会责任，为社会和谐发展贡献力量。

五、已取得成果

通过长期不懈开展形式多样的法制教育活动，我校现已形成浓郁的法制氛围，学生的法制意识显著提高，打架斗殴现象大大减少，自 2011 年开展法制教育至今，我校无一起学生违法事件发生，学生社会犯罪率为零。我校形成了文明、进取的良好校风，学校教学秩序大为改观，办学业绩显著，受到社会各界的赞誉，学校的社会声誉逐年提高，特别是得到了广大家长的认可和高度评价。家长们一致称赞学校的管理严格，育人有方，并表示，孩子在这样的学校学习，他们放心、安心。

德育

中职生问题行为的调查与研究

孔令俭　屈红　孔蕊　陈涛　孙世山

学校简介：曲阜中医药学校是全日制普通中等专业学校，开设三年制中专、三二连读大专班，拥有中医、中医护理、中医康复保健、中药4个重点专业，在校生5000余人。学校现为国家级农村中医药知识与技能示范培训基地、"国家中等职业教育改革发展示范学校"项目建设学校、心理健康教育工作先进实验学校、生命教育示范基地及全国教育改革创新示范学校。学校先后获得"国家级重点中等职业学校"、"省级教学示范学校"、"省职业教育先进单位"、"全省卫生系统先进集体"、"省级文明单位和全国职业教育管理创新学校"等30多项荣誉称号。

校长简介：孔令俭，男，1959年生，山东曲阜人，儒学造诣深厚，注重教育教学研究，发表儒学和教育论文多篇；主编和参编教材《〈论语〉指要》、《儒医文献选读》、《中医经典医籍选读》等，是全国学校心理教育行动"十一五"重点课题负责人、国家中医局"十二五"中医药教育教学改革重点课题主持人、北师大生命教育研究中心特聘研究员、生命教育科研先进个人。他用先进的办学理念引领学校发展，运用创新的思维指导教育管理，确立"面向社会、改革创新、质量立校、特色办学"的办学理念，引领学校形成了"团结奋进、锐意进取、尊师爱生、继承创新"的良好风气。

中职生作为青少年中的一个特殊群体，在心理和行为上有许多特点。中职生多处于青春期，生理、智能以及情感均未成熟。中职生有强烈的自我意识，不稳定的人生观。对比普通高中生，中职生大多基础知识薄弱，缺乏积极的学习态度，自我约束力差，学习中时常出现厌学、逃学等现象。另外，中职生心理和行为失调的比例也逐渐增大，如有的自私狂躁，不能与同学和睦相处；有的压抑孤僻，脱离集体，逃避社会。问题行为如得不到及时纠正，任其发展，有可能演变成心理缺陷甚至心理障碍，影响中职生的健康成长。

因此正视并解决中职生的行为问题,促进中职生的健康成长,成为中职学校教育管理必须正视和亟待解决的问题。

一、现状调查

为了解中职生的现状,呵护学生的健康成长,预防和减少问题行为的发生,全面提高中职学校的教育管理水平,我们对我校及周边五所职业学校在校生进行了随机抽样问卷调查。共发放问卷300份,回收287份,有效问卷265份。

问卷针对学生的交往、生活、学习及情绪四个方面,每题有五个选项:非常不符合、不太符合、符合、比较符合、非常符合,在选择时依次为1、2、3、4、5分,最后汇总平均分。排在前10位的是:①早恋:2.96分;②偷着抽烟:2.83分;③饮酒酗酒:2.64分;④上课睡觉、说话、玩手机:2.63分;⑤公共学习或休息时间大声喧哗:2.60分;⑥讲话不文明,时常说脏话:2.56分;⑦不注意维护教室、宿舍等公共卫生:2.52分;⑧打架斗殴:2.51分;⑨拉帮结伙,欺侮同学:2.49分;⑩打架多因男女交往出现矛盾:2.47分。

二、成因分析

中职生的成长,既有个人因素的影响,也受家庭、学校、社会等外界因素的影响。中职学校既是中职生的学习场所,也是生活场所,因此对中职生身心发展的影响更为突出。中职生问题行为的发生与中职学校的校园风气、考试制度、学生管理、老师对学生的态度都有密切关系。

1. 学校管理制度

中职生与高中生有较大差异,如大多数中职生往往好动、好斗、偏激、逆反心理强、人生目标不明确等。因此,如不制定有特色的管理制度并切实执行,必定会造成教育管理的缺失。

2. 组织管理

学生处是具体负责学生管理的机构,其工作作风和方式方法对学生有直接的影响。学生出现问题行为后,学生处的处理是否及时,方式是否得当,都直接关系到事态发展,并会影响到其他学生。

3. 班主任

教管人员中对学生影响最大的是班主任。班主任工作积极主动与否,认真负责程度,直接影响班风的形成,同时对学生也有重要影响。中职学校很多班主任非科班出身,上任前也未受过专门培训,缺乏班级管理经验,再加上部分班主任意识缺乏,工作不认真,不积极关注学生的思想动态,遇到问题又不及时恰当地处理,则易导致问题行为的扩大。

4. 任课教师

在教学过程中,教师的一言一行均会对学生产生影响。很多中职学校实行教管分离、处室单设,容易导致任课教师只注重"授业",而忽视对学生的"传道解惑";中职学校没有升学的压力,考试又无统一标准,学校教学的督导机制又不完善,部分任课教师在教学过程中不认真负责,教学无思想,授课无新意,照本宣科,死板填鸭,导致部分学生对教学失去兴趣,上课玩手机、逃学厌学等现象频发,这严重影响了学生身心健康发展。

5. 教辅后勤人员

教辅后勤人员工作繁杂、辛苦,但又多为幕后工作,加上世俗偏见和某些不合理的制度,不少教辅后勤人员认为,学生思想品德的形成、身心是否健康发展是学校管理者与任课教师的责任,与他们没有直接关系。上述不当认识,导致教辅后勤人员不能正视自己工作的重要性,容易导致学生问题行为的产生。

三、防范策略

学校要想预防和减少学生的问题行为,呵护学生的身心健康,必须明确问题行为的诱因,认真研究、整合资源,构建良好的育人环境,从而维持学生的生命健康。具体防范策略有:

1. 健全并认真落实学校管理制度

学校应依据《中华人民共和国教育法》、《中华人民共和国未成年人保护法》等法规,结合中职生的身心特点,建立健全学校职工代表大会制度和专家指导委员会,制定切实可行、科学合理的教学与管理制度,如考试制度、学生量化考核制度、评优树先制度、日常行为规范等等。另外在执行过程中,要注意刚性制度和柔性人文关怀的有机结合。

2. 整合资源，共建良好育人环境

良好的校风、班风能够感染学生，使学生积极向上，团结互助，关系和谐。学校管理者要整合各项资源，充分发挥各项职能，齐心协力地搞好学生管理。教务处与学生处，科室虽分，工作各有偏重，但在学生的日常管理中，应相互协调、紧密配合。强化任课教师教书育人的责任感，在授业的同时，注意引导学生尊重生命、珍爱生命、成全生命、敬畏生命的观念的形成。对于中职生的问题行为，如谈恋爱现象，管理者应该认识到每一个人都有强烈的情感需求，不能只是一纸禁令就以为解决了难题。而应引导学生树立正确的恋爱观、交友观、人生观，使其明确人生的阶段目标，珍惜现在的学习时间。

3. 加强班主任培训，强化责任意识

团结向上的班风有利于学生心理健康地发展，而混乱、松散、人际关系紧张的班风，则不利于学生健康心理的形成。作为班集体的管理者，班风形成的引导者，班主任与学生关系密切，其一言一行、一举一动都对学生有重大影响。因此，预防学生问题行为，必须抓好班级的管理工作，这需要积极开展班主任培训，强化其责任意识。选拔工作认真、责任感强的教师兼任班主任；定期安排优秀班主任介绍管理经验或处理问题行为的策略；时常邀请校外教管专家举行培训讲座；积极参加各级教育学会的班主任培训活动。

4. 任课教师转变观念，以身垂范

任课教师的一言一行、一举一动，都在潜移默化中影响学生，教师要注重修养，身先垂范，尊重学生。课堂教学中，学生会出现某些问题行为，任课教师应正确地对待学生的错误，不能将产生错误的原因简单归结为学生的素质低、秉性差，而应多找个人原因，转变观念，正确认识学生及教学行为。教师不仅要及时地更新知识、改进教法，认真钻研教材，还应深入学习教育心理学等知识，并将知识良好地应用到学生问题行为的处理过程中。教师要充分地了解学生，打造高效课堂，把学生吸引到教学中来，减少问题行为的发生。

5. 教辅后勤人员提高认识，转变观念

教辅后勤人员是教学管理中不可或缺的组成部分。环境育人、空气养人，宽敞明亮、优美整洁、人人文明的学校环境，对学生的心灵有良好的净化作用，有利于促进学生身心健康地发展。教辅后勤人员对学生思想道德素质的影响作用也不容小觑，因此教辅后勤人员应该提高认识，转变观念，强化我也是教师，学生的健康成长与我的工作言行密切相关的意识。

总之，为了预防和减少中职生问题行为的发生，学校应充分重视学生的问题行为，整合学校的资源，构建良好的育人环境，正确地培养学生，呵护学生的健康成长。但只依靠学校的力量是不够的，必须学校、家庭、社会齐抓共管，心往一处用，劲往一处使，形成一股合力，共同促进中职生身心健康发展。

城乡结合部中学校园暴力事件的成因分析及防范策略

陈森　傅传忠　陈慧祥　王挺　李裕霞

学校简介：福州十中是一所具有70多年办学历史的省级二级达标学校。学校始终坚持“以人为本、追求卓越”的办学理念，坚持“立德、健体、笃学、躬行”的校训，形成了“尊重学生、严谨治学、循循善诱、为人师表”的教风和“勤于学习、善于思考、乐于实践、勇于探索”的良好学风，以“校风端正、教风严谨、学风浓厚”著称。学校有一批优秀教师已成为市、区名师工作室的负责人及成员。多年来，在校领导和广大教职工的共同努力下，福州十中形成了较为完善的教育教学管理体制，锻造了严谨的校风校纪，构建了“生命教育”的办学特色。近年来学校获得“省达标图书馆”、“福建省学校创先争优先进基层党组织”、“市德育先进校”、“市平安校园”、“市素质教育优胜学校”、“市五一先锋岗”、“市标准化学校”、“市创建全国文明城市先进单位”等荣誉称号，受到社会、家长的一致好评。

校长简介:陈森,男,生于1959年11月,汉族,福建省福州市人,大学本科学历,中共党员,中学高级教师。现任福建省福州第十中学学校党委书记、校长。社会兼职:福州市化学学会理事、晋安区化学名师工作室领衔人。自1981年步入教坛以来,陈森同志先后荣获"福建省优秀共产党员"、"晋安区先进教育工作者"、"优秀党务工作者"、"晋安区第二届'十佳中学教师'"、"晋安区第四届十佳校长"等荣誉称号,2005年8月调入福州十中担任校长。在8年多的时间里,他以高尚的师德、谦逊的人格、严谨的教风、儒雅的风范带领学校全体师生员工始终朝着"高质量、有特色、现代化"的办学目标前进。

给孩子一个安全舒适的学习环境是对每一所学校的基本要求。如果稍作留心我们不难发现,近年来,校园暴力事件屡现报纸、网络等媒体,而如何有效地防止校园暴力事件的发生,也成为当前城乡结合部中学教育管理过程中一个紧迫而重大的研究课题。我校结合生命教育总课题对此进行研究并取得了相应的科研成果。

一、城乡结合部校园暴力事件的成因分析

1. 青春期的心理特点是导致城乡结合部校园暴力事件频发的客观因素

青春期冲动是由未成年人特定的生理阶段及个性特点所决定的,特别是随着青少年学生生理的发育,一些学生开始关注异性,情绪化明显,追求刺激,容易冲动,不愿受管束。青春期的一些学生在人际交往中有强烈的表现欲,争强好胜,道德法制观念淡薄,对别人的评价极为敏感,有强烈的好胜心和较强的虚荣心,在外界诱惑刺激下,容易引起生物性、本能性的冲动,说砍就砍,想抢就抢,继而引发故意伤害、杀人等暴力性犯罪。

2. 畸形的家庭教育是引发城乡结合部校园暴力事件高发的重要因素

青少年暴力犯罪中影响较为直接的是其家庭环境。其中,家庭教育的方式在家庭教养中占主导作用。在城乡结合部,由于大量的学生来自于进城务工人员的家庭,家长对子女的家庭教育多为放任型和专制型教育。日常生活中,家长忙于上班,无暇顾及对子女的教育,而当孩子出现错误的时

候，则滥施权威，动辄打骂，结果造成子女自私、任性、好逸恶劳、蛮横霸道的性格。

3. 城乡结合部学校安全教育的缺失、师生关系的畸形是诱发校园暴力的直接因素

城乡结合部的中学多为乡镇级中学，由于乡镇级财政投入有限，教师编制的不足，日常的法制、心理教育难以落到实处，即使有纳入教学日程的，也是注重形式而未真正关心教学的实际效果。在师生关系方面，城乡结合部的学生来自全国各地，学生的知识起步差异大，部分教师在日常工作中忽视甚至歧视学习成绩落后的学生。在这种不良风气影响下，这些所谓的"坏孩子""差学生"经常会产生不平衡的感觉，从行动上自觉不自觉地站到老师和同学的对立面，当老师对他们进行批评时，易出现攻击性。

4. 城乡结合部特殊的社会环境是导致校园暴力事件频发的关键诱因

城乡结合部是外来人员大量聚集的地区，充斥着各种功利主义、享乐主义、暴力文化等极强腐蚀性和诱惑性的因素，对在此生活的青少年影响尤为巨大。部分青少年学生由于社会经验少，缺乏辨别是非的能力，受此类文化"熏陶"后，交友倾向于"江湖义气"，崇尚暴力，认为暴力行为是人们解决问题的主要手段，这类学生在这种价值观的支配下，在与人交往中，动辄就采取一些不计后果的暴力行为。

二、城乡结合部学校校园暴力的防范策略

校园暴力实际是"反社会人格"的一种体现，涉及面广，数量大，社会危害性严重，是困扰社会发展及青少年健康发展的一个重要问题。由于城乡结合部人文环境复杂，要预防、减少和根除这种暴力行为，必须根据城乡结合部的特点和学校的实际情况，全面动员家庭、学校、社会各方面的力量，相互配合，充分运用各种手段，预防和减少校园暴力事件。

1. 整合校内资源，强化安全教育工作实效性的机制

针对城乡结合部学生的特点，首先，我们根据校情制定了各项安全管理制度、责任追究制度。学校把安全防范措施逐条细化，做到人人有责任，事事有人抓、件件有落实。其次，整合学校现有的安全教育资源，明确安全教

育的内容，突出安全教育的阶段性。我校聘请辖区派出所的优秀民警到校开设安全教育课，向学生宣传安全防范知识，提高学生的自我保护能力。最后，根据我校所处晋安区城乡结合部学生的生活特征，开设模拟法庭，观看安全教育片，组织学生到我省未成年人管教所实地考察，让学生增强对暴力犯罪后果的体验和感知；通过安全教育课、安全知识竞赛等形式把安全知识与安全行为紧密结合起来，提高安全教育的实效性。

2. 以生命教育理念为核心，加强学生心理健康教育，学科教学中渗透生命教育

青少年校园暴力的本质是对生命的淡漠和生命意义的迷失。城乡结合部的学校可依托校园的自然环境、人文环境，加强心理健康教育，突出生命教育的意义。我校地处福州市城乡结合部，在校生中60%为外来务工子女，为了帮助学生解决他们在学习、生活中遇到的各种心理困惑，充分开发他们的潜能，促进其心理健康发展，我校结合校情，组织部分老师编写了一套生命教育校本教材，采取不拘一格的教学形式，使学生在学习过程中快乐地体会生命及其存在的意义，使学生学会珍惜生命，远离暴力，将生命知识、自我保护知识有机地渗透到学科内容中来。

3. 加强家校联系，科学指导家教方法，形成教育合力

城乡结合部的家长多为务工人员，日常忙于生计，缺乏科学的教育方法。我校以多形式多渠道的方式开展家校联系活动，使家庭、学校、社会协调配合，共同培养学生。我校通过与家长签订安全管理责任状、发放家长一封信、开通中国移动校讯通等方式，实现家与校信息上的互动。同时，我校还通过教师集体家访等渠道向家长宣传有关家庭教育的理论知识，让家长掌握家庭教育的方法和技巧，指导家长在日常生活工作中抽出时间来关注孩子的学习、德行、心理发展情况，以便有针对性地开展相关工作。

4. 整合社区资源，加强综合治理，优化社会环境

为了预防和减少校园暴力，我校建立了行政干部值班制，完善了学校24小时值班和校园巡逻制度，同时还加大了校园安全保卫力量的硬件投入。在周边安全环境治理方面则积极地争取地方政府、公安机关的支持。我校通过与岳峰村委、万佳社区的合作，建立了校园安全保卫岗，实行了24小时

对校门口周边环境的监控管理、巡逻值班,对可疑人员进行巡查盘问,有效地杜绝了无业人员、来历不明人员进入校园的可能。

城乡结合部学校的校园暴力事件并非不可避免。只要科学思考,齐抓共管,措施有力,做好家、校、社区的沟通和配合工作,共同营造一个良好的校园人文环境,就可以预防和减少校园暴力事件的发生,让"暴力"远离校园。

师生安全是最大的幸福

赵金稳　周金华　汤世卫　刘霖　蒋仕洪　张元和

学校简介:盘县第五中学,前称盘南中学,于1958年9月建校。现任校级班子成员赵金稳、周金华、汤世卫年轻务实、开拓进取,将"追求幸福的教育,享受教育的幸福"作为办学理念,扎实推进精细化管理,学校的发展日新月异,各项事业蒸蒸日上。

校长简介:赵金稳,贵州省盘县第五中学校长兼党支部书记;历任初、高中语文教师,班主任、语文教研组组长、盘县第六中学团委书记、办公室主任、副校长、盘县人民政府第二届兼职督学。《盘县教育》特约编辑,《中国语文》报刊协会课堂教学研究专业委员会研究员,曾荣获"全国科教先进校长"、"全国研究型校长"、"贵州省级骨干教师"、"县级优秀教师"、"先进教育工作者"、"县级劳动模范"、"全国五一行业模范"、"盘县首届十佳校长"等荣誉称号。赵校长主持的课题获市级一等奖,国家级一、二等奖,曾被评为全国中小学公民道德教育活动组织工作先进个人。赵校长在多家刊物发表过论文、散文,出版有《中小学新课程学习方法》一书。赵校长注重学校特色办学,其幸福教育理念在《语文建设》、《乌蒙新报》、《六盘水日报》、《盘县快讯》、盘县电视台《十分关注》栏目进行过宣传报道和推广。

从我校实际出发，赵金稳校长提出了“追求幸福的教育，享受教育的幸福”的办学理念，在这一理念的指导下，学校定位学生成功的标准不再是单一的成绩考查，而是综合了他们的学业水平、特长才艺、操作技能、道德素质、积极心态等各方面，并为他们的个性心理发展搭建平台。学生的优秀与否是一个动态而长期的考查过程，它不能仅凭学科分数评定。

德育管理是推动我们学校正常运转的重要车轮。众所周知，成绩差的学生在德育方面是令学校最头疼的，但我们对学生不能骂更不能打，开除是对一个学生来说最大的惩罚，但在我们学校没用，因为有些学生他原本就不想读书。赵校长的指导思想是：如果学生都做得很好很优秀了，还要我们老师干什么？教好一个人，幸福三代人；教坏一个人，痛苦三代人，所以教师的职责是很神圣的。我们应该清醒地认识到学生存在一些问题是非常正常的，当学生出现问题的时候，我们要想方设法去解决，动之以情晓之以理，寻找一切有利的突破口解决问题，而不是简单粗暴地妄下结论。如果遇到难题连老师都不冷静，事态往往会扩大化。

面对我校的实际情况，我们迎难而上，调动一切能为学生服务的力量，让学生将主要精力集中在学习上，引导他们从知识、技能、做人方面取得成绩，提升他们的自尊心和自信心。我校逐渐形成了德育管理体系，首先是进校三部曲，即军训、思想动员、丹霞徒步行。近两届军训效果最好，是因为我校德育中心做了大量细致的工作，如教官的聘请、班主任的考查、军训可能遇到的情况的应急处理办法，其核心就是人文关怀，让新生在军训的第一个星期里就初步有了集体荣誉感，这为形成一个良好的班级奠定了基础。这一切都是在暑假前就已经规划好了的，军训期间政教处工作人员和班主任全程陪同，对新出现的问题及时有效地进行处理，让新生产生家的温暖。思想动员工作一般定在军训期间的晚间，或全年级集体进行或分散到各班进行，通过这次活动让新生重新定位学习的目标和学习的意义。安排励志影片让新生观赏，用国庆阅兵的精彩影片激励他们高标准地要求自己。军训休整后，学校就组织“爱我家乡，情系丹霞”的徒步活动，高一新生在学校领导、班主任的带领下，从学校出发，以整齐的步伐、昂扬的班级形象，徒步到丹霞，往返十六公里。他们得到的不仅是身体的锻炼和意志的磨炼，还有亲临佛教名山感受佛教文化的体验，沿途还可以欣赏到自然朴实的风景。他们还可以感受到社会各界的支持与关心，因为当天出动了交警、民警、医疗急救车辆及人员，来保证大型户外活动的正常开展，确保了师生安全万无一失。

德育管理体系中的常规工作就如一次长征，三年中要确保所有学生都安全，行为习惯都有所进步，我校采取的是"育人三部曲"。为了将全校学生融为一个整体，具有集体荣誉感，我校创新性地利用好了每天的课间操。传统的课间操是全国第八套广播体操，第一遍四个八拍，第二遍两个八拍，这套广播操整体不错，但在我们学校效果不佳。因此，在三年前我校就决定将课间操做得更有意义，更能让学生接受，更能达到锻炼的目的。经过近两个月的训练，我校形成了现在使用的大课间操的整套系统。其中包括有氧跑操、健美舞、第八套全国中学生广播体操四个八拍一遍、《感恩的心》手语操四个部分。这四个部分各有其功能，有氧跑操其实相当于我们学校学生每做一次，就无形中对地震、消防等逃生技能演练了一遍。学生所在的楼层最高为六楼，全校 4400 多名学生从教室到操场，集合完毕只需要 2 分 30 秒左右。随着音乐整齐地跑到做操的位置，学生们高呼班级特有的口号，气势非常激昂，随着动感的音乐，全校学生整齐地跳起了健美舞。以往单纯地做全国中学生第八套广播体操效果一般，但是经过健美舞的铺垫，同学们对这套广播体操做得非常认真和整齐了。广播体操之后，便是《感恩的心》手语操。全校学生一起做着规范的手势，唱着《感恩的心》，在场的人都会有一种感动，会想到父母、师长、朋友对自己的付出。对于刚入学的新生，我校都会用一个月的时间来让他们熟悉整个大课间操，熟悉每一个环节的动作要领，并用一次大课间操的比赛活动来进行强化，使学生平时做课间操就像这次比赛一样，这样大课间操就成型了。

德育常规管理中的另一环就是新生入学后对儒家经典《弟子规》的诵读。利用早自习时间，老师把新生集合在操场内集体诵读《弟子规》，一两个星期熟读之后，组织班级背诵，到 11 月份以班级为单位进行背诵比赛。

德育常规管理中最重要的一环就是每天的行为习惯养成教育。学校从人文关怀出发，让每一个学生在学校内都有一段难以忘怀的经历，做到让家长放心，让社会满意。我校成立了执勤组，从早上七点起开始执勤，早中晚三次对班级学生进行考勤，巡查学生行为不规范之处，督察食堂饭菜的质量和卫生、食堂员工的服务质量、学生的就餐排队、有无浪费粮食现象等情况，跟踪教师上课，统计教师出勤率。晚上巡查校园周边情况及宿舍区，登记没有到寝室的学生，并询问情况，与班主任和家长取得联系，采取相应的措施，尽最大努力将不能控制自己的学生挽救回来。执勤组不定时地搜查管制刀具，确保每一个环节都不要出现纰漏，全方位地确保学生的安全。人非草木，孰能无情？更何况我们所面对的都是一群具有鲜明个性的学生。长期的工作，让学生感受到在五中是安全的。近几年我校没有发生一起安全事故，这就是大力管理的功劳。

人生命的全过程就是由一次次的生命活动所组成的。一次次生命活动的质量决定了人生命全过程的质量；重视每一次生命活动的质量就是重视生命全过程的质量。教育就是对学生的每一次生命活动进行关怀，这种关怀是社会价值、个人价值和教育自身发展价值在“生命活动”实践中的统一，在此教育实践中教师的价值得到了实现，生命质量得以提升。

从历史而言，我们已经走过55个春秋，盘县五中曾创造过辉煌的办学成绩；就现实而言，我们五中正进行着创新型特色教育，今天所经历的每一个艰难的奋起，都带着辛酸，但每一步前行都是那样坚定和感人，因为我们有激情燃烧的血液。

生命育德　共创成长

——生命教育与学生德育教育的研究与实践

吴朝晖　陈恕珍　罗金泉　王海涛　林茵

学校简介：广州市绿翠现代实验学校，原名广州市绿翠中学，创办于1997年，地处珠江南岸、海珠区古地标赤岗塔和广州市新地标广州塔以西。学校现有两个校区，占地面积28125平方米，在校师生约2800人，是一所“南雪韵绿、翠凝飘香”的省一级公办初级中学。学校秉承“发展之始，德字为先；成材之要，素质为重”的建校理念，以“德才兼备臻善至美，奉公允能国之栋梁”的校训为宗旨，坚持“合格＋特长＋进步＝好学生”的育人模式，通过德育立校、科研兴校、质量强校和特色名校，实现学校的可持续发展——“构建多元发展平台，开拓师生国际视野”，努力把学校打造成一所具有规范化、现代化、特色化、国际化的优质“四化”学校。

校长简介：吴朝晖，男，1968年生，1990年7月毕业于广州师范学院，获理学学士学位；1998年华南师大教科所的“教育科学研究法”专业硕士研究生课程结业，中学物理高级教师。2008年至今，任广州市绿翠现代实验学校校长，先后出任九三学社海珠委员会副主委、中国西部教育顾问、广东省高中教学水平评估专家、广东省物理学会理事、广东省教育学会校本课程专业委员会第一届理事会理事等职务。任现职以来，吴朝晖校长带领全校师生坚持特色的现代化学校发展之路，已把绿翠创办成既有传统文明礼仪风格又有现代文化品味、典雅的书香学堂。

广州市绿翠现代实验学校是广州的名校之一，学校一直把科研课题的研究工作放在学校发展战略中，致力于打造一流的科研强校。到2013年年底，学校共开展了50项各类科研课题研究，现有国家级课题5个，省级1个，市级8个，区级11个，校级25个。当中，学校以“生命教育”为德育主课题，统领10个子课题，把学校的德育管理和建设工作纳入生命发展的核心，构建了高效的科研课题研究平台,系统地完成了生命课题的整合和优化。

从建校以来,学校就把生命育德摆在学校教育的最前沿。我们认为:德育的培养就是让学生的内在思想道德、外在行为习惯与生命的轨迹相辅相成,让每一位学生都能在成长的道路上得到持续、健康和向上发展。为此,学校以生命教育为主导,强化落实了"生命育德"。学校提出了"人人都是育人工作者,处处都是育人主战场"的全员德育理念,执行了"学校无小事,事事育人;德育无闲人,人人育人"的思想,真正做到了全员育人、生命健人。这种新德育模式,学校是通过"共创成长路"来实现和落实的。共创成长路是通过全面的培训活动,培育青少年各方面的能力,加强青少年与他人的联系,建立健康的信念和清晰的标准,促进青少年的全人发展和优人发展。它虽然是从香港引进的德育教育方法,但学校在参考上海共创的基础上,实现了本土化和校本化。

从2009年开始,学校科研小组和德育小组共同推动校本课程《共创成长路》的全面开展——通过生命学习,认识和珍惜本性;通过生命管理,尊重和爱护成长;通过生命发展,享受和共创人生。学校重点对初一年级全体学生进行授课和教育,其他年级也参照"共创"理念结合班级实际适当开展,让学生呵护、记录、感恩和分享生命的每一刻,成长的每一步。生命课堂由班主任主讲,配备课程导师,引导学生参与各种体验活动,通过各种分享、讨论,引导学生形成健康的生活态度和行为习惯。在领导高度重视、教师积极投入、社工主动配合和专家指导回馈下,学校逐步摆脱了拿来主义,越来越具有了本土特色。经过三年的实践,至2012年学校已完成了一个周期的全员性培训和实施工作,取得了较突出的成效和成果。全体师生认识到"共创成长"是一种青少年全人发展的培育,和国内一般的传统德育最大的不同之处在于它强调学校与社工、义工的合作,通过体验教学与社工协作的模式来培养青少年成长所需要的各种关键能力,打破了学校原有的德育格局——德智体美劳的板块德育,让学生教育与生命教育有了共同的依托,收获了一种新的理念和体验。2012年,学校在全面认识"生命育德、共创成长"的基础上,开始了第二轮共创,全方位、多维度地开展生命体验活动。

当代青少年普遍存在的心理、成长和情感等问题,都是由于缺乏对自我、社会的正确认知与处理能力而导致的。由于种种原因,学生的心理问题不能及时得到舒缓和解决,积重难返,以致出现生命观的偏差,如后进、学习困难和厌学等。我校认为,建立一套全面的、整合的青少年正面发展课程,对促进青少年的全面健康发展是至关重要的。学校逐步调整了课程体系,专门开设了校本课程,把生命教育和共创成长的理念常态化和主题化,在每周的班会和心理辅导课中开展。

中学生正处于身心成长、发展的关键时期,这给予了学校明确的定位,老师必须成为孩子成长的发动者和引领者,必须开发校本教材作为学生身心健康成长的指导书。《共创成长路》就是以我校的文化积淀为基础,以香港青少年正面成长培育模式的特色理念为指导而编撰的教材。它既符合学生的认知水平、认知能力和身心发展特点,又整合了生命教育、心理健康教育的内容。在保证课程和教材的前提下,学校根据青少年身心发展的特点,开展学校特色文化教育:在七年级全面学习《共创成长路》的校本课程的基础上,八年级也有选择地实施《共创成长路》的校本课程,让学生体验到团队合作的力量,增强了班集体的凝聚力;九年级有选择地实施《共创成长路》中关于目标抉择的相关内容,使学生学会正确面对升中压力和选择理想学校。

《共创成长路》能更有效地帮助在校学生健康成长,它以体验式学习与团体心理辅导为形式,引导学生参与各种体验活动,通过各种分享、讨论,引导学生形成健康的生活态度和行为习惯,让每一位学生在成长之路上得到充分的引导和帮助,促进他们的全面发展。这一校本特色课程,包含了学生成长中应发展的各个方向,让每一个学生的成长实现生命向优,发展更高。

最近三年内,学校以生命教育为主题开展了一系列成果展示和评选,主要有:

一、学校组织力量,编撰《共创成长路》校本教材

该教材在学校课题组和德育处的策划下,由林老师和王老师共同汇编成册的《共创成长路》是学校共创成长路的校本教科书,也是生命教育课题研究的重要成果。

二、开展生命教育各类成果评比活动

学校通过科研课题研究活动，对教师在实施《共创成长路》的过程中形成的各种总结、论文、报告和调查进行评优。学校以德育处的"'共创成长路构念'及绿翠中学校本化实施的研究"为主题，形成了一系列生命教育科研成果，包括《共创成长路》优秀教案设计大赛、优秀共创成长课竞赛、评选共创成长骨干教师活动等。

三、不断展示成果，积极推广

广州市绿翠现代实验学校是广州市"共创成长路"的示范学校。学校通过多种平台展示"共创成长路"的学习成果。今年，学校组织了一次广州市级的公开示范课，是由初二年级教师徐老师承担的，课堂内容为"赠人玫瑰，手有余香"，受到区、市领导的肯定和褒扬。徐老师的示范课符合"共创育人"、"体验式教育"的教育理念，让学生在活动中体验，从体验中感悟，在感悟中升华，进而指导学生的实践成长。课堂利用生活中的场景、成长中的片段，挖掘学校的特色主题，开展德育教育，既符合学生的认知规律，也符合陶行知先生倡导的"生活教育"的理念，是很值得推广的生命教育课堂。

广州市绿翠现代实验学校一直把生命教育摆在学校德育教育和管理的最前沿，集中学校骨干力量进行大量的实验和实践研究，传承了学校"生命育德"的德育思想，让全体教师开设生命学堂，让全体学生感悟人生，把握生命，实现了全体绿翠人的共同成长。

生命教育应从呵护学生的心灵权益开始

段晓芃　郭亦勤　刘清　徐娜娜　贺溪

学校简介：天津师范大学学前教育学院是在天津幼师50年的优良基础上建院的。学院建于2001年，建院10多年来，在市教委、天津师大的正确领导下，经过领导班子和师生员工的奋斗，取得了丰硕成果。学院在保持发展学前教育专业五年一贯制大专、二年制大专、三年制大专的主专业基础上，适应市场，以就业为导向，大力发展职业教育。陆续开设了高职层次的礼宾礼仪专业、公共关系与文秘专业、公共关系专业、物业管理专业、音乐教育专业（学前方向）、美术教育专业（学前方向）、艺术设计专业、旅游管理专业、早期教育专业。现有各类学生2200余人，分布在双峰道与雅安道两个校区。学校有礼宾礼仪系、学前教育系、艺术系、学前教育研究所、礼仪文化与教育研究所、天津市幼儿师资培训中心。现有教职工166人，教授、副教授、讲师占到70%。

校长简介：郭亦勤，副教授，从事教育科研、人力资源、幼儿教育法律法规等的教学研究。郭校长是天津市劳动模范、天津市优秀教育工作者、天津市先进思想政治工作者、中国学前教育研究会副理事长、天津市学前教育研究会副理事长、天津市心理学会常务理事；由其主编的《学前教育探索与实践》和《幼儿艺术教育活动指导》分别由天津人民出版社和复旦大学出版社出版。

学生学习的目的应该是为了更好地解决生活中的实际问题，而不是为了考试。单纯为了提高考试分数而学习的教育方针，违背了教育的规律。

根据心理健康教育和生命教育的科学原理，遵循学生心理健康成长规律，《天津市未成年人保护条例》第十三条作出了这样的规定：不得公布未成年学生的考试成绩、名次。第十九条规定：学校的教职员工应当尊重和保护未成年学生的人格尊严，不得侵犯、泄露未成年学生的隐私。依据这项法规规定,学生的考试成绩、名次是学生的个人隐私(权),未经其本人允许,任何旁人不得泄露。

以下为教育部、天津市教委的相关要求,笔者结合案例加以阐释。

一、教育部相关要求:学校不得以任何方式对学生进行"好"与"差"区别

案例:绿领巾事件

据新华网2011年10月21日报道,陕西西安市未央区第一实验小学给部分成绩差的小学生佩戴"绿领巾"一事引发社会关注。据陕西省少工委介绍,经初步了解,此事件属个案,未央区少工委及区教育主管部门得知情况后,立即叫停此项做法,并全部收回绿领巾,要求学校即刻召开专题家长会,向家长解释说明。目前,此项活动已停止,绿领巾已全部收回。陕西省少工委已要求在全省各级少先队组织中开展少先队标志、标识使用情况的检查。

教育部有关负责人在接受媒体采访时强调,我们明确要求各级、各类学校以符合学生成长规律和教育规律的正确方式教育和引导学生,关心爱护所有的学生,促进学生全面发展、健康成长,坚决反对学校以任何方式对未成年学生进行所谓的"好"与"差"的区别。

二、《天津市普通高中现代化建设标准》(2012—2015):提出探索多样化的培养模式,满足不同潜质学生的发展需要,为每个学生提供适合的教育。不下达升学指标,不以考试和升学成绩给班级、教师和学生排名。

案例:包头一中学给优秀生穿红校服,教育部门紧急叫停①

放学了,内蒙古自治区包头市二十四中的学生走出了教室,穿红色校服的同学显得格外打眼。这种红校服是优秀生的专利,普通学生穿的是蓝色或白色校服。红校服背面,印有白色"包24中优秀生"的大字,下面还有"翔锐房地产"的字样。

有网友将"红校服"照片发到网上后,引来一片争议。"西安有绿领巾,包头有红校服!"在10月26日的百度贴吧包头吧里,包头二十四中的"红校服"成了大家热议的话题。"把孩子分成三六九等,对孩子的成长有啥好处?""到底是为了广告,还是为了

---

① 参见《中国青年报》2011年10月27日08版。

学生?”

据发贴者介绍,包头二十四中向初二、初三年级学习成绩前50名的学生发放这种红校服,校服由包头翔锐房地产公司赞助。对这种“优秀生”校服,发贴者评价道:“红校服的性质比绿领巾更为恶劣,集媚权、媚钱、奴性、斯文扫地于一身!”

在西安“绿领巾”事件后,教育部坚决反对学校以任何方式对未成年学生进行所谓的“好”与“差”的区别。包头的“红校服”再次“伤了差生的心”。没能穿上红校服的同学对媒体表示,“不好意思跟‘红校服’走在一起”,因为“人家一看就知道谁学习好,我们穿蓝校服的都觉得心里不是滋味”。

记者就此事致电包头市二十四中,拨通总务主任办公室电话,一听是采访,对方马上表示“对此事不清楚”,并迅速挂断电话。

记者随即致电包头市东河区教育局,工作人员告诉《中国青年报》记者,在2011年教师节前夕,包头市翔锐房地产公司向包头二十四中提出要捐资教育,为学校的先进教师和优秀学生提供实物奖品,其中教师奖品为生活用品,学生奖品为运动服。9月9日,包头二十四中在教师节表彰会上将所有实物奖品发放给有关教师和学生,此后,部分学生开始穿红校服上学。

目前,教育局已对此事做出处理,要求包头二十四中从10月26日起,停止学生穿红校服的做法,并在一周内收回发放的全部红校服;学校要通过召开家长会、打电话等多种形式,向学生及家长说明情况,挽回因此事造成的不良影响;责成该校领导班子做出深刻检查,要求举一反三,杜绝此类事情再次发生。

包头市东河区教育局表示,将就此事在全区中小学校进行通报,要求各学校严格执行教育部的意见,不得以任何形式区别对待学生。

教育学者的意见:

上海市教科院家庭教育专家乐善耀表示,学生成绩属于个人隐私,公开是对学生自尊心的伤害。“这样一来,成绩最差的学生如何抬头做人?”

乐善耀指出,学校试图把压力转化为动力的初衷是不可能得到实现的。而且从某种程度上来说,这样做,对学生精神上造成的迫害,甚至比打他们的耳光更加严重。

我觉得应该提倡分数成为隐私,走向素质教育要逐渐淡化分数,强调学习态度和能力。比如深圳的高级中学就从来不公布分数,考完后给每个学生一个成绩单,并且画一条曲线以显示你在班里的位置。每个人都知道自己的名次,可不知道别人的,公开不公开是你自己的权利。如果你和父母关系很好,回家说:“老爸!我考了85分。”愿意公开就不是秘密。

我主张教师不公布分数,但可以表扬学习成绩好的同学,讲讲他好在什么地方,突出表扬他的学习态度和方法。我认为这是根本的。教师也可以说有的同学没考好,分析他为什么失误。重点应放在方式方法上,而不是只盯住谁考100,谁考75。

有时候,赏识和鼓励对考得不好的学生更有效。有个校长回忆她小时候的一次考试。那一次她没考好,试卷发回时她的心怦怦跳,不知道教师会给个什么分数。当她打开时,发现在判分的地方,教师只写了个“哎呀”,在下一次考试中,她得了满分,而“哎呀”成了她心底永远的珍藏。

家长作为未成年人的监护人,有了解孩子学习状况的权利,教师有责任和家长分析孩子的状况,哪科强,哪科弱。而谈一个学生的具体学习状况时,应该个别地谈,不应该在班上公开谈。这也是国际上的一贯做法。

基于生命教育理念的学生德育教育的研究与实践

郑洁　高云虎

学校简介:首都医科大学附属中学是一所始建于1957年的完全中学。学校的生命教育以“珍爱生命、传承文明、承担使命”为核心构建了三级课程体系。学校聘请北京市急救中心的老师为师生定期开设急救知识培训,很多师生都获得了初级救生员资格证。“蓝天救护队”的队员来校定期开展“防火、防震、防煤气中毒”安全讲座并组织模拟演练,北京市志愿者协会的老师为我校师生开展志愿者知识的辅导,师生利用寒暑假参加北京汽车博物馆、丰台科技馆志愿服务,同学们到和平医院、公交车队、社区、派出所等单位参加社会实践。通过这些德育实践课程，学生们对生命价值的理解能力不断提升。

校长简介：郑洁，高级物理教师。从教20多年来，郑校长兢兢业业，带领学校全体教师开拓进取。在郑校长带领下，学校先后获得"北京市科技教育先进校"、"北京市绿色学校"、"丰台区示范校普通高中"等称号。校长本人也获得了"丰台区先进工作者"称号。

学校的特色发展，带动德育创新，建立和完善了德育管理制度，增强了德育工作的针对性、主动性和实效性，为学校的持续、稳定发展奠定了坚实的基础。

一、完善德育管理制度，健全工作机制

学校有健全的德育管理组织机构：书记、副校长、政教处主任、团委书记、年级组长、班主任，分工明确，组织有序，是学校德育工作的中坚力量。学校建立了政教处、团委→年级组→班级三级德育管理体系，起到了明确分工、加强管理的作用。政教处以《丰台区中学德育常规工作手册》为依据，修订了《班主任管理规定》、《德育手册》、《常规评比细则》等德育管理制度，健全了德育工作机制，并规定每周五上午为班主任例会时间。

我们依据《中学德育大纲》，结合学校生命教育的特色，我校制订了高中德育总体目标：保障生命安全，提高生命品质，充实生命体验，提升生命价值，构建充满生命活力的德育体系。结合高中生年龄和学段的特点，梳理年级德育工作目标，确立了各年级教育主题的指导意见：

高一年级	第一学期	适应高中生活	养成良好习惯
	第二学期	正确认识自己	确立人生目标
高二年级	第一学期	放眼认识世界	明辨善恶美丑
	第二学期	了解大学就业	做出高考选择
高三年级	第一学期	调整身体心理	进入高三状态
	第二学期	合理填报志愿	决战冲刺阶段

这些工作机制的建立、健全,有效地提高了德育管理的效能,推动了学校德育工作进入良性循环。

二、重视学生常规教育,规范行为习惯

我校一直保持着校风优良的传统,学校的校风得到了学生、家长和社区的一致肯定。

新生入学第一学期,我们都以良好习惯的培养为常规教育的主题。通过班会、年级讲座、社会调查等多种形式正面引导学生自觉培养个人的良好习惯。通过常规评比,每两周评出部分优秀班集体,颁发流动红旗,促进学生良好习惯的养成。持续而连贯性的常规管理机制,使学校的常规要求最终能内化为学生自己的习惯和品行,使重大违纪现象逐渐减少。

为了发挥学生群体中榜样的力量,学校开展了一年一度的"校园之星"评选。根据学校的校训"励志、勤奋、文明、健美"命名,评选出"四星":励志之星、勤奋之星、文明之星、健美之星。"校园之星"成为校园内一道亮丽的风景线,是学生常规教育鲜活的教材。

三、营造和谐育人氛围,形成教育合力

苏霍姆林斯基说:"只有创造一个教育人的环境,教育才能收到预期的效果。"我校在示范校建设中,坚持把构建师生的生命家园作为校园文化建设的指导思想。

学校抓住校园加固的时机,在原有校园环境的基础上,从生命教育的理念出发,对校园环境建设进行了多层次、全方位的建设和改造。一进校门,人字形的甬道向两侧延伸开,将教学楼前的空地分成了东西两块。在东面是一个绿意盎然的"沁清园",周围环绕的木凳成为学生们小憩、读书、清谈的最佳场所;西面是羽毛球场地,使学生户外活动又多了一种选择;北面东西两侧是精心设计的宣传栏。步入楼内,墙壁上张贴着学生会、团委、红十字的各种宣传海报和学生活动剪影。中厅修建了以"生命、使命"为主题的浮雕,展现了"生命的起源"、"人类的文明"、"我们的使命"三个主题。在教学楼的北侧,针对校园学生室外活动场所少的特点,学校对篮球场和与之相

连的甬路、绿地进行了整体设计与改造,使得学生体育课的活动空间得以进一步拓展。新铺装的塑胶篮球场成为学生运动休闲的最佳去处。楼内各层中厅安装了乒乓球台,方便学生小空间运动。

四、加强德育专题研究,构建德育体系

德育的持续发展需要不断地注入活力,更新观念。在学校积极倡导生命德育的教育理念的引领下,我们发扬学校既有的以科研为导向的工作思路,通过德育资助项目计划研究和德育科研课题引领,为德育发展不断注入活力。学校申报了北京师范大学生命教育研究课题"班主任对学生的有效激励与处罚",申报了区德育内容、方法和机制创新实验项目子课题——"依托生命教育的学校特色建设实践探索",参与了"高中学生领导力培养"课题开发,成果突出。在强有力的科研队伍的支持下,教师指导学生参与丰台区第二届中学生领导力大赛,获得丰台区一等奖的好成绩。

五、关注学生身心发展,保障生命健康

为了保护学生的生命健康,学校建立健全了"卫生保障及宣传制度"、"学校传染病预防机制"、"学生意外伤害预防机制"等各项保障制度。定期开展全校性卫生大扫除,认真落实区体卫中心关于近视眼、肥胖等病的监控工作,并通过专题板报、电子屏宣传语、国旗下讲话、《首医大附中学生报》等形式开展有效的防病及心理健康宣传工作。

作为生命教育的重要内容,学校每年都要开展红十字初级急救员培训活动,三年来已经有近800名师生参加了培训并取得证书。在区红十字会、首都医科大学红十字会、首经贸红会共同开展"同伴教育"的基础之上,成立了首医大附中红十字社团。除在学校开展各种活动外,红十字会学生还深入右安门社区普及急救包扎、防灾避险、自救互救等知识,开展"关爱艾滋病患者孩子健康成长"主题活动,得到社区居民的好评。

六、加强法制安全教育,学会珍爱生命

我校地处右安门地区,此区域外来人口聚居,周边环境比较复杂。另

外，高中学生随着年龄的增长，学业压力逐渐加大，接触到的社会人员逐渐增多，处于犯罪高发阶段。基于此种现状，我校将法制安全教育与生命教育相结合，提出了以“珍爱生命”为主题的法制安全教育理念，我校聘请右安门派出所所长为我校的法制安全副校长，定期来学校进行法制知识讲座。通过普法教育、案例教育、体验教育等方式全面增强学生的法制观念，保障师生生命健康成长。

安全教育也是专题教育的重要内容之一。每逢节假日、重大活动之前，学校都会对学生进行安全教育，对集体活动做好安全预案。同时每年定期举行防震、防火等安全疏散演习。常态班会中，交通安全、防震避险也是不可缺少的教育主题。我校先后组织学生参观了消防博物馆、右安门消防中队的防火防灾演习，参观活动以及体验式教育，更强化了同学们的安全意识。

七、参与社会志愿服务，彰显生命价值

生命的最高价值是在奉献社会中得以实现的，能够通过服务社会的方式彰显生命的光辉是我们生命教育追求的最高境界。

我校与丰台科技馆签订“丰台区科普资源牵手工程”协议，从 2011 年学校就开始参与丰台科技馆的志愿讲解员的培训活动，至今学生已经参与两期的培训，共有 80 余名同学通过考核，成为丰台科技馆的小小讲解员。2011 年抗震加固期间，我校志愿讲解员共接待参观中小学校 10 余所，学生 1000 余人，社区居民 500 余人，还接待了前来参观的人大代表。他们细致耐心的讲解和出色的表现得到了人大代表和参观师生群众的肯定和好评。2012 年 5 月，我校 40 余名高一志愿者走进汽车博物馆，在北京市志愿者联合会白晶培训师的带领下，进行了志愿者培训，并在暑假期间分批到汽车博物馆进行志愿服务。志愿讲解员培训工作已经成为丰台科技馆、汽车博物馆与我校联合举办的一项长期项目，我们会一直坚持下去，让更多的学生获得学习和成长的机会，让他们在活动中获得自信和成功的体验。

生命教育的理念正在学校的各项工作中渗透和体现，必将给学校发展带来更加广阔的空间。全体首都医科大学附属中学人定会同心同德，携手

共进，将学校打造成为一个润泽师生生命的家园：可以不新奇，但一定飘扬理念的芬芳；可以不花哨，但一定演绎智慧的激情；可以不时尚，但一定洋溢成长的喜悦。

齐抓共管　远离暴力　构建和谐校园

朱国占　邢军　高素平　魏玉兰

学校简介：首都师范大学大兴附属中学先后被评为大兴区中学示范学校，北京市课改示范校，北京市花园式学校。学校现有教学班40个，在校生1782人。教职工215人，其中，教育硕士14人，具有本科及以上学历的186人，高级教师50人，中级教师51人，市级骨干教师3人，区级学科带头人、骨干教师、骨干班主任23人，校级骨干教师27人，引进省、市级学科带头人和骨干教师22人。形成了一支由150名专任教师组成的老中青相结合、优势互补、可持续发展的教师队伍。

校长简介：朱国占，大兴区中学学科带头人（校长专项），1982年毕业于首都师范大学地理系地理教育专业，1997年取得北京师范大学研究生院研究生课程班结业证书，2010年参加中美校长领导力培训，获美国加州大学富乐敦学院结业证书。历任首都师范大学大兴附属中学（前身黄村三中、大兴二职、兴达中学）教师、教导处副主任、办公室主任、副校长、校长等职务。获得"大兴区十佳校长"、"全国优秀校长"、"大兴区优秀教育工作者"、"北京市首届科技园丁"等荣誉称号。主持、参加中央教科所、北京市教科院、首都师范大学等单位"十一五"课题研究工作。主编的《学案导学教学模式的研究应用》一书已出版，并担任俞敏洪主编的《决胜高考的12种品质》一书的编委。

生命教育的宗旨就在于:捍卫生命的尊严,激发生命的潜能,提升生命的品质,实现生命的价值。“关注生命、尊重生命、珍爱生命、欣赏生命、成全生命、敬畏生命”则构成生命教育的目标。齐抓共管,远离校园暴力,构建和谐校园,培养学生的生命情怀是我们课题组本学年的根本研究目标。我们的具体做法是:

一、加强师德建设,提高教师修养

在教学过程中教师以不恰当的方式对学生进行体罚、变相体罚、人格侮辱等校园暴力现象,会给学生树立反面的榜样。要克服教育教学过程中的校园暴力行为,首先必须坚持不懈地开展师德建设,评先树优、推广典型等活动,让有爱心、责任感、正义感的一线教师发挥带头作用。其次,制定师德考评细则,发挥家长、社会的评价作用,利用反馈信息及时对教师的师德进行评价,奖优惩劣,努力形成教书育人、关爱学生的教育观念,给每个学生的道德心灵带来有益的影响。

二、强化德育渗透,形成全员德育

生命教育作为教育的价值追求,首要的意义在于:对人的尊重,必须落实在对个体生命的尊重,对个体生命的独特性、唯一性的尊重。我校将生命教育融入教育教学全过程,让课堂充满关注生命的气息,让生命的活力充分地涌流,让智慧之花尽情地绽放,这已经成为所有教学自觉的目标追求。我们在课题研究过程中首先对全体教师进行相关培训,发挥课堂教学的育人功能。我们引导各学科教师在教学过程中加强德育目标的渗透,做到既教书又育人,坚持以教学为中心,形成全方位的德育氛围。让学生在获得知识的同时,不断提高思想道德水平。例如在政治学科文化生活教学中,积极对学生进行社会主义核心价值观,即“富强、民主、文明、和谐,自由、平等、公正、法治,爱国、敬业、诚信、友善”的教育,使学生树立正确的人生观和价值观;在生物课教学中,让学生了解个体生命的起源,使学生敬畏生命、尊重生命;在地理课教学中,对学生进行生态环境教育;在语文课教学中对学生进行人文教育和中华文化的传统教育等。每位教师要做到:善于发现引发暴力事件的苗头,并对有明显暴力倾向的学生进行必要的心理疏导,从而使暴力事件能够被及时消灭在萌芽之中,做到防患于未然。

三、打造特色活动,丰富校园生活

校园文化建设是一门潜在的课程,它具有无形的教育力量,往往能起到"随风潜入夜,润物细无声"的作用。打造书香校园,让学生在读书中接受中华传统文化精华的滋养,了解社会、了解人生,在读书中养成理性思辨的能力,生成出对真善美的追求和向往之情,自觉地远离暴力。首先,利用新生入学教育和开学典礼等多种形式抓好养成教育,以《中小学生日常行为规范》为载体,开展守则、规范的读背活动,规范学生的日常行为。其次,每学期的文化节、体育节为学生提供展示才华的平台;丰富多彩的社团活动为学生培养广泛的兴趣提供了支持和保障。开展丰富多彩的集体活动,让学生在活动中感受到集体的温暖,感受到他人的关爱,从而养成谦恭有礼、关爱他人、敬重生命的品质。开展形式多样的文体活动,规范学生的行为,宣泄学生的压力,有效地激发学生奋发向上的热情。

四、进行法制教育,知法,懂法,守法

我校将法制教育融入德育教育全过程,做到制度化、经常化。开设法制教育课程,通过黑板报、宣传栏、固定标语、校园网、家教平台、模拟小法庭、师生辩论会等多种形式和手段,让学生多渠道地了解法律知识,增强学生法制意识和明辨是非的能力,使学生明白通过法律维护自己合法权益和利用法律解决矛盾冲突的道理,并自觉遵守法律、法规,做一个守法的公民。本年度聘请"法官妈妈"尚秀云到我校为全校师生做"让法律成为我们的信仰,争做遵纪守法好少年"的法制报告,收到很好的效果。

五、开展心理咨询,培养健全人格

从生理学、心理学的角度上讲,青少年学生总是存在诸多的心理问题,如压抑、自卑、孤僻、性格内向、厌学等。他们一般羞于向家长或老师倾诉,

长期的压抑会导致心理问题越积越多，一旦爆发，后果将不堪设想。我校有专职的心理教师，开设了心理咨询室，有专业的沙盘辅导工具和心理宣泄室，为学生提供了多途径的心理疏导途径。学校还开设心理校本课程，把学会做人、学会共处、学会求知的育人理念贯穿于教育教学过程的始终；训练学生应对学习生活中各种压力的心理承受能力，指导学生建立和谐、友好、可信的人际交往关系。

六、加大管理力度，提高防范能力

为了避免偶发暴力事件，我校建立了一套完善的预防、监督和责任机制。首先对学校班级中的重点对象加强管理。每个年级和班级将问题学生汇总到德育处，德育处每周要求相关学生写思想汇报，为这类学生安排辅导老师，定期谈话。关注此类学生的交友及家庭情况，发现问题及时解决，杜绝安全隐患。其次，对于住宿生周日返校制定严格的检查，包括违禁物品、吸烟工具等的严查，从源头减少偶发暴力事件的发生。第三，严格门卫准入制度，实行封闭式管理，校内学生进入校园进行指纹录入，杜绝了社会人员进入校园的可能。学校成立了以校长为第一责任人的安全领导小组，制定了一系列安全保卫制度，加强值班人员管理，做好校园安全预案的制定和落实，建立责任制，实行责任倒查。

学校要求每一位教职员工都应该具有强烈的社会责任感，要善于发现和化解有可能引发暴力事件的矛盾和问题。一旦发现学生有打架斗殴的苗头或暴力倾向，除了要做好必要的心理疏导外，还要用法律、道德、纪律、规章等去约束学生的行为。一旦发生暴力事件，应及时与学校或派出所联系，最大限度地防止校园暴力事件的发生。

七、家、校、社会联手，形成教育合力

学校教育是基础，家庭教育是关键。问题学生的背后往往有问题家长的存在。学校要求教师经常主动和学生家长联系，了解学生在家的表现，向家长介绍学生在校的表现，认真听取意见，研究教育措施，交流教育经验，指导家庭教育，使家庭教育和学校教育职能充分发挥。学校定期召开家长会，

聘请家庭教育专家为家长做讲座；为每位家长订阅《家庭教育报》，使家长能了解更多的家庭教育理念；利用班级博客进行家教经验的交流，强化父母对孩子的监管责任。

校园暴力的防控工作不是一蹴而就的，它需要全社会的齐抓共管，各自承担起相应的责任，敢作为，敢担当，只要我们统一思想，共同努力，就一定能构筑起预防校园暴力的铜墙铁壁。肖川教授说："教育的真正目的应该是深切地关心学生健康成长，为学生的幸福人生奠基……应该是使每一个学生成为幸福人生的创造者，并进而成为自由社会的建设者……当我们的社会有更多的能够创造幸福生活的人，我们的社会将会变得更安全、更和谐、更有前途、更有活力。"齐抓共管，远离暴力，我们的校园会变得更加和谐，我们的国家会变得更加美丽！

中等职业学校学生道德素质现状与教育对策

王进业　孟党生　朱永红　白占邦　李迎魁

学校简介：青海省西宁市大通职业技术学校始建于1985年，是大通县综合性全日制中等职业学校，2011年被评为青海省重点中等职业学校。学校占地面积约78亩，建筑面积15810平方米，固定资产2497万元，图书馆藏书量2万余册。学校现有教职工184名，其中正式教职工98人、外聘教职工61名、见习岗教师25名、高级职称教师26人，双师型教师占专任教师的35%，有硕士学位教师3人，形成以高中级教师和"双师型"教师为主体的高素质专兼职教师队伍。现有在册中职学生3095人，开设有机电技术应用、学前教育、机械加工技术、服装设计与工艺等17个专业。自建校以来，我校为社会培养了大量技能型人才，近年来毕业生一次性就业率保持在98%以上，就业质量逐年提高。我校经过多年的发展，现已形成集中职教育、成人学历教育、短期培训、特殊教育等为一体的综合性职业技术学校。学校坚持以服务为宗旨，以就业为导向，以质量为核心，以改革创新为动力，坚持走内涵发展之路，加强校企合作，积极探索和实践“重品行、强技能、严管理、宽就业”的办学理念。近年来，学校积极组织师生开展、参与各级各类比赛活动，取得了丰硕的成果。仅2011和2012年全校师生就有235人获得各级各类比赛奖项，其中国家级有7人。学校建有由中央财政支持的机加实训中心和机电技术实训中心，校内共建有36个功能室、实训室；2013年，有投资近2000万元的4个建设项目按计划实施；《2013—2020年中长期建设规划》也在上级部门的支持、指导下制定。目前，学校以创国家级示范学校为目标，在强化特色上做文章，在内涵建设上下功夫，在提升水平上动脑筋，努力把大通职校打造成具有鲜明职教特色的学校。

校长简介：王进业，男，土族，1972年6月生，毕业于青海教育学院英语系，1991年7月参加工作，中学一级教师。王进业同志自参加工作以来，长期担任小学校长、中学校长和职业学校校长等领导职务，多次被上级教育部门评为优秀教师、优秀工作者和优秀校长。

当前，我国走新型工业化道路呼唤更多的高技能人才和高素质的劳动者，不仅要求劳动者的知识技能素质不断提高，而且要求道德素质获得良好发展。因此，职业学校如何卓有成效地提高学生的道德素质，进一步改进道德教育，已成为学校乃至全社会一项重大课题。

一、职业学校学生道德素质现状及原因分析

1. 职业学校学生道德素质现状

职业学校学生对多种价值观持兼容态度，注重自我价值的实现，把理想追求和现实功利结合起来，要求自己的个人利益与集体利益发生矛盾时能做到“公私兼顾”；受社会上存在的极端个人主义、拜金主义、享乐主义及大众传媒的影响，一些学生缺乏抗诱惑能力，其价值观念经常处于变换动荡之中，他们的思想具有鲜明的不稳定性和易重塑性，这是一种必然的正常

现象。

2. 原因分析

(1)学校因素

教育的途径、方法陈旧单一,职业道德教育缺乏实效性。教师队伍的整体素质有待提高。

(2)学生自身因素

职业学校有相当一部分学生来自经济上相对落后的农村家庭,渴望通过职业教育改变个人的命运,获得人生的成功,但对学会做人,对敬业精神等职业思想准备不足,不注重加强自身道德素质的修养和提高。

(3)社会因素

社会经济的飞速发展诱发人们的拜金主义、唯利是图等其他一些不正确的思想意识和道德观念,见利忘义、唯我独尊、贪图享乐等不良倾向正强烈地冲击人们的道德防线。面对多元化的世界,每一个个体都经常处于价值判断和选择的冲突之中。

二、职业学校有效实施道德教育的对策

1. 确立学生主体性道德观,培养学生自我教育能力

(1)以发展的眼光对待学生

职业学校道德教育,首先要通过改变学生道德观,从而改变整个教育的现状,要以发展的眼光对待学生,着眼于学生整个人生的成长,促进学生健康、稳定、持续发展。

(2)注重学生的自我教育

自我教育是学生主体性道德观的一种具体表现,是一种高度内省自律的教育活动。它是学生在其主体意识的基础上,把自己作为教育对象,根据社会发展的要求和自身的需要,自觉地进行的思想转化和行为控制的活动。简而言之,就是自己教育自己,自己改造自己。

2. 培养道德情感,给予学生更多的人文关怀

(1)进行激励教育

教师尤其要善于发现学生身上的闪光点,多用鼓励、表扬等正面引导的

方式，帮助学生走出过度的自我防卫的心理状态，以积极健康的心态进入新角色。

(2)把道德素质的培养与解决学生的实际问题结合起来

与高中生不同，中职生将直接面对社会和职业的选择，面临职业竞争日趋激烈和就业压力日益增大的环境变化，在求职择业、人际交往、自主意识等方面难免产生种种困惑和问题，这就要求学校的道德教育要更好地贴近学生，贴近生活，贴近实际，以学生为本，把教育与解决学生的实际问题结合起来，以情感人，以德育人，纠正长期以来学校道德教育中存在的脱离实际、脱离社会，常常孤立于社会生活之外，只重视道德知识的传授，却忽略在社会生活的真实背景下，进行道德情感的培育和道德行为的养成等等问题。

3. 发挥实习、实训环节的优势，加强职业道德教育

可建立由学校、企业或行业人员组成的校企合作“专家指导委员会”，校企双方共同讨论制订开展职业道德教育的教学计划、课程设置、教育方法等事项，突出职业教育培养目标的特色性，体现职业教育的实用性、前瞻性。

4. 加强教师队伍建设，提高教师自身素质

(1)加强师德建设

教师的言行是学生学习和模仿的榜样。夸美纽斯曾说过，教师的职务是用自己的榜样教育学生。教师的言论、行为，为人处世的态度会对学生产生耳濡目染、潜移默化的影响。因此，加强师德修养，完善教师考核评价制度，提高教师的思想道德素质是目前的必然要求。

(2)加强教师培训和理论学习

新的形势变化要求教师改进工作作风，科学地选择和运用德育的多种方法，坚决摒弃那些有害的简单专制性的方法。为此，学校可充分利用假期和例会学习等时间，开设专题讲座，组织教师对德育原理、教育学、心理学等新知识进行学习，掌握科学的管理理论，如榜样法、对话法、说理法、训练法、咨询法、激励法、奖惩法等具体方式和手段；借鉴国内外当代教育思想，开阔视野，启迪思路，提高教师的理论水平和管理艺术。

(3)树立正确的学生观

每个教师都有自己的学生观，学生观是教师教育行为的基础。教师要

树立正确的学生观,要尊重学生的主体地位,注意维护学生的尊严,从内心真正接受学生,相信自己的学生有巨大的潜力以及主观能动性,可塑性强。

5. 营造良好的教育环境

(1)贯彻渗透原则

通过精心组织校园文化活动,把德育、智育、体育、美育渗透到校园文化活动中,在活动的参与中使学生受到潜移默化的影响。学校要深入开展文明校园、文明班级、文明宿舍、文明学生的道德实践活动,发挥校训、校歌、校徽在校园文化建设中的独特作用,加强校刊校报、校内广播电视、宣传橱窗等的建设,规划、设计好学生科技、文体活动场所,完善校园文化活动设施;充分发挥学生社区、学生公寓、学生社团在校园文化建设中的作用,加强有效引导,强化自我教育。

(2)开拓校园文化建设新载体

充分发挥网络等媒体在校园文化建设中的重要作用,提高学生的网络道德素质。建立本校网上心理辅导、咨询中心,及时排解学生的心理障碍;牢牢把握网络建设的主动权,有针对性地建立和完善网络道德的外在约束机制。

(3)营造良好的社会外部环境

教育是一项系统工程,需要学校、家庭、社会"三位一体"的教育合力发挥作用。学校要充分利用社会资源对学生进行教育,加强学校与社会的联系。

中学生文明行为养成教育实践研究

崔虹　陈宏民　唐万军

学校简介：阜康市第一中学创建于1956年，最初为初级中学，后发展为完全中学，2003年成为高级中学，2005年完成民汉合校，实行汉、维、哈三种语言教学。我校现有59个教学班，在校生3300多人，住校生1100人，在编教职工248人，专业技术人员227人，工勤人员13人，职员1人。高级职称112人，中级职称86人；有州、市级、校级的学科带头人和青年骨干教师共计25人，有校级“校园名师”90名。学校还有州级拔尖人才1人，市级拔尖人才4名。招聘研究生16人，外教4人。学校内设机构有政教办、教务办、教研室、行政办、党务办、总务办、安全办、工会和团委。我校占地面积约93 000平方米，绿化用地面积约38 000平方米，占校园面积的40%以上。我校有教学楼三幢，实验楼一幢，学生住宿楼两幢，体育馆一座，多媒体阶梯教室、校园网、标准运动场等主要设施设备齐全，功能完善。校园绿树成荫，鸟语花香，环境优美，布局合理。先后获得“全国青少年科技活动先进集体”、“自治区教育工作先进集体”、“自治区德育达标学校”、“自治区示范性普通高级中学”、“自治区绿色学校”、“自治区卫生红旗单位”、“昌吉州民族团结进步模范集体”、“昌吉州花园式学校”等多项荣誉称号，是教育部规划课题“新形势下中小学生命教育的理论与实践探索”实验学校，是“自治区心理教育实习与研究基地”、“数学教研课题研究基地”、“心理教育示范学校”等。

校长简介：唐万军，男，汉族，1947年生，中学数学高级教师；1993年9月至1996年6月参加陕西师范大学函授数学本科学习；1994年9月至1998年任阜康市一中年级组长和校团委书记；1998年9月至2000年12月任阜康市一中年级组长和高中部党支部书记；2000年12月至2003年3月任阜康市一中副校长主管总务后勤工作；2003年3月至2010年1月任阜康市第一中学副校长主管教学教育工作；2010年2月至2011年8月任阜康市第二中学校长；2011年8月至今任阜康市第一中学党总支副书记、校长；2000年获

"阜康市优秀党员"称号;2000 年 6 月获昌吉州高中数学说课比赛二等奖;2002 年 4 月获昌吉州"五一劳动奖章";2003 年至 2007 年每年均获阜康市教育局"优秀教育教学管理"称号;2009 年获"阜康市教育教学管理优秀校长"称号;2010 年获"优秀党员"称号;2011 年获"阜康市教育教学管理优秀校长"称号;2012 年 2 月被阜康市教育局评为 2011 年度综合目标管理先进个人;2012 年 3 月被中共阜康市委员会评为 2011 年人才工作先进个人;2012 年 5 月,其作品获昌吉州第七届高级中学校长论坛交流发言一等奖。

一、形成背景

为认真贯彻落实《中共中央国务院关于进一步加强和改进未成年人思想道德建设的若干意见》精神,我校积极探索德育工作的有效途径,打造德育亮点和特色,提升德育工作效率。自 2005 年我校被自治区命名为德育达标学校以来,我校一直不断探索和创新适合自我发展的德育新模式。同时,以 2011 年我校成功申请的国家级子课题"生命教育——学生文明行为的研究实践"研究为契机,我校全面开展德育创新工作,以研究中学生文明行为的养成教育为切入点,并在实践中不断改进,最终探索出一条具有本校特色的德育道路。

二、实施过程

我校以"诚勤"为校训,确定了"德育即生活,德育重践行,德育靠自我,成才先成人"的 20 字德育工作方针,确立"全员育人,全科育人,全程育人,德育兴校"的工作思路。育人德为首,立世品当先。德育只有内化于心,才能外化于行。为开创特色德育新模式,我校以申请国家级子课题"生命教育——学生文明行为的研究与实践"为切入点,制订计划,确定实施德育活动内容。

1. 开展中学生文明行为养成教育主题班会,提高学生的文明行为意识。我们要求班主任每个学期都要给本班学生至少开一次以文明行为养成教育为主题的班会活动。在班会活动中,学生围绕主题,从身边的行为谈到良好行为习惯的养成,让自己对中学生文明行为养成教育有一个完整而全面的认识。

2. 以班级为单位制定“我能做到的班级文明行为规范”。这一活动将文明公约的范围缩小到班级。班主任和本班学生亲自制定，自我审查，便于学生对自我行为进行约束，起到了很好的自我教育效果。

3. 开展校园不文明行为曝光活动。让学生用自己的眼睛去发现校园中的不文明行为，拍成照片或绘成漫画，制成展板在校园内展览。学生对此很感兴趣，他们会发现原来自己的不文明行为会给他人和环境带来影响。学生会对自己的行为对号入座，然后再进行思考，在以后的生活中就会注意自己的行为了。

4. 开展中学生文明行为心理短剧展演活动。在前一阶段中学生文明行为养成教育活动的基础上，开展心理短剧展演，最大限度地让全班每一个学生都参与其中，从编写剧本，到自排自导，再到自我表演，使学生更加深刻地体会到不文明行为的丑恶，以及给社会和他人带来的不良影响，从而引导学生自觉崇尚真善美，摒弃假恶丑，从而达到文明行为的养成目的。

5. 促进学生会、自律委员会、值周班学生组织的成长。在课题研究的整个过程中，可以说这三个学生组织是始终贯穿其中的。他们既协助课题研究组织者开展活动，对活动亲自监督和管理，同时也在参与学校的日常管理活动中不断提升自我。在政教处和团委管理下的值周班、学生会和各年级自律委员会每日开展对学生行为习惯进行检查等活动，强化学生的自我管理、自我教育意识，实现养成教育由“他律”向“自律”的飞跃。

三、实施效果

总的来说，在整个研究活动的实施过程中，我们遵循循序渐进的教育方式，促使学生完成从认识生命教育到自我行为的约束，再到监督他人行为，最后推崇文明行为、弘扬社会正能量的巨大转变，最终将心理教育与生命教育很好地整合在了一起，使生命教育和学生文明行为养成教育深深地融入每一位学生的内心中。在今后的教育教学中，我们还会将中学生文明行为养成教育纳入学校常规管理制度中，通过学校的常规教育行为和学生的自我管理，规范学生的日常行为，达到良好的教育效果。

我校在实践过程中，通过不断摸索、不断推陈出新，最终在我校形成了具有创新特色的德育模式。

1. 学生自我管理和自我教育的“3 +3 +3”模式。即把良好行为习惯的养成分为“他律→自律→自育”三个循序渐进的阶段，成立了学生自我管理组织：学生会、自律委员会和值周班。通过严格管理、体验感悟和榜样引领三管齐下的方式，促进学生养成教育的形成。

2. 实行待进生转化工作“3 +1”模式。长期以来我校就十分重视待进生的转化工作，学校党总支、政教处、教务处规定每一位党员、班主任、任课教师都要对双困生进行帮扶，这就是“3 +1”模式，三管齐下，大面积帮扶贫困生，使待进生道德品质和学业成绩显著提高。

四、创新之处

在我校进行中学生文明行为养成教育的特色德育活动和研究实践当中，通过召开主题班会来创设“人人都应养成良好文明习惯”情境，将文明行为教育内容情节化、生活化，让教育内容与学生生活更贴近，给学生更直观的呈现，这是一种情景交融的教育方法。通过师生共建文明行为约定来约束自己，建立班级契约，根据已经掌握的文明行为规范对别人或自己的文明行为进行判断和评价，形成良好的文明行为，这是一种契约式的教育方法。我校还开展了“校园不文明行为曝光活动”，通过漫画摄影展曝光学生的不文明行为现象，通过反面教育来激励学生，然后再从正面引导促进其养成良好的文明行为，最后通过心理剧展演活动让整个校园充满养成文明行为习惯的良好氛围，这是一种氛围影响的教育方法。将这些方法和内容结合在一起，既层层递进，又相互联系、密不可分，既有教育方法的创新、研究内容的创新，同时所总结出的我校特色新型德育模式即学生自我管理和自我教育的“3 +3 +3”模式以及实行待进生转化工作的“3 +1”模式都具有创新性。

五、结语

德育工作任重道远，在今后的工作中，我们还要继续加强和落实好德育工作，我们将以此为契机，虚心听取并接受评估专家组的意见和建议，继续以培养合格的"四有人才"为己任,完善管理模式,了解学生变化,贴近学生,勤奋工作,使学校的德育工作迈向新的台阶。

论养成行为习惯的培养对中学生文明行为的重要性

——农村中学生文明行为的研究与实践

冯毅　袁辉　李林梅　江涛　陈芳红

学校简介:开阳三中始建于1971年,现有教学班级74个,学生5164人。其中初中部25个班,高中部49个班,教职工251人,省级骨干教师1人,市级骨干教师8人,县级骨干教师16人,高级教师46人,一级教师106人,具有研究生学历的有2人。开阳三中历届领导班子团结协作,以"办人民满意的教育"为使命,带领全校教职工辛勤耕耘,在重重困难中,坚毅执著,努力实现教育的突破与超越,凝练出了"厚德弘毅、知行致远"的校训,形成了"团结友善,文明尚美"的校风、"严谨笃学,求是拓新"的教风、"勤奋向上,品学兼优"的学风,致力于"五优"和"三心"型学校建设(五优:教学设备优良,育人环境优美,学校管理优质,师资队伍优秀,教学质量优异;三心:学生欢心、家长安心、政府放心),努力培养"五会"(学会做人、学会求知、学会合作、学会生存、学会发展)人才,成就了"高进优出、中进高出、低进中出"的教学目标。2005年以来我校先后获"贵阳市普通高中入口出口评估"一等奖6次,二等奖2次。目前,开阳三中已圆了本土教育的"北大梦"和"清华梦"。

校长简介:冯毅,男,汉族,51岁,大学本科学历,获理学学士学位,中学高级教师,1983年毕业于贵州师范大学化学系,曾在贵州开磷集团子弟中学任教,担任过班主任、教研组长、教务科副科长、教务科科长、副校长、校长兼党支部书记等职,2010年12月调到开阳三中任校长兼党支部书记至今。冯校长曾参与贵阳市教科所组织的“研究性学习与高中学科教学整合”课题研究，参与《开磷矿志》的编写，曾荣获“开磷集团十佳青年”、“优秀教师”、“先进教育工作者”、“先进科级干部”等荣誉称号；多次获开阳县“优秀校长”、“先进教育工作者”等荣誉称号。

我校承担生命教育课题子课题“农村中学生文明行为的研究与实践”的研究工作已有一年多时间了，这期间，课题研究组成员就我校学生的行为习惯偏差进行调查，归纳，分析，研究，根据问题产生的原因及其表现形式，积极探索解决问题的有效措施，为培养品学兼优的新一代人才不懈努力。在我们的研究中，虽然学生们反映出来的问题原因多种多样，但我们发现，造成中学生日常行为偏差的一个重要原因在于不良的习惯，如出口成脏、横穿公路、乱扔乱放、铺张浪费、无视长者等。加强中学生行为习惯的培养应该是学校教育工作中十分重要的内容，也应该是学校德育工作的重中之重。

习惯是什么？习惯，是指积久养成的生活方式。习惯具有强大的力量。有调查表明，人们日常活动的90%源于习惯，大多数日常行为都只是习惯而已。著名教育家乌申斯基说过：“好习惯是在神经系统中存放的资本，这个资本会不断地增长，一个人毕生都可以享用它的利息。而坏习惯是道德上无法偿清的债务。这种债务能以不断增长的利息折磨人，使他最好的创举失败，并把他引到道德破产的地步。”希腊著名哲学家亚里士多德说：“习惯实际上已成为天性的一部分。”英国大戏剧家莎士比亚说：“不良的习惯会随时阻碍你走向成名、获利和享乐的路上去。”可见良好习惯的培养对一个人一生的发展十分重要。而中小学生正处于个体发育、发展的重要时期，是个体行为体系初步确立、奠基的时期，这一时期所形成的行为习惯决定着未来行为发展的方向，制约着未来行为能力的发展。在这个关键时期，如果中小学生不重视文明习惯的培养和巩固，不重视坏习惯的有效矫正，那么其行为就得不到健康发展，坏习惯就会变本加厉地滋长，从而影响到未来社会化行为水平的提高。

既然良好的习惯对中学生的发展如此重要，那么，我们该如何培养中学生形成良好的行为习惯呢？结合我们的研究，我们认为要明确两个方面：

首先,明确内容。即让学生清楚地知道良好的日常行为习惯包括哪些主要内容。结合《中学生守则》及时代发展的要求,中学生应该具备的文明行为包括文明用语、礼貌待人、遵纪守法、遵守公共道德和秩序、尊敬师长、团结同学、尊老爱幼、热爱集体、关心他人、诚实守信、远离黄赌毒、不抽烟酗酒、不早恋、文明上网、安全自护、合作创新意识等内容。根据我们的调查,绝大多数学生粗略地知道文明行为和不文明行为的具体内容,但他们对文明行为的认知不够全面,所以,加深对中学生文明行为内容的认识是必要的,只有做到有的放矢,才能事半功倍。

其次,找出有效的途径。发现问题,还必须解决问题。根据我校学生的实际,结合课题研究小组成员的研究,我们达成以下共识:

第一,加强宣传教育,提高学生思想认识水平,自觉养成文明的行为习惯。习惯是一个人长期的生活方式,是人们在日常活动中的自然的表现。因此,学校、教师和家长必须对学生的日常活动进行认真观察,对学生表现出的文明行为和不文明行为都要及时反馈,褒扬文明,批评不文明现象。人都有想听好话的天性,没有哪个学生每天挨一次或几次批评会有好心情,所以,我们既要通过批评教育使学生加强自我行为的约束,更要通过表扬使学生自觉养成文明行为习惯。在这一方面的工作中,我校主要采取以下几种渠道展开工作:一是通过学科教学,渗透文明行为习惯养成对人一生发展的重要性教育,通过一些名人事例让学生加深认识。二是通过班主任、各学科教师,在日常教育工作中加强对学生的教育,发掘生活中的特殊事例,向学生摆事实,讲道理,让学生认识到不文明行为习惯的严重后果。同时,老师要对学生表现出的不文明行为及时进行指正,并教育其改正,起到防微杜渐的作用。三是通过板报、标语、校园广播等形式加强文明行为规范的宣传。板报方面有《交通安全知识须知》、《卫生小知识》、《消防安全知识》、《环保知识专栏》等。在学生们经过的醒目地方张贴文明标语。利用开学典礼,升旗仪式,通过报告、广播形式向学生进行文明礼仪的宣传。

第二,完善校规校纪,加强对学生的约束和监督。中学生由于正处于身心发展时期,对自身行为的约束力较差,加强制度的完善,对学生形成良好的行为习惯显得十分重要。我校在长期的教育工作中,结合实际情况,制定了一系列规章制度、班规班纪，针对学生不文明行为作出具体的处理办法，同时，加强与家长沟通，及时纠正学生的行为偏差，对学生表现突出的文明行为及时表扬。学校把学生的不良行为表现和文明行为表现作为班级学期考评的主要项目计分，学期结束，将班级考评结果公示，对获得突出成绩者给予奖励，从而形成学校对学生监督、教师对学生监督、家长对学生监督、学生对学生监督的一套较为有效的监督机制。

第三，充分发挥教师为人师表的作用。学校在加强学生养成行为习惯培养的同时，还必须加强教师的职业道德培训。学校结合教师继续教育工作，通过集中学习、自主学习等方式，狠抓教师的师德师风建设，打造了一支"学高为师、身正为范"的教师队伍，通过教师的言传身教，达到了"随风潜入夜，润物细无声"的教育效果。

第四，联合社会力量，加强文明行为习惯养成教育。学校在每学期的教育工作中，都会请一些相关机构或组织，安排一两次报告会，对学生进行文明行为教育。如联合法制机关对学生进行普法教育、交通法规教育、远离毒品教育，邀请消防部门权威人士对学生进行防火安全教育等。学校结合"三创一办"工作，对学生进行环保、卫生、文明知识教育，学校团委还在学生中举行相关方面的板报、绘画竞赛活动等，提高学生对文明行为习惯养成的重要性的认识和习惯的培养。

总之，通过这一年多的研究与实践，教师对学生的了解进一步加深，为教师在教育工作中解决学生的行为问题打开了方便之门。很多学生的不良习惯行为得到了纠正，学习更加努力，学习成绩也不断提高。我想，在我们大家的共同努力下，我们的校园很快就会成为蓝天下的一片净土，成为培育纯净心灵的一块园圃，我们的学生更是文明健康、阳光活泼的生力军，在未来的人生征途上，必将演奏出一曲曲动人的、激昂的生命乐章。

浅谈生命教育的实施

刘天义　刘蕊

学校简介:上蔡第二高级中学改建于1989年,现已发展为一所蜚声远近的市级示范性普通高中。我校是全国读书育人先进学校、中央教科所传统文化与语文教学实验学校、北京心理健康教育实验与研究学校,省教育科研实验基地,市思想政治工作先进单位、市教师职业道德建设十佳学校、市文明单位、市高招先进单位、市教学质量先进单位。全校师生在以李滇青同志为校长的新领导班子带领下,正按照"精细管理、特色办学、跨越发展"的整体方略,遵循"质量立校、特色强校、和谐理校、管理兴校"的办学理念,朝着"办教师自豪、学生幸福、政府放心、人民满意的优质学校"的目标不懈努力。

校长简介:李滇青,44岁,中学高级教师,1991年毕业于信阳师范学院物理系,2009年获北京师范大学教育经济与管理博士学位,河南省优秀教师,河南省骨干教师,驻马店市学术技术带头人,现任上蔡第二高级中学校长兼党总支书记。李校长在工作之余,还积极参与科研课题研究,先后承担了中央教科所"传统文化与语文教学"的课题及省教科所"中学生心理健康教育研究"等课题开发。李校长认真撰写学术论文,不断探索教育教学改革的新方法、新思路;参与编写了《高中生心理健康教育》丛书,由接力出版社出版并在全国公开发行,对于推动高中生心理健康研究起到了很大的作用;主编的《古诗文阅读点津》一书由中州古籍出版社出版发行后,对于推动传统文化建设,提高学生的人文素质起到了很大的作用。李校长潜心钻研的教育理论在第二高级中学应用后,使第二高级中学的教育教学质量在几年内发生了翻天覆地的变化,高考升学人数屡创新高,年年位居全市同类高中第一名,使学校由原来的二流学校跃居全市重点高中行列,为高校输送了数以万计的优秀新生,为当地经济建设培养了大批合格的建设人才。

生命教育的起点是什么?是保全生命,拥有一个健康的生命。台湾成功大学教授的一本新作书名叫作《死亡教育》,我看到后吓了一跳,难道死亡还要有教育吗?我想它是从负面来敦促每一个教育者、每一个家庭、每一个成人,应从尊重孩子的生命开始,践行生命教育理念。孩子从呱呱坠地起,就算是一个完整的生命了。我们对他的关怀就要开始了,对他生命的保全就要开始了,对他的教育也就要开始了。从生命教育的发展来讲,它不是为了解决人、儿童乃至整个人类的生存问题,它更多的是要去追求人的生命价值的实现,去追求人的幸福,去追求人的自由。

我们应该怎样来思考生命教育?思考生命教育的价值和追求呢?我认为可以从以下以下四点来理解生命教育的真正内涵。

第一,生命教育是我们应该追求的教育思想、教育理念、教育理想。我认为教师从来都是一个怀着梦想的职业,办教育从来都是一个追求梦想的事业。我们很多人都没有理想,在平静的生活中浪费了我们的青春与人生,我认为这不应该是教育者应该具有的品格。教育者应该是一个有理想的人。

第二,生命教育是一种过程。我们不要把生命教育仅仅等同于一本书,等同于一节课。一节 45 分钟的课是不是生命教育?可以肯定地讲不完全是。在学校教育中,生命教育是在关注青少年成长的过程中得以实现的。这种学生成长的过程,才是生命教育所向往的。

第三,生命教育需要教学内容。它的教学内容是什么?我觉得是多元的,是开放的。教生命教育不像教语文、数学那样,一篇课文、一个单元、一个知识点地去教,它需要有内容拓展,特别需要联系学生的个人生活、家庭生活、学校生活来有效地进行拓展。从内容的实现来讲,生命教育尤其需要校本意义上的二度开发,它不是一个忠实执行教材的过程,而是一个结合学校和学生实际的教育过程。

第四,生命教育是一种教育策略。如果一种教育理念只是悬在半空中而不能变成实际行动,那么这种理念与无用的话语没有差别。在生命教育的研究和实验过程中,我们尤其要注意这一点,我们不要把生命教育当作一个巨大的箩筐,把人的所有问题都拉到生命教育里来,这样的话,我们是不堪重负的。

生命教育的终极目标到底是什么？我把它分为四个层次。

第一，保全、敬畏生命。

首先引导学生获得生理意义上的生命的健全、健康，引导学生健康地生活，安全地生活。所以，我们谈到一些专题教育，比如安全教育等，即使是这一类的内容和目标，小学、初中和高中也要有教学程度的差异。

第二，获得生命的尊严。

教师和学生要真正地认识到生命的意义，认识到教师为什么要尊重学生，为什么要尊重学生的体验以及他们的潜能。以人为本，或者以学生为本的核心是什么？我认为"以学生为本"就是以尊重学生的地位为本，尊重学生的潜能为本，尊重学生的人格为本。但是，我们现在的教育有很多屡见不鲜的现象是在伤害学生的自尊、伤害学生的人格的。

第三，实现生命价值。

我们经常用这样的语言来描述青少年——"你们是祖国的花朵"、"你们是祖国的明天"、"我们要双手托起明天的太阳"。但事实上谁把学生真正当作明天的太阳了？而生命教育一定要把学生当作明天的太阳。

第四，达成生命幸福目标。

幸福是人生的最高境界。生命教育的最终目的是什么？是让孩子获得各个层次的人生需要，获得生命的幸福。

我认为实施生命教育的条件应该有六个基本要素。

第一，用生命对待生命，用生命体验对待生命体验，说得通俗一点就是以心换心，用心育心。那种把教学过程看作是物器的交换，知识容器的交换的观点，不是生命教育。

第二，理解与爱。生命教育是从理解人的成长开始的。所以，我认为生命教育其实就是一种爱的教育，是一种理解的教育。生命教育在实施过程中，对于转变教师的教育理念，提升教师对教育的理解和思考是非常有价值的。

第三，尊重与关怀，宽容而不纵容，放松而不放纵。

第四，感化与感召。生命教育应该是一种感动的教育。感动和被感动的前提是什么？是理解，是关爱，是思考，是反省。生命教育就是一种感动人的教育。教育最大的力量是什么？是感动力、感化力、感染力、感召力，这是生命教育尤其需要去实践的。生命教育的课堂应该是充满感动、充满感染、充满感化、充满感召的。我们怎样去感动孩子，把什么奉献给孩子？我觉得最基本的答案是宽容、仁爱，宽阔的胸襟，真挚的言说和虚心地倾听。

第五，整合与拓展。生命教育尤其强调资源的整合、理念的整合、行动的整合、时空的拓展。

第六，谈话与反思。老师不仅要宣讲知识，还要与学生谈话，与学生交心，只有谈话才能引起自己的反思和学生的反省，只有内省的教育，才是最有影响的教育，才是最有效率的教育，才能使学生自觉地去内省、内悟。

当然，生命教育的实施还有很多细节的问题。中国目前的中小学教育是粗放型的，根本就没有得到精细的关注，只是刚刚解决了一个普及的问题。中国《2020 年教育发展纲要》的核心内容是，在由普及走向提高的过程中，如何关注教育内在的东西。我想这也是生命教育研究适逢盛世的很好的历史机遇。愿每个学校能够在生命教育研究过程中，使学校有文化，教师有品位，校长有思想，教学有质量，我相信这个目标通过以上努力是能够达成的。

生命的培根行动

——校园暴力防范与学生自我保护的研究与实践

李明　严小伟　沈璐露

学校简介：南宁市第二十四中学位于南宁市秀安路 8 号，是自治区普通高中一级学校。学校创办于 1971 年，占地面积39 095.4平方米，建筑总面积约18 666平方米。初中有 18 个教学班，高中有 28 个教学班，在校学生总数为2340人，教职工168人，其中专任教师141人，中级以上职称的教师有109人。学校拥有教学楼、实验楼、办公楼、男女生宿舍楼各1栋。按市规范化标准配齐各种专用功能室和专职管理人员。

校长简介：李明，1990年毕业于广西师范大学，大学本科学历，中学高级教师，南宁市教学骨干，广西基础教育课程改革系列师资培训优秀培训专家，广西课程改革先进工作者；对中考化学教学深有研究，成绩显著；在多年的教学实践中形成了个人课堂教学风格，深受学生的欢迎；曾获"南宁市技能大赛新课程课堂教学决赛二等奖"，多次在区、市内承担示范公开课，有一定的知名度；承担多项省部级教育教学科研课题；主编《新编初中化学手册》一书，参与编写《中考总复习宝典》，撰写了多篇教育教学论文，其中多篇发表在省级刊物，部分获全国论文评比一等奖或省级以上一等奖。

人的生命仅有一次，生命是脆弱的，如我们视安全隐患于不顾，你我的生命都将受到威胁。生命可贵，人生价高，只有生命在，人生才有价。

中学阶段，是品德、性格养成的关键时期，是人生观、世界观、价值观形成的根基阶段，我们把这个阶段的学习教育称之为"生命的培根行动"。人生之树怎样长，就要看我们对根的培植、深耕、固根的行动了。我校的"生命培根行动"，关注安全，关注生命。就像呵护一棵幼小的树苗，让树苗深扎根一样，我们也要让学生学会防范"校园暴力"，学会自我保护，茁壮成长。

我校地处城市边缘（城乡结合部），学生背景复杂，家长素质与一般城市学校家长相比普遍偏低，教育教学工作与学校安全保卫工作真正运作起来可以说是非常困难，但我们迎难而上，几乎每天都不敢懈怠，对校园安全问题时刻严阵以待。

主题班会表演赛以"你认为'校园暴力'有哪些形式，简述你认为这种形式是校园暴力的理由及其危害各是什么，如何实施自我保护"为内容，通过模拟表演的形式，进行年级班级间的评比比赛。以班级为单位，利用课余时间各自通过社会（校园）随访了解校园暴力的内容，以问卷调查形式找出高发或者危害较大的校园暴力形式，最后各班根据本班同学的发言及本班表现列举"校园暴力"的相关内容。在此过程中，各班选定一个课题组老师作为辅导员,辅导员提供理论上的帮助,并帮助协调各班进行练习和比赛的时间与地点,其余同学自行寻求家长甚至社区工作人员的帮助。因宣传到位,比赛气氛浓厚,在备赛的两周时间里,各班同学都主动地行动起来了,同学们咨询老师,走访社区派出所,与家长商量沟通,最大限度地将学生周围人群纳入对“校园暴力”的关注上。

充分的准备让表演取得了成功,名次并不重要,同学们与家长倾心去演自己听过、见过甚至经历过的故事,才是最重要的。不管曾经是受害者、“施暴者”或者是旁观者,经过这样生动直观的呈现形式,都明辨了校园暴力的形式、危害,都对这种行为感到痛恨与不齿,无形中规范了言行,起到了防范的最好效果。在家长与老师的帮助下,他们还学会了如何保护自己,以及同学之间互助互救的一般方法。

主题班会表演的校园暴力形式及自救方法归纳起来大概有以下几种:

一、语言暴力

“你没长眼吗?”、“你个死肥猪!”生活中同学们常常在无意中使用这些伤人自尊的话语,这其实是校园暴力中的一种,会给对方心灵留下很大创伤。平时总有人因为语言暴力激化矛盾,升级为动手打架,甚至伤人的恶性事件。消除语言暴力的最好办法,就是举止文明,你尊我来,我敬你,自尊自爱,出口敬人不伤人,随意说笑莫骂人,保留各人自尊与人格,莫要盛气又凌人,自以为是戏弄人,其实这类言行令人讨厌又可恶,只有做到人人讲理又谦让,才会有包容微笑同学亲。

二、恃强凌弱、打架斗殴、随意伤人

现在的不少中学生自我意识强烈,脾气急躁,易冲动,唯我独尊,缺乏起码的法律意识,在个人利益得不到满足或个人利益受到损伤时,为了发泄,就动手砸物或打人,造成了校园暴力事件。这种暴力事件较隐蔽,不易被发现,但负面影响是极大的,受到伤害的同学或忍气吞声,或以暴制暴,只有少部分同学选择告诉家长、老师,寻求帮助。通过活动,同学们知道了以下常识:发生校园暴力事件应及时通知家长、老师,求得及时的帮助和解决办法,

必要时还应报警，否则，将危害到我们的身体健康和生命安全。让“暴力”远离校园，让“暴力”远离我们，应该从自身做起，加强自身的思想道德修养，并树立正确的班风、校风，让正能量充盈校园。同学们还要团结一致，齐心协力，多为别人着想一些，别自私，时常怀有一颗善良、大度、宽容的心，从而铲除校园暴力滋生的土壤。另外，还要增强法制意识，明确打架斗殴是违法行为，严重伤人是犯罪行为，造成他人人身伤害还要负刑事责任。活动中，同学们观看了一段由同学和家长合作提供的视频新闻。当看到十六周岁的少年讲述因一时冲动泄愤，最终被判刑入狱失去自由，导致家庭受到重创的视频时，同学们震撼很大，受到的教育是刻骨铭心的。这种活生生的典型事例，对同学们的警示教育作用是巨大的，对规诫同学们的日后行为起到了很好的作用，对预防校园暴力，对我们的“生命培根行动”更是起到了双重保险作用。

三、勒索财物

勒索财物的现象近年来较为常见。在学校里，常有个别同学为满足上网、玩游戏等欲望或是为摆阔气，向同学索要“零花钱”、“保护费”，如遇反抗，就几个人联手恐吓甚至动手打受害者。只要得手，他们会叫受害者定期交一定数额的钱，甚至强行索要贵重物品。行暴勒索的学生，往往三五成群，破坏学校正常教学秩序，对学生危害很大。我们告诉学生应该如何应对勒索：当遇到这类事件时，首先不要害怕，并严词拒绝给他们财物，如他们强抢，应大声警告他们，这是违法行为；在保证自身人身安全的前提下，大声呼救；如保不住财物，就保自身安全，放弃财物，记住施暴者的人数和体貌特征，事后及时报告老师、家长并报警——用智慧与坏人斗；务必保护好自己，并让施暴学生受到应有的惩罚。绝不因一时害怕、怯懦不报警，这样只能让坏人更嚣张。必须勇敢地报告家长、老师，并且报警，让这种行为无处藏身。学校和家长、公安联手，对此类犯罪严惩不贷，不让这种暴力行为有生存的环境。

四、早恋引出纠纷

早恋在中学时代是严令禁止的，但中学生早恋现象偶有发生，而其中不免有“单相思”和“三角恋”。由于中学生的单纯幼稚，不懂处理或处理不当，常常造成伤害，让双方都觉得没面子或伤自尊，性情一时冲动，往往出现一些难以设想的后果，如打架，伤人，甚至自杀或杀人，酿成不可挽回的悲剧。这需要师长细心观察，发现有不对的苗头，耐心进行心理疏导，分散当事者的注意力，鼓励学生多参加文体活动，培养健康爱好，并对当事学生进行周到保密，不使他们任何一方受到伤害，更不能在众人面前伤害他们的自尊。因为生命的幼芽尚嫩，需要我们珍惜这些生命，关爱这些生命。

主题班会表演赛结束，我们学校还采取综合保护生命幼苗的“生命培根行动”：其一，加强校园读书氛围建设，建议同学读好书；建立学校电子阅览室，让学生接受书籍文化熏陶；其二，在校园文化建设中，树立正面形象，输入正能量；其三，提倡言行举止得体、大方；其四，学校设门卫，一天二十四小时轮换值班，无空当，陌生人不能入校，来访一律登记；其五，校园内包括校门范围安装监控摄像头，无盲区全程监控；其六，教育学生勿轻信陌生人，不帮陌生人找本校学生、指认学生，更不要将陌生人带入校园。此外，继续采用知识讲座、宣传板报、参观法院审查（现场参观和观看庭审实录两种）、参观监狱、倾听少年犯讲感受等形式，让生命意识、校园暴力防范意识、构建平安校园意识深入人心。

我校正为学生的安全健康成长而努力，课题研究到今天，采取的这些措施很有效，希望能百尺竿头，更进一步。

以生命教育为核心的绿色德育之生命教育主题班会汇编

卢程远　权瑜　李恒　肖健

学校简介：石塘湾中学始建于1947年，原名葑溪初级中学。通过60多

年来历任教职员工的努力，我校已成为江苏省绿色学校、江苏省实施教育现代化工程示范初中、江苏省初中教育研究先进集体、江苏省最具影响力初中先进学校，无锡市基础教育课程改革示范点学校、无锡市心理健康教育示范点学校、无锡市法制教育示范点学校、无锡市科技教育特色学校。学校以“办有灵气的教育，育有责任的人才”为宗旨，以“德智双全、文理兼通、学创俱能、身心两健”为学生发展目标，“建构绿色教育体系，推动学校内涵发展，让每个学生享受最适合的教育”，成为惠山区十大素质教育基地中唯一在校内的以人防教育为主题的综合素质教育基地。基地的教育功能涵盖人防(民防)教育、国防教育、法制教育、消防安全教育、交通安全教育、青春期教育、心理健康教育、毒品预防教育等生命教育功能。2012年我校成为江苏省生命教育基地。开展了以“生命保护、生命提升”为主题的“绿色德育”系列活动，荣获“无锡市德育先进学校”、“无锡市健康促进学校”、“无锡市平安校园”、“无锡市人民防空教育先进单位”、“江苏省少先队‘手拉手’互助活动贡献奖”、“全国东西部学校结对帮扶先进学校”、“全国青少年普法教育先进学校”等称号。学校坚持“文化立校、服务治校、课改兴校、德育强校”的办学思路，聚焦课堂教学改革。从“三段式”(导入、展开、反馈)起步，到“一体三翼”(以导学案为载体，尝试目标叙写，研究课堂技能，提高探究效度)，再到“三自三重课堂”，使“教师主导、学生主体”的教学思想实现了真正意义上的“软着陆”，教师专业素质得到显著提升(高级教师占专任教师总数的50%、区级以上教学骨干占专任教师总数的40%)。科技教育、人防教育、生命教育为特色的校本课程的开发，“五个一”工程与十大学生社团的联动，使我校的校本课堂精彩纷呈，人文精神发扬光大。

校长简介：卢程远，校党总支书记，研究生学历，中学高级教师。卢校长兼任中国管理科学研究院特约研究员；中央教科所国内访问学者；中国教育学会教育行政管理分会理事、学术委员会委员、综合高中分会副理事长；中国教育家大会理事；中国未来研究会理事；中国陶行知研究会中学教育委员会理事；江苏省教育学会初中教育专业委员会理事等。卢校长被评为无锡市新长征突击手、教育信息化工作先进个人、职教资源整合工作先进个人、江苏省现代教育技术工作先进个人、全国杰出教育创新人物、全国教育管理科学人物、全国青少年普法教育先进个人、全国学校管理创新典范校长、全国学校规范化管理杰出校长等。

一、科学界定“绿色德育”

“绿色德育”的目标是保证学生各方面的素质持续和谐地发展。德育工作必须对每一位学生的终身发展负责，使教育成为开发人的潜能、发展人的个性、活跃人的思维、激励人的创造意识的开创性事业，德育工作必须凸显生命教育，以生命教育为核心。

二、德育观念转变

以生命教育为核心的“绿色德育”在观念上必须实现“五个转变”。即德育目标从抽象整体转变为层次具体，体现针对性；德育内容切实向注重学生成长转变，体现人本性；德育途径从封闭教育转变为开放式教育，体现多样性；德育方法从注重灌输转变为注重内化，体现科学性；德育评价从片面认知评价转变为全面知行统一的评价，体现完整性。

三、“生命教育”实施原则

以生命教育为核心的“绿色德育”在做法上坚持“五性”原则。即坚持德育的针对性，使之富有说服力；坚持德育的情感性，使之富有感染力；坚持德育的启迪性，使之富有吸引力；坚持德育的激励性，使之富有影响力；坚持德育的时代性，使之富有可持续发展的活力。

四、“生命教育”回归本源

以生命教育为核心的“绿色德育”在实施上选择“回归生命本源、凸显学生主体”路线。

1. 回归生命本源就是放低德育目标的切入点，以日常生活道德和社会公德为切入点，以培养爱心和责任感为突破口，以生活为导向，从生活性问题入手，如开展感恩、坦诚、孝悌、合作、自律、仁爱、礼仪、交往、尊重、规则意识等系列教育。回归生命本源就是拓宽人生哲理的融汇点，在教育中渗透人生哲学、优秀传统文化，把儒、道精粹等优秀传统文化和现代文明有机结合，把道德要求和人生哲理交互融汇，让我们的德育帮助学生既能瞄准目标，又在意脚下的路。回归生命本源就是关注生命价值的生长点，以“根雕艺术家”的眼光去面向全体学生，通过搭建发展平台、创造发展途径、提供成功体验来使自身生命价值的生长点和社会和谐共生，让学生的生命价值得以呵护。

2. 凸显学生主体性就是以人文化为载体开启真善德性，在环境文化上用内涵至美、用意至深的表层文化形成引力场；在制度文化上以导引性规章代替规范性规章，在规章制度中努力体现人文内涵；在精神文化上努力培养一种“我成才，我需要”的成长意识。凸显学生主体性就是以主体化践行挖掘发展潜能，积极开展多样化、多层次的实践性活动来满足学生精神发展的需要，如组织多种特色鲜明的学生社团，举办文明礼仪值周班、校运会、艺术节、科技节等活动。

五、形成工作体系

“绿色德育”以生命教育为核心，以科学、人文教育为内容，以正面引导为方法，以熏陶内化为形式，形成“一个指针、两条主线、三支队伍、四位一体、五条途径”的工作体系，让学生行走在生命的春天里。

“一个指针”，即以“科学求知、人文养德、爱心育人、知行合一、身心两健、德艺双馨、全面发展”的理念为德育工作指针。以优秀传统文化和时代精神为教育的内容，以合乎生活常态的行为规范为养成教育的目标，使道德教育生活化，促进学生个体的健康发展。

“两条主线”，即将政治思想品德教育和行为养成教育作为教育的两大内容，大力弘扬和培育中华民族传统美德，深化法纪及安全教育，开展校园文化建设，开发德育课程资源，构建多层次、多方位的德育工作体系，建设绿色校园、安全校园、文明校园、书香校园。

“三支队伍”，由德育行政部主任和班主任，医务室、心理咨询室、舍务室成员组成德育专职管理队伍，提高德育队伍专业化程度；由政治教研组组成德育教学骨干队伍，研究开发德育课程，提高德育课程的教育实效性；由团委、学生会干部组成学生自治管理队伍，提高德育管理的针对性。班主任是学校德育工作的最终落实者，其工作水平和工作态度直接关系到德育的成效。定期举行工作例会和德育论坛，学习德育理论，研讨德育案例，学习先进的德育工作经验，交流班集体建设心得，组织班会观摩，编发辅导材料，有效提高班主任工作的针对性和实效性。

"四位一体"，就是形成学校、家庭、社会、学生四位一体的德育教育网络。学校教育是主渠道、主阵地，家庭教育是基础，社区教育是动力，自我教育是最终目标。要办好家庭学校，交流家教经验，成立一个由家长代表组成的家长委员会，参与学校的管理和对学生的教育。通过多种形式使学校教育得到家长的理解、支持、配合，使学生得到更多的关爱。要积极配合公安、交警、文化等部门，治理学校周边环境，创设一个有利于学生身心健康发展的社会环境。聘请法制副校长，定期到学校为学生上法制课，利用社会的教育资源，使学生受到更好的教育。组织学生适当地参加社会义务劳动和公益活动，培养学生奉献爱心、服务社会的精神。

"五条途径"，就是构建课程育人、教书育人、管理育人、服务育人、环境育人的多层次、多方位的德育工作体系。以学生为本，进行"三律"（法律、纪律、自律）、"三德"（公德、道德、品德）、"三成"（成人、成才、成功）教育，引导学生实现"四自目标"（自主管理目标、自助学习目标、自立生活目标、自励人生目标）。

以人为本　和谐发展

郑金山　叶元焜　许玉叶　陈佐林　陈冠峰

学校简介：莆田第四中学创建于1900年，是福建省一级达标学校，现占

地面积约203亩，具有现代艺术风格的教学楼、科技实验楼、体育馆、学生公寓和绿化景观带等，校园规划科学，布局合理，绿树成荫，景色怡人，环境幽雅。学校现有高中48个教学班，学生总数2467人，教职工262人，专任教师202人，其中特级教师2人，高级教师90人，硕士研究生13人，国家级骨干教师2人，省级骨干教师14人，省级学科带头人10人，市学科带头人6人，市骨干教师34人，市领衔名师3人，师资力量雄厚。学校现有国家级、省级教育科研课题共6个。学校先后获得"全国五一劳动奖状先进单位"、"省文明学校"、"省素质教育工作先进学校"、"省德育工作先进学校"、"省级园林单位"等几十项省级以上荣誉称号。

校长简介：郑金山，男，汉族，44岁，中学高级教师；1991年7月毕业于北京师范大学物理系固体物理专业；福建省首届青年骨干教师、省学科带头人、省人民政府特约督导员、民盟省委委员、民盟市委副主席、市政协常委、荔城区人大代表。任教期间，郑校长所讲授的物理课参加省青年教师优质课评比荣获一等奖；指导的学生获"省青少年科技创新大赛一等奖"，撰写论文10多篇，6篇刊在CN级刊物上，先后被评为"省优秀教育工作者"、"省青少年科技优秀组织者"、"市劳动模范"，连续四年被评为"市青年专业技术后备人才"，2012年8月被评为"省骨干校长"、"省中小学优秀校长"，2013年2月获"莆田市首批优秀人才"等荣誉称号。

学校全面贯彻党的教育方针，深入贯彻落实科学发展观，全面实施素质教育，深化课程改革，推进精细化管理，继续坚持"德育为首，育人为本"的德育理念，遵循"德育为先、教学为主、创新为重"的办学原则，坚持一切以学生的发展为本，一切以尊重学生生命为主，呵护学生健康，把提高学生的思想道德素质作为首要工作，不断开拓德育工作的新领域，创新生命教育工作的途径、方式和方法，逐步完善道德教育与学校管理、自律与他律相互补充和促进的德育运行机制。现将我校德育科研成果汇报如下：

一、完善德育工作制度，营造德育管理的良好氛围

1. 重视德育制度的完善及德育队伍的建设。学校有健全的德育工作管

理体制，成立了德育工作领导小组，实行校长负总责，书记及德育副校长专门分管，政教处三位正副主任、团委会正副书记具体负责，一级抓一级，层层落实的工作格局，打造优质的德育工作队伍。

(1)班主任的任用实行优胜劣汰的机制。学校彻底改变按需要搞照顾安排班主任的陋习，而是先由老师提出申请，再由年段领导小组负责挑选，组成年段德育队伍，对于中途工作态度消极、马虎应付或工作方法欠佳，学生及家长反响强烈的班主任坚决给予撤换，切实提高德育队伍中主力军的整体素质。

(2)引进公正、公平、公开、科学的竞争机制。为了增强班主任的责任感和危机感，长期以来，我校对班主任的各项工作实行评比制度，制订并实施《莆田四中班级量化评比方案》、《文明班级(优秀班主任)评比方案》。

(3)建立德育工作的表彰奖励机制。为了调动班主任工作的积极性，提高学校德育工作的水平，学校多途径提高班主任的物质和精神待遇。

(4)德育培训工作制度化。通过召开每月一次的班主任例会，组织班主任参加校本培训，召开班主任成功案例交流会，学习校内外优秀班主任的工作经验和科学的教育理论，不断更新教育观念，改善德育工作方式方法，提高德育工作的科学性和艺术性。

2. 打造以班级特色文化为主题的校园文化，创设奋发进取的德育环境。学校重视校园环境建设，做到了美化、净化、绿化，校园环境整洁优美。本着"让每一块墙壁都说话，每一寸土地都育人"的原则，学校营造了浓厚的人文环境，景色设置、文化修饰做到了动静结合，思想内容与艺术特色形成完美统一，将学校教育与校园优美的环境相结合，提高了教学水平。

二、创新德育实践途径，促进学生健康发展

为提高德育的针对性、实效性，我们面对新形势，把握时代脉搏，推陈出新，与时俱进，探索德育新途径。

1. 借鉴新课程改革的模块化思想，实现德育管理的模块化，使德育管理更清晰、更专业，使德育工作更简洁、更高效。根据不同年龄段学生的认识水平、年龄特点、心理和个性特征，制订不同的德育目标，促进学生行为规范

大提升。

2. 构建家、校、社区三位一体德育网络，探索“三位一体”教育方法，实现“家校教育互动”。举办家长学校，成立家长委员会，向家长宣传家教信息，提高家长素质和开展家教工作的水平。

3. 探索构建德育自主教育的框架，在各班设立“文明督导员”（由团支书兼任），对学生的行为进行监督，对各班进行评比，加强对学生自主教育的引导，实现他律和自律的结合。强化班级周记工作，加强学校与学生之间的联系沟通。

4. 积极开展心理辅导和咨询活动。目前，我校共有从事心理健康教育工作的专职教师2人，兼职教师66人，其中，持国家心理咨询师三级证书的有3名，持B证的教师2名。完善心理健康教育与咨询中心建设，其总面积达300多平方米，共有6个功能室（咨询室）。建有高一新生心理档案和特殊学生心理健康档案，建设健全各种心理规章制度。

5. 创设活动载体。每年结合重要纪念日、节假日等开展各有特色的主题教育活动。校园文化氛围浓厚，社团活动丰富多彩，扩大了学生视野，陶冶了情操，也增进了同学之间的团结协作精神和友谊，德育素质得到了全面提高。

三、自主教育综合实践，促进学生主动发展

德育只有贴近生活，联系实际，才有源头活水，才会生生不息。我校在德育工作开展过程中，注重利用综合实践活动来开展德育工作，引导学生主动参与到各种德育活动中来，并充当活动的主角，实现德育过程由灌输性向实践性转变，引导学生参与实践和道德大讨论，让学生在参与中受教育。

1. 挖掘社区教育资源，在爱的奉献中学会爱。学校让学生利用节假日走进社区、融入社会，参与社区服务，与共青团组织的志愿服务活动相结合。社区服务帮助学生走进生活，志愿服务活动实现以爱育爱的教育功能。

2. 寓德于社会实践，实现互动接受教育。学校建立了相对稳定的活动基地，培养了学生坚强的意志，吃苦耐劳的精神，同时也增强了学生的国防意识。

3. 道德教育回归生活，促进学生自主发展。学校寒暑假布置社会实践作业，要求学生下到田间、工厂学习技能，填写好社会实践表，谈体会，找不足。

四、创新德育评价机制，促进学生有效发展

实行总结式定性评价与过程式评价相结合的评价机制。改变以往只在期末对学生进行综合评价、定性考核的一次性奖励机制模式。

1. 改革考试评价制度，试行学分管理。学校建设一系列相关的评价体系。成立学分认定委员会，对学生进行全面评价。

2. 制订《莆田第四中学学生综合素质评价方案》，不断健全综合评价制度。

3. 改革学生操行评语，建立多元评价形式。除了班主任评定外，还有学生互评、家长评等。建立学生成长记录袋，培养学生自我反思和自我评价的能力。

4. 在学生中开展了全面提高学生素质的"诚信之星"、"文明礼仪之星"、"自强自立之星"等评比活动，对学生德智体美劳等各方面进行评价。

学校各项成绩的取得，学生成绩的提高，根本在德育。几年来，学校全面构建了有效的德育机制，我校学生在自觉参与中思想情感得到熏陶，精神生活得到充实，道德境界得到了提升。为此，我校先后获得"全国五一劳动奖状先进单位"、"福建省素质教育工作先进学校"、"福建省德育工作先进学校"、"莆田市平安校园先行校园"等荣誉称号，学校办学品位不断提升。

团队建设

开拓进取　勇于创新的湖南省工业贸易学校

王才用　王建国　王子文

学校简介:湖南省工业贸易学校是经湖南省人民政府批准成立的一所公办全日制省级示范性中等专业学校。学校被评为全国职业教育管理创新学校、全国机械行业校企合作与人才培养优秀职业院校、农业部育才兴教示范单位、省市级学生管理、德育教学和就业指导先进单位、国家职业技能鉴定省级优秀单位、美国 Microsoft 公司授权认证中心。学校在校全日制学生2300 余人,有教职员工 199 人。学校建有现代化的实训大楼,配备有多功能计算机中心、先进的数控设备、齐全的机加工机床和德国原装的电子电工仪器。学校投资修建了高级汽车实训基地,自建四星级宾馆作为学校酒店旅游专业的实习基地,实训场地的建设能充分满足培养学生动手能力的需要。学生通过学习、考试可获得多种职业技能资格证书。学校推行校企合作、订单培养的办学模式,与省内外几十家单位建立了稳定的学生就业合作关系,为毕业生开辟了广阔的就业途径,连续多年获得"长沙市毕业生就业工作先进单位"称号。

校长简介:王才用,男,48 岁,硕士,高级政工师。王才用同志从事高、中等职业教育 20 多年来,兢兢业业、成绩突出。特别是 2010 年担任湖南省工业贸易学校校长以来,强化学校管理,狠抓教育教学质量,以专业建设为龙头,加强师资队伍建设,不断完善加工实训基地,新建了汽车专业实训中心,新建了现代化的校园网教学系统,使得办学条件得到了极大改善,教育教学质量不断提高,办学规模不断扩大,学校面貌焕然一新。王才用同志为学校的建设与发展做出了突出贡献,是一名开拓创新、务实、有作为的好校长。

近几年来,湖南省工业贸易学校在市场经济激烈竞争的环境中,开拓进取、大胆创新,办学实力迅速提升,学校声誉与日俱增,在湖南省一千多所中等职业学校中脱颖而出,一跃成为湖南省示范性中等职业学校,实现了办学历史上第一次跨跃式发展。

一、用质量立校、特色强校的办学理念引领学校发展

学校立足国情、省情、校情，科学定位，抓住机遇，于 2011 年提出并制订《湖南省工业贸易学校“十二五”事业发展规划及未来发展远景目标》，进一步明确了办学指导思想：积极实施科学发展、质量立校、人才兴校和特色强校战略；以工学结合为基础，走产学结合的改革发展之路，创新办学体制机制，改革人才培养模式。进一步明确了办学定位：以中职学历教育为主体，大力开展成人教育和职业培训，以培养高素质技能型专门人才为目标，以数控技术、模具制造、汽车运用与维修和酒店管理四个专业为重点，立足湖南，辐射全国，把学校建设成为特色鲜明的湖南示范中等职业学校。

二、以专业建设为龙头，大胆创新职业教育新模式

学校根据市场需求，及时调整专业结构，把企业引进学校，创设专业建设新模式。2011 年与湖南兰天汽修培训学校签订合作办学协议，共建汽修专业，充分利用社会办学力量，解决专业师资和实习实训设施设备严重不足的问题。成功开办了汽车运用与维修专业、汽车整车和零配件营销专业，实现当年申报，当年招生，三年招生突破 1000 人，成为学校发展的支撑专业。这一全新的办学体制，深受省职教界领导和兄弟院校领导的高度评价。为此，学校形成了加工制造类、交通运输类和旅游管理类三个专业大类为主的办学格局。

三、以改革劳动人事体制为突破口，创新学校内部管理

为打破单位与职工之间的依附关系，我校强化职工的开拓创新意识，使教职工能够通过选择找到自己的最佳位置，实现人员优化组合，精简高效，实现教职工由身份管理向岗位管理转变，由行政任用向平等协商的聘用关系转变，无论是管理干部、专业技术人员，还是教辅工勤人员，都将按照按需设岗、按岗聘任、明确任期、期满考核、合理流动的原则实施。学校从去年 10 月开始，就着手筹备人事体制改革工作，今年暑假进行了人事体制改革，科

室由17个精简到13个,达到了管理科学、优化结构的目的;通过改革传统的人事管理模式,建立以聘用制和岗位责任制为主的人事管理制度,打破身份界限,积极推行竞争上岗,做到人员能进能出,职务能升能降,待遇能高能低,逐步形成有利于人才成长,人尽其才、才尽其用的用人机制。

在劳动人事体制深化改革的同时,进一步完善学校管理规章制度,做到了按制度办事、按程序办事,有监督、有考评、有奖惩,充分调动了全体教职员工的工作主动性、积极性和创造性,形成了人人想事、谋事、干事的良好工作局面。

四、以生命教育为德育重头戏,开创素质教育新途径

湖南省工业贸易学校"生命教育研究与实践"课题于2012年3月作为校级教育科研课题立项并开始了试点探索工作,2012年5月被正式批准为湖南省教育科学"十二五"规划课题。至此,生命教育的研究与实践于2013年8月在学校新生一年级中全面展开。

1. 中职学校开展生命教育的必要性与重要意义

目前我国的中职在校学生超过2000万人,应该说这是一个庞大的青少年群体,而这个群体中的一些人又极具特殊性,突出表现为:一是年龄基本为14~17岁,属于未成年人群体;二是综合素质普遍偏低,学习成绩较差,心理品质较低,特别是自制自控能力较弱,具有网瘾、抽烟、喝酒、打架斗殴等诸多不良行为习惯;三是缺乏人生理想和奋斗目标,对生命的价值、意义缺乏认识,特别是对生命的存在缺乏敬畏感,没有珍惜自己和他人的生命意识。因此,对中职学生进行生命教育是非常必要的。

2. 我校开展生命教育研究的主要目标

我校生命教育正在沿着教育者和受教育者两条线展开,重点是对学生实施生命教育的研究和探索,其研究目标主要有三个方面:一是研究学校生命教育的途径和方法,逐步完善生命教育的方法和途径,使生命教育工作成为学校规范化、制度化的常态工作。二是通过多种形式的教育实践活动,唤醒学生的"生命"意识并养成良好的行为与生活习惯。三是构建一支具有较强的生命教育教学能力的师资队伍。

3. 我校开展生命教育研究与实践的基本方法

目前我校开展生命教育的主要方法可以概括为“三个密切结合”和主题模块化教育模式。“三个密切结合”即在生命教育的研究和实践的全过程中理论教学与实践活动的密切结合，教师、班主任和教育行政后勤管理人员的密切结合，学校教育与社会教育的密切结合。主题模块化教育模式即针对中职学生生命教育缺失的实际情况，确立八个主题的专题讲座，同时以主题内容为核心和教育目标，设计系列实践教育活动方案，从而形成一个既相对独立又相互呼应的立体式教育模块。

4. 我校目前生命教育研究与实践的成效

通过近一个学期的研究与实践，我校在两个方面取得了明显成效：一是理论研究成果取得成效。通过研究与实践，课题研究已公开发表了《中职学校应重视生命教育》等五篇论文，出版了《中职学校生命教育》校本教材，该教材包括理论教育和实践教育两大模块，现正在2013级学生班级中实施教学，效果良好。二是实践教育效果明显。通过实施生命教育，一个学期以来2013级近1000名学生没有发生一起群体打架斗殴事件和其他意外伤害事件，抽烟酗酒、逃课上网的学生少了，同学们热爱学校、热爱班级、热爱老师、相互帮助、相互关爱的现象多了，热爱生活、珍惜生命的意识强了，生命教育的效果是比较明显的。

湖南省工业贸易学校将不负党和人民的重托，在祖国职业教育的园地里辛勤耕耘，必将成为职教百花园中的一枝奇葩。

新疆昌吉州回民中学学生心理健康教育研究与实践报告

陶琳　丁万兵　何建新　范秀敏　饶华　苏华　骆冬梅　邢潇潇

学校简介：昌吉州回民中学始建于1984年，占地面积136.8亩，配套设施齐备。学校现有教职工305人，本科以上教职工262人，在职研究生10人，自治区特级教师3人，昌吉州学科带头人、骨干教师15人。学校1990年被昌吉州确定为重点民族中学，2008年被命名为"全国民族中学教育协会示范校"，现为昌吉州直属半寄宿制完全中学。学校现有67个教学班，3500多名学生。其中疆内初中教学班12个，双语教学班10个，疆内学生900人。近年来学校荣获"全国民族中学教育协会示范校"、"国家十一五重点心理学课题先进实验单位"、"心理健康教育实验基地"、"自治区普通高中多样化发展改革试点校"、"自治区共青团工作先进单位"、"自治区民族团结进步先进集体"、"昌吉州民族团结进步模范集体"、"自治区级依法治校德育示范校和依法治校先进学校"等多项荣誉称号。

校长简介：陶琳，女，汉族，中共党员，现任新疆昌吉州回民中学校长。曾获得"全国德育先进个人"、"全国优秀外语教师"、"新疆维吾尔自治区特级教师"、"优秀班主任"、"昌吉州教育工委优秀党员"等荣誉称号，被昌吉学院聘为客座教授，连续当选昌吉市人大代表、昌吉州党代表，曾在英国里丁大学接受教育教学培训，在清华大学参加中小学校长培训等。作为教师，陶校长多次作为主研人承担国家级重大科研活动，多篇科研论文获得一等奖并在核心期刊发表。陶校长准确把握教育发展的新动向，确定学校的发展方向。在陶校长的带领下，学校不断改进办学条件，狠抓特色兴校，一步一个台阶，逐渐走在全州前列。

一、我校心理健康教育工作简介

我校是一所多民族学生寄宿的回民中学，校内生源复杂，初中年级分为疆内初中班、重点回族班、普通班;高中年级分为双语班、普通班、内高班。由于学生个体心理情况复杂多样,学校十分重视学生心理健康教育。我校于2006年成立了心理辅导室(又名育心园),占地面积180平方米。心理辅导室在校领导的大力支持下先后配备了多功能团体辅导室、接待室、箱庭游戏室、减压室和心理知识及活动宣传廊。

学校有四名教师取得国家心理咨询资格证书,心理辅导室现有专职心理教师三名,先后成立心理备课组和学生心理社团。目前,我校七年级、八年级、高一年级每班每周安排一节心理辅导课。三位专职心理教师各承担两个年级的学生心理辅导工作,定期利用团体辅导、讲座、广播、阳光心语小报、主题班会等形式开展团体心理辅导。同时通过网络、电话、书信等形式及时开展心理咨询,了解学生的心理困惑,为学生的心理健康发展提供必要的服务。

二、具体工作目标

1. 充分利用团体辅导课,调动学生的积极性和参与性,切实提高学生的心理素质。

2. 注重教师和学生心理“自理”能力的培养,通过每一次学习与互动参与,学会解决日常生活中遇到的心理问题,学会应对压力,处理好人际关系,以积极的心态面对生活。

3. 发挥心理社团的作用,注重学生之间的朋辈心理辅导。

4. 教师利用好心理辅导室、校园广播、《阳光心语》小报、心理辅导热线与悄悄话信箱、心理宣传廊,广泛开展了心理健康知识的宣传、普及活动,帮助学生了解更多的心理健康知识。

5. 健全起始年级学生的心理档案,并认真进行筛选,针对有需要的进行个别辅导,及时了解个别异常学生的情况,有针对性、有步骤地进行辅导。

6. 重视心理教师的心理辅导和科研能力培养,提高教育教学水平和心理辅导水平。做好教师家长的心理健康教育知识辅导和心理机能培训。

三、具体工作开展情况

1.“请进来 送出去”，提高了心理教师的业务水平

（1）做好心理健康教育教师的培训工作。学校鼓励心理教师参加各种教育培训。苏华老师、范秀敏老师先后参加国家的、自治区的各种心理教师技能实操培训。通过培训，心理教师的实际操作水平有了提高。

（2）开展心理课题研究

结合我校实际，学校申报了国家“十一五重点心理学课题”、“中国学校心理健康教育行动研究”之子课题“学生学业不良常见表现及教育对策研究”。历时三年，课题结题并获得了国家级一等奖。我校获得该课题2010年度“先进实验单位”和“心理健康教育实验基地”荣誉称号。

（3）积极开展交流活动

学校鼓励心理教师积极参加心理教研活动，主动与其他学校进行交流学习，每次学校的心理活动都邀请同行来参加，昌吉州的心理教研活动也多在我校举行。

2. 加强了心理健康教育与学校各项教育工作的结合

（1）多年的咨询经验告诉我们：关注每个孩子的心理健康不仅是心理老师的责任，也是家长和每位老师的责任。学校不仅培养了一支身心健康、懂得心理专业知识、掌握心理辅导技能和心理训练方法的教师队伍，同时利用团体辅导、团体沙盘，也对全校教师和学生家长开展全面的心理健康教育的培训工作，使每位教师和家长都能掌握心理健康的基础知识，正确对学生进行心理辅导。

（2）在学校教育的过程中全面渗透心理健康教育。在学校各项教育活动中，都注重对学生进行心理健康方面的教育，这是心理健康教育的主要途径。通过班级教学、班集体建设、班级活动、班级文化建设、班级管理以及整合班级内外、学校内外各种教育力量，实施心理健康教育，这是学校心理健康教育的基本形式。

（3）心理健康教育要与学校德育工作有机结合。心理健康教育要与思想品德课、青春期教育等相关教育内容有机结合，加强家长学校的互动合

作，全方位做好学生的心理健康教育。苏华老师被我校家长学校聘为家庭教育讲师，主要负责家长家庭教育知识和技巧的培训。

3. 做好日常工作维护，注重发挥学生的自理能力

（1）建立学生心理档案，做好个案咨询。在学校教研室的统一指导下，心理辅导室认真做好每级新生的心理健康档案建设工作。通过整理档案、分析数据，我们针对新生普遍存在的问题开展心理知识普及工作。对于心理问题严重的学生，及时将其信息反馈给他（她）的班主任，并通过与班主任的沟通，寻找该生的症结所在，有针对性地做好个案咨询工作，并关注该生在学校的发展，发现问题并及时处理。

（2）依托心理社团，倡导自我服务。为促使学生积极关注心理健康，我校在心理辅导员老师的指导下成立了心理社团。社团从成立初期就建立了较完备的体制，征集确定了社团名称“心扉社”及标识，组建 QQ 群，拟定了社团章程，并确定了工作宗旨、机构设置、职能分工等。社团包括心理委员组、心理剧组、手语组、网络组、联络组、宣传组、编辑组，社团内根据公平竞争的原则，竞选出社长、副社长及各小组负责人。社团自成立以来，各组工作按计划进行：心理委员组成立爱心团，关爱和帮扶需要帮助的同学，面向全校学生征集自己最困惑的心理问题，并及时地反馈给老师；手语组每周排练励志歌曲；心理剧组排练学生自己创作的心理剧目；宣传组负责心理知识普及，每月宣传组对心理辅导室的宣传廊进行更换，及时出新的《阳光心语》小报；联络组及时针对学生出现的集体心理现象进行调查；网络组每周五播放心理影片组织学生观看。我校心扉社还通过“心理活动月”加大心理健康教育的宣传力度，组织“心理活动月”特色活动，包括优秀电影展播、心理健康培训、心理游戏、心理知识竞赛、心理剧比赛、手语欣赏等内容。心理社团的成立为我校心理工作奠定了良好的基础，充分发挥了学生的心理能量。

（3）开展朋辈辅导，发挥同伴力量。我们在调查中发现：学生有了心理问题一般更愿意先找自己的朋友倾诉，解决不了时才愿意找心理老师。我校各班都设有心理委员，他们负责日常的班级心理预警工作。实践证明，他们是我校心理工作的重要力量。加强各班心理委员的培训，是开展朋辈辅导的重要前提和保障。为了提高学生在心理工作方面的专业素质，我校组

织了多次心理委员培训讲座，结合案例介绍如何科学合理地预防与解决学生常见的心理问题，扩展心理委员的心理知识，并在工作方法及工作原则上，对心理委员进行指导。参加培训的同学专心聆听、认真记录，收效良好。

这些年，我校通过常规教学辅导工作和学生社团特色活动，通过团体辅导和个案咨询相结合，切实提高了我校心理健康教育工作的实效性。

“践行北京精神　努力争做‘十二员’”主题教育实践活动

杨志华　张立辉

学校简介：北京市房山区长沟中学创办于1958年，现有24个教学班，学生800余人，在编在职教师126余人。教师队伍中，研究生学历11人，本科学历105人，中学高级教师23人，一级教师95人，市、区级以上优秀教师35人，区级以上学科带头人5人，镇级以上骨干教师31人。十余年来，长中人和谐笃实、自强不息，实现了跨越式发展。学校先后被评为“市级规范化学校”、“北京市校园建设及管理达标学校”、“联合国教科文组织项目国家级实验学校”、“教育部跟踪指导家庭教育的实验研究实验学校”、“全国生命教育实验学校”、“全国和谐德育先进实验学校”、“房山区教学质量先进学校”，获得房山区教学质量优胜奖杯等奖励。

校长简介：杨志华，男，43岁，本科学历，中共党员，中学数学高级教师，长沟中学校长兼校党支部书记。现任北京市可持续发展教育协会理事，房山教育学会理事，房山区中华传统美德教育学会副会长。主持“中华传统美德教育”、“学校德育工作的整体化构建”、“生命教育”、“中国可持续发展教育”等多个国家级课题的子课题研究工作，并有丰富成果。曾获北京市优秀教师、北京市青年师德标兵、房山区优秀共产党员、房山区先进教育工作者、房山区教育科研先进管理者等称号。任现职以来，杨志华同志带领全校师生秉持“遵循营造和谐，教育引领生命”的可持续发展办学理念，以“让每个生命都灵动起来”作为育人目标，坚持“合格＋特长”的育人标准，把“忠、俭、静、孝、雅”作为抓手，开展生命教育活动。“体验式德育”充分体现了对学生人格的尊重，促进了学生良好品行的形成，“生命课堂”的打造激发了学生生命潜能，“全员德育”汇聚了向上、向善的正能量，长沟中学正向“房山西南的教育明珠”的奋斗目标挺进。

房山区长沟中学开展的“践行北京精神，努力争做‘十二员’”是以中华传统文化为基石，以雷锋精神为动力，以北京精神为核心，以相信学生、锻炼学生为宗旨，以“十二员”为有力支撑的主题教育实践活动。“践行北京精神，努力争做‘十二员’”是学校践行北京精神的重要举措，是雷锋精神的时代体现，是“六型”校园建设的重要途径，是“长中为我创条件 我为长中添光彩”实践活动的深化，更是展示学校特色、师生才华风貌的大舞台。学校创造性地把教育教学与学生生命教育、新课程理念有机地结合起来，设立了安全员、修护员、伙管员、输录员、宣传员、书刊员、信息员、急救员、电教员、广播员、维权员、节能员，通过开展系列实践活动，不仅使学生锻炼了自己，而且使他们在服务他人的过程中体验成长的快乐。活动设计贴近生活实际，贴近学习实际、可操作性强，又赋予十二生肖以积极意义，深受学生喜爱。

一、活动背景

2011 年 11 月 2 日，北京市公布了“北京精神”——“爱国 创新 包容 厚德”。作为城市精神，它是首都人民长期发展建设实践过程中所形成的精神财富的概括和总结，体现了社会主义核心价值体系的要求，体现了首都历史文化的特征，体现了首都群众的精神文化追求。肩负教育历史使命的学校，学习、践行北京精神，加强未成年人思想道德建设责无旁贷。学校领导班子在深入调研，了解学生实际情况的基础之上，结合学校教育教学工作实际，结合新课程改革，在全校范围内开展了“践行北京精神，努力争做‘十二员’”主题教育实践活动。2012 年 4 月 15 日，举行了隆重的主题活动启动仪式，并长期开展这一活动。

二、实施途径

1."十二员"的设置

编号	处室	负责人	名称	生肖	职　责
1	保卫处	隗有坡	安全员	鼠	疏散、逃生、上下操的疏导,对消防设施的使用、检查与基本维护。
2	总务处	陈硕齐	修护员	牛	管理班级公物,调整学生桌椅高度,对于损坏设施作简易修理或报告上级。
3	伙管办	陈海成	伙管员	虎	按照有关集体用餐饮食卫生的基本要求,合理监督,提出安全建议。
4	教务处	周继东	输录员	兔	做好班级的综合素质信息、学业成绩和学生基本信息的输录与管理。
5	办公室	景玉霞	宣传员	龙	各班级的墙报、板报、户外宣传栏的主题内容的设计、制作和维护。
6	图书馆	李俊合	书刊员	蛇	建设书香校园,组织学生开展"看好书、捐好书、管好书"的书友活动。
7	校刊部	景玉霞	信息员	马	关注学校、年级、班级的活动信息,及时收集采写,并向校刊投稿。
8	校医室	石竹	急救员	羊	掌握基本的急救知识和能力,协助校医做好防病、体检和保健工作。
9	电教组	刘伟	电教员	猴	负责本班多媒体和学生电脑的管理,保障安全使用并做好管理记录。
10	团委会	穆美佳	广播员	鸡	承担校园"青春之翼"广播的编辑播音任务,用声音活跃校园文化生活。
11	德育处	杨宗旭	维权员	狗	倡导科学、健康、安全的消费观念,开展监督与维护合法权益活动。
12	教科室	丁景成	节能员	猪	节能减排,环境保护的宣传、监督、执行和落实,垃圾的分类管理。

2. 活动的组织

(1)"十二员"成员以志愿者的身份参加活动。以上各类志愿者,其培训内容由对应处室负责制定,明确服务机制,本着相信学生、发动学生、锻炼学

生的宗旨,切实把学生在校的学习与生活有机结合起来,丰富综合实践活动的内容,好的培训还可纳入校本课程。

(2)志愿者采取人人报名、班班行动的方式,每个班级应按志愿员名称分散报名,尽量不要空项,每项最多四人,最少一人,做到学生100%参与。

(3)为增强活动的趣味性,丰富其文化内涵,每一项目对照一种生肖,各部门负责人要积极地从生肖代表的积极意义出发,将其与北京精神有机结合起来,诱导学生完成任务,也可以发动学生设计相应标识。

(4)宣传部门要利用多种方式进行广泛宣传和动员,德育部门、团委、学生会、各年级组要认真发动这一活动,切实调动学生的积极性,确保活动落实。

(5)及时发现和总结学生在活动中做出的积极贡献和展现的精神风貌,定期进行总结和鼓励,并把学生表现写进综合素质评价的评语中,同时可以给予必要的学分认定。

三、活动效果

主题教育实践活动开展一年多来,教师、学生充分发挥主体作用,在全校形成团结互助、平等友爱、共同进步的和谐氛围,爱国、敬业、诚信、友善等基本道德规范在广大师生身上得到充分体现,同时,促进了校本课程的不断完善,促进了学生的健康、全面、可持续发展。

1. 学校办学理念深入人心。学校在“尊重营造和谐,教育引领生命”的可持续发展教育理念指导下,提出“提升文明素养,提高学业成绩”的阶段目标。在德育方面,提出“让生命灵动”的育人目标,以忠、俭、静、孝、雅教育为抓手,通过实践活动,令全体教职员工和学生在活动参与中体验成长的快乐,感悟“尊重”、“生命”的要义。工作思路见下图:

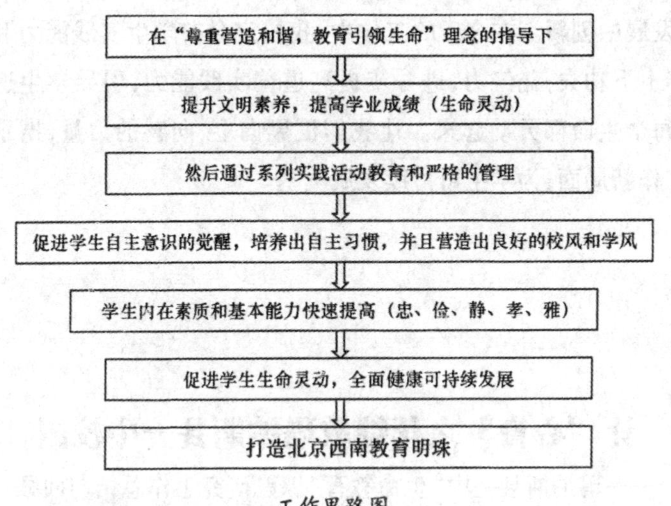

工作思路图

实践活动的开展，提高了学校德育的集约化水平，扭转了学校被动管理、疲于应付的局面，成功激发出了学生的积极性、主动性、自主性，迅速提升了学生的整体素质，营造出良好的校风和学风，促进了学校教育教学质量和社会声望的快速提升。

2. 将校内外教育资源进行有效整合。"践行北京精神，努力争做'十二员'"实践活动涉及学生在校学习生活的全过程，从校门口到食堂宿舍、从教室到操场、从校内到社区，处处都有学生志愿者的身影，实现了人尽其才、物尽其用的目标。

3. 促进学生综合素质的提高。通过开展主题教育实践活动，学生加深了对生命价值的理解，增长了生存的智慧，坚定了生活的信仰，提高了学生的学习能力、实践能力、发展能力、创造能力、合作能力，从而把自己的人生观、价值观融入社会主义核心价值观之中。

主题教育实践活动是我校推进德育"八大领域"落实的有力抓手，是提高学生创新精神和实践能力的有效途径。今后，我们还要在德育活动课程化实施的道路上积极探索，努力为学生健康、全面、可持续发展奠定坚实的基础。

"践行北京精神，努力争做'十二员'"主题教育实践活动，得到北京市首都精神文明建设办公室的高度评价。国无德不兴，人无德不立。在继承中发展,在发展中创新。在今后的工作中,我校定会在学生实践能力和创新精神的培养上下功夫,花气力,进一步提高道德实践能力,引导学生追求幸福人生,让每个生命都灵动起来。让我们汇聚向上、向善的力量,携手开创学校德育工作新局面,为学生可持续发展奠基。

让"心育"之花绽放玛纳斯县一中校园

——玛纳斯县一中"生命教育"课题研究工作总结与回顾

方晓东　施晓爽　王娟　吕妍鸿　黄静

学校简介:玛纳斯县第一中学创建于1956年,是玛纳斯县唯一一所集汉、哈、维为一体的普通高级中学,校园占地面积9.6万平方米,绿化面积2万平方米,学校目前共有51个教学班,其中哈汉双语教学班4个,维汉双语教学班2个,维哈语教学班各1个,在校学生2400余名,教职工250多人,中学高级教师93人,专任教师学历合格率96%。为营造良好的育人氛围,学校将校园布局园林化、校园场地绿硬化、墙壁走廊育人化、橱窗专栏知识化,追求三季有花、鸟语花香的良好生态环境。校园整洁、优美,融教育性和艺术性为一体,体现了浓厚的文化氛围,让学生置身于良好的教育环境中,达到了环境陶冶人,墙壁会说话,石头、花草蕴含生命的育人功效。

校长简介:方晓东,男,汉族,本科学历,中共党员,1973年5月出生,1995年8月参加工作,1995年9月至1998年8月在玛纳斯县粮食局面粉厂任办公室秘书,1998年9月至2007年8月在玛纳斯县教育局工作,先后任办公室秘书、人事科长,2007年9月至2009年3月在玛纳斯县乐土驿镇任副镇长,2009年3月至2012年10月在玛纳斯县第三中学任党支部书记,2012年10月至今任玛纳斯县第一中学校长。

《国家中长期教育改革和发展规划纲要(2010—2020年)》中明确指出:"重视安全教育、生命教育、国防教育、可持续发展教育,促进德育、智育、体育、美育有机融合,提高学生综合素质,使学生成为德、智、体、美全面发展的社会主义建设者和接班人。"生命教育是教育走向"生命关怀"的起点和突破口,是提升受教育者生存技能和生命质量的基础和根本保障。随着玛纳斯县经济不断繁荣、城市规模不断扩大,外来经商、打工人员急剧增多,社会环境日趋复杂,社会问题日益增多。据统计,近年来玛纳斯县中学生由于心理问题引发争吵、打架、厌学、逃学、违法犯罪,甚至自杀的人数呈上升趋势。因此,如何培养学生的健康心理已经成为我校亟待解决的一个难题。我校决定参加教育部规划课题"新形势下生命教育的理论与实践探索"子课题——"农村高中学生心理健康教育的研究与实践"的研究工作,其目的和意义在于:通过课题研究,发现和探索出一套行之有效的方法和途径,从而帮助学生形成良好的自我意识,使学生学会处理各种人际关系,增强其情绪调控能力和耐挫能力,获得克服心理偏差的力量,维护自身心理健康。

一、深入调研,明确目标

课题组成员学习了国内外文献,了解了该课题在国内外的研究现状与发展趋势。通过校内论证,锁定课题名称,提炼课题研究特色与亮点,确定研究对象和内容。根据我校学生年龄特点,我们选择以年级部为切入点,有针对性地进行研究。对高一年级的学生,侧重培养其适应新的学习和生活环境、形成良好的自我认识的能力。高二年级学生重点掌握青春期的生理和心理卫生常识,从而适应自我身心变化,能够正确处理与同学、异性和长辈的关系。高三年级学生则侧重于掌握良好的心态,学会调节情绪,能够在升学和就业方面做出合适的决定。设计各年级问卷调查表及相关标准,并对问卷结果进行汇总,最终完成分析报告,明确研究目标。

二、把握关键,对症下药

根据问卷调查结果分析,课题组对各年级所存在的问题进行归类总结,针对主要存在的问题采取行之有效的方法和途径：

1.“适应环境，强化素质”系列活动

通过问卷调查我们发现，高一年级有33%的学生存在对新环境不适应的情况，包括人际关系、学习生活以及心理的不适应。我们针对这些问题开展一系列的活动让学生尽快适应了学校生活。①新生军训：开学前学校组织新生进行军训，磨炼意志，端正思想。在军训过程中，学生不仅增进了相互之间的了解，而且培养了感情，同时，在军训结束前组织文艺汇演等活动，旨在通过丰富多彩的活动让学生尽快适应新学校、新生活。②心理健康课程：学校为高一新生开设了老师辅导和专题讲座两种课程。我们的心理活动课“传呼啦圈”、“抬木杆”、“背背靠”等活动深受学生们的喜爱，在活动中学生们也学会了如何与人沟通，如何相互协作，如何发挥团队作用，如何信任他人。③主题活动：我校规定每学期至少开一次和心理健康教育有关的主题班会，而且要求在“5·25”心理健康日开展一次班级之间的心理板报评比活动，同时，在每年的校园文化艺术节中推出我们的特色活动——校园心理剧。④宣传渗透：为了增强研究效果，加大宣传力度，课题组充分利用每周的校长寄语、升旗仪式上的讲话、校园橱窗的布置、校园广播心育专栏的开辟、校刊《学子报》等形式在校园内营造浓厚的“心育”氛围，使校园具有了良好的心理环境，让高一新生尽快适应高中生活。

2.“阳光花季，快乐成长”系列活动

问卷调查结果显示，30%的高二年级学生想知道有关性的知识，50%的学生想了解有关生长发育的知识，20%的学生想获得有关艾滋病的相关知识。为了普及相关知识，我们联合县计划生育委员会与南城社区开展了“阳光花季”进校园系列活动，开设了六次“青春期健康人格”讲座，邀请计划生育委员会专家和心理咨询专家给学生进行宣讲，计划生育专家从生理卫生角度来给学生传授一些知识，心理咨询专家从心理学角度对学生进行心理疏导，从而使学生充分了解自己，认识自己，学会如何调节自己。我们还组织了“青春健康、快乐成长”辩论赛，在我校的校园艺术文化节中，我们还推出了由课题组自编、自创的针对青春期教育的校园心理剧《小蔷薇》。《小蔷薇》的推出使学生通过角色扮演，发现矛盾冲突，从而解决自身的问题。因为贴近校园生活，学生们看后都非常有感触，他们懂得了与异性交往时该如何把握一个度。

3."正视困难，迎接挑战"系列活动

在针对高三学生的问卷调查中我们发现：80%的学生希望有考前心理培训，如情绪、心态的调节、学习方法的指导，更渴望一对一的心理辅导。针对这些问题，我校在高考前定期请专家做考前心理辅导，同时心理专职老师会做一些心理团体辅导。我校的"心语小屋"每天都会定时开放，接待来访学生，涉及的内容有学习、生活、交友以及生活中存在的各种困惑。对个别有严重心理问题的学生，实验教师进行长期跟踪，及时发现问题、及时疏导解决问题。"心语小屋"为每个来访者建立了完整的心理咨询档案，详细记录了来访者的问题和咨询老师的分析建议，通过形式多样的辅导，我校高三年级学生的抗压能力有了很大提高。

三、加强培训，保证效果

为了保证科研效果，课题组对参加实验的教师进行了多次专业知识培训，使每位实验教师都成为心理健康教育工作者，从而充分发挥他们在学生心理引导中的作用。同时，在学校德育处的支持下，课题组利用班主任例会时间给班主任灌输心理健康教育理念，举办一些有关心理健康教育的理论及方法技巧的讲座，让心理健康知识传播到校园的每一个角落。

四、齐心协力，成果丰硕

在课题组成员及全校师生的共同努力下，此项课题研究工作取得了丰硕成果。首先，通过研究前后问卷调查数据我们发现，我校学生心理健康水平有了很大提高。其次，在课题实施过程中，我们联合县计划生育委员会、南城社区开展了"阳光花季"进校园活动，此举增强了学校与社会的联系，拓宽了学校心理健康教育的渠道，我校也因此而被确定为"玛纳斯县青春期健康教育基地"。同时，我校被评为"全国生命教育实验学校"。我们上报的主题班会录像课《感恩心行动》荣获"生命教育"总课题组颁发的二等奖，我们的课题也于2013年4月顺利结题，等级为优秀。

一个学校的心理健康教育工作需要每一位教育工作者的不懈努力，更需要正确的理论指导。我校通过实施生命教育的课题研究，进一步提高了教师的科研能力，充实了老师们的科研理论知识，使实验教师对心理健康教育有了新的认识，我们相信，随着心理健康教育研究的不断深入，玛纳斯县一中的“心育”之花将会开得更加绚丽多彩！

挖掘生命教育内涵　构建宏志育人体系

——生命教育在学校优质特色教育发展中的实践性研究

宦一宁　丁志萍　张晓林　袁玉英　成新容　王利军

学校简介：扬州市第一中学是扬州市规模较大的完全中学之一，在这一校址上，1902 年就兴办了扬州第一所新式教育学堂，至今已有 100 多年历史。1952 年，由扬州市人民政府正式建校命名为“扬州市第一中学”。几十年来，在一代代博学名师的精心培育下，这里走出了许多饮誉海内外的仁人志士、专家学者。朱自清先生曾在这块热土上教过书，江泽民主席曾在这里求过学，当代物理学家朱物华、化学家柳大纲、诗人毕朔望、东南大学原党委书记朱万福、新加坡数学博士王宏玉等，都从这里踏上了他们的成才之路。2007 年学校被评为江苏省三星级高中。近年来，学校先后荣获“全国师德建设先进集体”、“江苏省德育先进学校”、“江苏省艺术教育特色学校”、“全国宏志教育研究中心校”、“扬州市先进学校”、“扬州市文明单位”、“扬州市和谐校园”、“扬州市教科研样本校”、“扬州市校本研修先进校”、“扬州市教育科学研究实验基地”、“扬州市收费规范学校”、“优秀家长学校”等荣誉称号。

校长简介：宦一宁，党总支部书记，中学数学高级教师，扬州市高中数学学科带头人。宦校长先后受到市教育局记功、嘉奖3次，被表彰为全国科教先进校长、全国文化艺术教育突出贡献人物、省优秀青少年科技教育校长、江苏省关心下一代先进个人、江苏省教育科研先进个人、扬州市首届教育科研型校长等。宦校长在国家级、省级刊物上发表论文30余篇，省级以上获奖论文10余篇，主持国家、省、市级课题11个。

60多年来，经过几代人的励精图治，几代人的自强不息，我校办学规模不断扩大，办学实力逐步增强，学校的环境有了质的飞跃。进入21世纪，学校开始进入跨越式发展的新时期，已成为一所环境幽雅、师资雄厚、特色显著、成果辉煌的古代文化和现代文明紧密融合的新式学校。

一、以课题为载体，开辟科研兴校之路

学校以课程改革为契机，坚持把教科研作为提升教育内涵发展的“助推器”。教师秉承着“化蛹成蝶，薪火相传”的信念，深入开展教育科研，坚持“科研兴教、科研兴校、科研强师”的战略，促进学校内涵发展，取得了显著成绩。

校领导身先士卒，走在科研最前沿。宦一宁校长是扬州市学科带头人，他分别担任一项国家级“十二五”规划课题子课题、一项扬州市市级“十一五”立项课题、一项扬州市市级“十二五”立项课题的研究组长。如今，我校共承担了两项国家级课题子课题、三项省级课题、十三个市级课题和六个扬州市微型课题的开发。

二、以教学为生命，夯实质量提升根基

课堂是教学的主阵地。我校课堂教学遵循“教师精讲为主导，学生内化训练为主体，检查反馈为主线”的教学原则，强化落实“分步递进，分层达标”的课堂教学模式要求，同时加大对高考、中考复习课模式的探究，如普通类如何求突破，艺术类如何双达标保丰收，中考学科如何均衡发展等，以有效课堂教学促质量提升。我校的课堂教学充分体现了新课改精神，保证了学生自主学习的时间和空间，让学生动了起来，让学习课堂活了起来，让效率高了起来。

三、以宏志和艺术教育为特色,促进学生全面发展

1999年9月,在市政府、市教育局的大力支持下,全市第一个高中宏志班在学校应运而生,经过多年的发展,我校宏志教育规模已居全省第一、全国第二。2005年,我校成为全国宏志教育研究中心学校,宏志教育模式被推广到全市。宏志班集群式帮扶教育已成为党和政府通过教育关注民生的一项德政工程。学校高考连续六年取得本二上线人数过百人大关的好成绩,2013年高考取得了骄人业绩:完成预定高考目标任务,本二上线人数再创新高,达222人,大部分宏志生取得优异成绩,受到各级领导和社会各界的高度赞誉。2010年、2011年、2012年,《中国教育报》以专版三次报道了我校宏志教育的经验成果、宏志班优秀教师群体感人事迹及学校办学特色,进一步说明学校宏志教育的影响已扩大到全国。

我校一直保持艺术教育特色,通过精心营造艺术教育的浓郁氛围,培植师生审美感知,打造艺术教育品牌。近年来,学校以美育为主线,全面实施素质教育,通过精心营造艺术教育的浓郁氛围,培植师生审美感知;倾心创造艺术教育的鲜明特色,培育师生审美理想;悉心打造艺术教育的优质品牌,不断扩大艺术教育的外延,增加艺术教育的内涵,进一步走上了以创艺术教育特色为先导,推动学校科学发展的道路,取得了令人瞩目的进步。2004年我校顺利通过两级验收,被授予"扬州市艺术教育特色学校"和"江苏省艺术教育特色学校"称号。

四、以生命教育为根本,推进学校德育内涵发展

学校生命教育充分发挥学校教育的主渠道、主阵地作用,有机渗透到各学科、各环节、各方面。一方面要加强学科教学,以学科渗透为主,在课堂领域落实生命教育的内容;另一方面结合学校宏志教育特色,坚持以实践体验为主,开展丰富多彩的课外活动,体验生命的历程,感悟生命的意义,反思生命的价值,从而达到珍爱生命、欣赏生命、保护生命的目标。

1.在学科教学中渗透生命教育,提高教师生命教育水平

生命教育和素质教育是密不可分的,关注学生素质的同时,教师必须关

注学生的生存和发展状况,指导学生"关注生命、尊重生命、珍爱生命、欣赏生命、成全生命、敬畏生命"。教师建设的一系列生命教育的学校课程,涵盖了生命科学观、生命情感以及生命价值的知识和技能,在课堂教学活动中体现了对生命的关怀。

2. 开展以生命教育为主题的各种教育实践活动,让学生发挥特长

结合学校宏志特色,开展青春期教育、心理教育、安全教育、网络教育、禁毒和预防艾滋病教育、法制教育等灵活多样的生命教育活动;开展社会实践和劳动技能实践活动,培养学生动手能力;开展语文周、数学周、艺术节、合唱节、运动会等第二课堂活动,成立学校篮球队、田径队、舞蹈队、合唱队、美术兴趣小组、文学社等特色活动训练组织,为学生提供施展才华的平台,让学生体验成功的乐趣,提高生命的价值。

3. 开设生命教育课程,开发生命教育校本教材

研发生命教育校本教材,形成系列学科校本教学读本;每学期坚持开设以生命教育为主题的校本课程。学校进一步充分挖掘宏志教育的价值,逐步形成宏志文化。目前学校已开发出《"三个特别"德育内涵学习手册》、《照亮人生的旅程》、《点燃心灵的火花》、《宏志生的心里话》等校本教材。学校还申报了扬州市"十二五"规划课题"中学宏志教育的实践与理论研究",通过研究,帮助学生树立"宏图寄党恩,志远为国强"的志向,培养健康健全的人格、积极向上的人生态度和良好的道德品质,并引导他们发奋读书,报效祖国。

4. 生命教育受到重视,心理健康教育粗具规模

心理健康教育是生命教育的一个重点,以养成宏志生健康、向上、乐观、阳光的心理为目标。学校配有专职及兼职心理教师,已开设心理健康教育活动课或选修课,积极开展心理咨询活动,举办心理健康教育宣传等活动,并专门建造了由"阳光心苑"和"阳光活动室"两个板块组成的心理访谈室,学校老师积极开展心理疏导,提高他们克服困难的信心和能力,培养他们健康向上的心理品质。建立精简高效的家长委员会,由优秀家长传授对子女的管理和心理教育经验。

目前,学校建成了一支涵盖全国优秀教师、省市特级教师等教学骨干的优秀教师团队,一中人将坚持以科学发展观为统领,认真实践"激发潜能、振

奋精神、彰显特色、奠基人生”的办学理念，努力实现管理精细化、师资优良化、质量优异化、特色鲜明化，确保学校教育教学质量持续攀升，共同开创一中美好的明天！

海河中学“生命课堂”的探索与实践总结

钱丽梅　王树青

学校简介：海河中学是天津市首批市级重点中学，高中示范学校。作为百年老校的海河中学，浓缩了天津近现代教育发展的历史，被文史专家称为“兴学沃土，教育宝地”。在校学生近3000人。在过去几年里，我校师生精诚合作，攻坚克难，以新课程改革为契机，积极抢占现代教育制高点，全力推进学校从历史名校到现代名校的内涵发展。

校长简介：她用一言一行为我们书写着一个个教育故事，情愫通透晶莹。细细品来，像一朵朵白玉兰花，含着淡淡的清香飘落在心里，送我们一个暖暖的春日。一个可以把学生的故事娓娓道来的校长，一个愿意为教师创造更多惊喜的校长，一个和师生打成一片的校长，一个成就师生幸福成长的校长。她为我们诠释了什么是真正的教育。她就是海河中学校长——钱丽梅。钱校长的故事里，除了真情，更多的是教育的智慧。

一、我校构建“生命课堂”的背景及意义

1. 构建“生命课堂”是我校办学核心的需要。我校生命教育核心是“为学生终身幸福奠基”，而课堂作为师生生命历程的有意义构成部分，对每一个参与者都具有生命价值，理应使参与者在这一历程中提升生命的质量，焕

发生命的活力,挖掘生命的潜能,追求生命的价值,从而让课堂成为师生精神生活中一块乐土。

2. 构建“生命课堂”是师生发展的需要。现代研究发现,学生学习效果的差异往往是课堂实用时间差异造成的。学生个性意识的缺乏,使得他们不能自觉培养和发展自己的特长;参与意识的缺乏,使他们在课堂中往往处于被动,很少自主探究和积极思考;问题意识的缺乏,使他们把学习看成是解决问题的过程,而不会主动提出新问题。

二、我校“生命课堂”的内涵界定

我校对生命课堂的内涵界定为:以学生为主体,以课堂为阵地,通过心灵沟通、灵魂交融、人格对话进行人与人之间的充满生命活力的思想、文化和情感的交流活动,焕发课堂生命活力,关注师生课堂共建,尊重教师和学生的生命价值,丰富人的生命涵养,激发人的生命潜能,实现课堂教学高效,为学生终身幸福奠基。

三、我校“生命课堂”的特征

1. 以积极和谐的课堂气氛为依托

积极的课堂气氛是对学生的无声教育,它能够促进学生参与课堂学习。积极的课堂气氛主要体现为开放宽松的学习氛围、和谐融洽的师生交往和张弛有度的教学节奏。和谐的前提是尊重,这里的尊重既指师生之间,也指生生之间。在生命课堂中,无论是学生还是教师,都能够享受到充分的自由,学生是学习的真正主人,教师是学生的平等对话者、沟通者、引导者、互动者、意义的建构者。师生之间可以民主地进行理性的对话和协商,讨论各种感兴趣的话题,表达自己的观点和思想,参与对话和讨论。

2. 以多元的学习方式为中介

生命课堂教学要将过去的教而获知的过程转变为学而获知的过程,其切入点就是转变学生的学习方式,让学生积极参与课堂教学。课堂上可以采用自主学习、合作学习、探究学习等学习方式,让学生变被动学习为自主学习,变要我学为我要学。无论学生采用何种学习方式,只要能产生学的冲动，能围绕学习目标积极地投入，认真地参与，紧张地思维，就达到了生命课堂教学所追求的目标。

3. 以科学的组织为保障

生命课堂是动态的，课堂情景极为复杂，总是处于一种流变的状态之中。从生命的角度来看，每一节课都是生命智慧与激情的综合生成过程。教师与学生的心态在变化，知识经验的积累状况在变化，课堂的物理空间也在变化，这要求师生必须根据变化了的情形不断地调整自己的行为，充分发挥创造才能，将自己独特的不可为他人所复制的智慧融入课堂中，从而进行创造性的教学和创造性的学习，让师生都能深深地感受到自己作为创造者的尊严和快乐。

四、我校构建"生命课堂"的思路、策略方法

1. 构建生命课堂总体思路：学习、领悟—实践、交流—反思、改进—专题研讨—展示、总结

(1)学习领悟：通过集体培训与个人自学相结合的学习方式，全体教师理解掌握生命课堂的含义、本质、特征和对教学实践的基本要求，理解课堂师生互动的含义及其与生命课堂构建的内在联系；通过以上学习、思考，反观自身教学实践，对习得的理论进行反思、剖析，写出深刻的反思总结。

(2)实践交流：积极投身课堂教学改革实践，用生命课堂的教育理念指导实践探索，用他人成功的实践经验丰富自身的经验积累，在实践、交流、学习、反思、内化的过程中提高对课堂互动各环节的预设、组织、实施、调控和改进能力，进而提高自身课堂教学素质。

(3)反思改进：充分运用案例分析、观察、追因等研究方法，通过人人备—集体备—个人上—集体磨—个人思—集体说的研修流程，以微格训练方式，对生命课堂的实践进行深入反思、分析，探究生命课堂构建对师生互动、自主体验、合作探究等方面的基本要求，以及师生最有效的表现方式。

(4)专题研讨：就研究进程中的收获，遇到的问题、困惑以及对研究进程有效性的反思，召开阶段性专题会议，分享经验，共析疑难，修正措施，完善方案，凝心聚力，推动进程。

2. 通过校本培训，提升教师对“生命课堂”的认识

第一，着力理论学习。组织教师学习叶澜、肖川等专家相关理论，专题阅读和自主阅读相结合；召开“构建生命课堂”动员大会、生命课堂培训大会等，帮助教师提升理论水平，深入理解生命课堂的内涵；邀请中央教科所于发友、国家督学刘长兴、上海名师常生龙等近十位专家做专题讲座。在与名家零距离的接触中，教师的视野得以拓宽，观念得到了更新；用扎实的理论支撑生命课堂研究构建工作。

第二，着力生命课堂策略研究。思维是智力的核心，良好的思维能力是取得成功的关键。美国全国教育协会在《美国教育的中心目的》一文中声明：“贯穿于所有教育的中心目的——教育的基本思路——就是要培养思维能力。”我校生命课堂不允许教师把问题一下子抛给学生，而是要通过创设良好的思维情境，将学生的注意力引到最佳思维状态。“兴趣激发与持续、思维品质的提升、质疑精神的培养”已成为我校生命课堂鲜明的特点，课堂面貌发生着翻天覆地的变化。

3. 以教师专业发展促进“生命课堂”的建立

课程改革是教育人性化的改革，是人文精神的回归，这不仅针对学生的教育，也适用于对教师的管理，它促使教师自主发展，是新课改的必然要求。学校从各方面为教师打造发展的平台，帮助教师专业发展，进而实现学校的长足发展。课堂从来都是教师发展所关注的焦点，教师在追求自身发展的过程中势必会研究课堂、改善课堂。因此，引导教师在专业发展过程中有意识地构建生命课堂的设想就成为可能。

4. 进行教学设计的研究，构建“生命课堂”教学模式

构建生命课堂教学模式，会对学生素质培养产生最直接、最稳定的影响。我校以学科组为单位，通过专家引领、同伴互助等形式开展了教学设计专题教研活动，学习如何确定合理的教学模式，其中每一个环节，如新课的导入、情节的设置、学案的设计等等都联系学生的实际，立足于学生已有的知识经验，精心准备，从不同维度激发学生主动参与学习全过程的积极性。凝炼出“学案导学、自主体验、合作探究”的教学模式。

5. 开展多层次的课堂教学活动

一方面，学校开展丰富多彩的生命课堂教学研讨活动，如同课异构、组

织青年教师进行微格研究、骨干教师开设示范课、新教师进行汇报课、每位教师录像课自查等。另一方面，学校还定期组织全校范围的研讨活动，通过不同层次的教师对课堂教学的认识、点评与反思，特别是骨干教师的引领，给教师以启发，从而不断改进课堂教学方式方法，提升教学质量。

五、我校构建“生命课堂”阶段成果

1. 学生方面。最近我校做了一次有关课堂改革的问卷调查，数据对比显示：学生自主学习能力很强，参与教学过程的积极性、主动性极高，个性得到很好彰显。学生的思维能力得到了极大提升。各学科公开课反馈统计表明：听课教师对学生在学习过程中表现出来的独立性、创新性，展示出来的合作意识、质疑精神很欣赏，认为学生思维品质、质疑精神培养已取得阶段性成果。

2. 教师方面。自构建生命课堂以来，教师的专业水平、教学能力、教育科研素养都有明显提升，自身价值也逐渐体现：涌现出未来教育家、市学科带头人、教学改革积极分子等教坛精英数十人。一年来，我校教师有数十篇论文在《中国教育报》等核心刊物上发表，出版了论文集《生命课堂探索与实践》。

3. 学校方面。成功举办天津市初中课程改革总结推动大会——实验教学专场、天津市生命课堂成果展示现场会，吸引数千名课程改革一线教师前来观摩。专家认为，我们的每一堂课都在实质性、细节性方面影响着学生的智力构建和人格构建。

海河中学在推进学校现代教育发展进程中，已经扬帆起航。传承学校文化，光大生命教育，追求生命卓越，我们的梦想终将实现！

以“阳光体育”为载体开展生命教育的实践研究

殷邦文　邓兴国　张志鹏　张奉恩　邓敏

学校简介:四川省苍溪县城郊中学是广元市第一所市级重点中学,学校现有81个教学班,学生5800余人;教职工265人,专任教师243人,省骨干教师14人,特级教师1人,高级教师73人,一级教师102人;研究(修)生14人。现已建成为全国百所少年军校示范校、中国人民解放军院校学员选拔基地(全国仅两所)、成都军区国防生源基地、中国校园媒体百佳示范校、四川省新成长型学校、省级文明单位、省级校风示范校、省级实验教学示范校、省级科技教育(特色)示范校、省级体育卫生先进学校、省级语言文字工作示范校和省级传统体育项目示范校。学校坚持走内涵发展强校之路,抓管理重特色,学校整体工作不断优化,连续24年高考升学成绩领跑广元市同类学校,连续11年强势进入广元市前四强,成为广元市名副其实的升学大户,先后培育出了一批就读北京大学、清华大学、复旦大学、中国人民大学、国防科技大学、武汉大学、浙江大学、南开大学等著名学府的郊中学子。学校连续多年被评为市县育才选才先进集体,多次被县委命名为“四好”班子。

校长简介:殷邦文,男,47岁,城郊中学党委书记、校长。1989年毕业于西南大学生命科学学院,中学生物高级教师。殷校长先后在报刊杂志上发表教育教学研究论文20余篇,有6篇获国家、省、市、县等级奖,有3篇收编入专业著作中,主持主研国家、省、市级科研课题8项,现为广元市学术和科技带头人,广元市优秀教育工作者,广元市优质课决赛学科评审委员会成员,广元市中评委与专家库成员,四川省国防教育先进个人,四川省骨干教师,四川省学科带头人,四川省教学名师,西华师范大学生命科学学院国培项目授课专家。

科研兴校,特色强校,学校要发展,科研须先行。近年来,我校秉承“创造适合学生发展的教育,办好人民满意的学校,奠定学生终身发展的基础”

之办学理念,结合自身实际,研究制订了切实可行的教育科研实施方案,不断创新教育科研体制,使得教科研工作开展得有声有色,成绩显著。

一、强化宣传,增强教师教科研意识

学校成立了教科研领导小组,制订了中长期教育科研发展规划。通过营造浓厚的教科研氛围,充分调动教师学习理论、探索问题、寻求解决方法的积极性和主动性,不断强化科研兴教、科研兴师、科研兴校意识,真正转变了广大教师的教育观念,逐步形成了问题即课题、教育即研究、成果即成长的观念。

二、通过培训提高教师科研素养

培训工作以校本培训为主,促使我校教师从经验型走向科研型的发展之路。比如组织教师参加各级培训,邀请省市县教研部门的专家来校作教科研知识讲座,利用网络资源,组织教师进行教科研培训。通过学习、培训、研究、交流等多种途径,努力提高教师科研素养。

三、利用项目提升教师科研能力

我们要求教师人人参与课题研究,只有参与教育科研,才能提高教师的教育教学水平和能力。我们以课题为抓手,将骨干教师团结在一起,共同学习,共同研究,共同提高,这样可以聚合一批人,带动一批人,培养一批人,推出一批人。

四、建立机制促使教师向科研型转化

学校制定了工作制度、教师考核制度,制度能落实,好操作,便于考核,对学校的教科研工作起到了真正的促进作用。例如及时收集、反馈市级以上各级各类报刊的征文、论文竞赛等信息,着力组织教师参赛、投稿、推荐发表。每学年评比教科研先进个人,对论文发表、获奖、学术交流、辅导学生等教育教学成果均有奖励措施,极大地激发了教师参与教科研的热情,提升了教师的科研素质。

五、生命教育渐成学校特色

生命教育是教育的灵魂。我校是广元市"阳光体育"活动示范校、全国百所少年军校示范校，开展阳光体育运动和少年军校特色军体活动是我校鲜明的两大教育特色。近年来，作为全国生命教育实验学校，我们一直在探索将生命教育融入学校阳光体育运动和少年军校特色教育中，构建以阳光体育为载体的生命教育"一一五模式"（即一个中心——体育课堂教学；一大特色——少年军校特色教育活动；五大常规体育活动），实现生命教育与阳光体育运动、少年军校特色教育的完美结合，增强生命教育实效。

1. 以体育课堂教学为中心，增强生命意识教育。体育为了健康，健康为了生命。体育课堂教学就是要帮助学生认识生命，唤醒学生的生命意识。我校的体育课程强调课程的养成性，注重生命健康价值观的内化，实现了课程性质从健身强体向关注生命与健康的转变，课程内容从突出竞技技术转变为增强科学的生命价值观，把"健康第一、以人为本"指导思想作为确定课程内容的基本出发点。同时，我校体育工作紧紧围绕素质教育这一主题，以新课标为向导，挖掘课程中生命教育的素材，重视生命的文本，整合教育资源，优化课程结构，创新体育教学，努力形成特色化的现代学校体育课程体系，培养勇敢、自信、坚强的品格，提高学生的生存技能和生命质量。

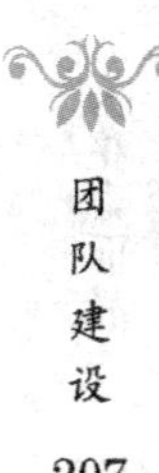

2. 用少年军校特色军体活动促进生存技能的提升。我校是全国百所少年军校示范校，解放军院校生源选拔基地、成都军区国防生源基地，少年军校正规化建设成效突出、特色鲜明。在少年军校正规化建设过程中，我们融入了生命教育的基本理念，注入了阳光体育的基本需求，从而在少年军校正规化建设中，打造了阳光体育特色活动项目，实现了生命教育和阳光体育、生命教育和少年军校正规化建设的有机融合。每年举行新生军训和其他年级军训复训等常规军训，锻炼了学生体能，使其养成了顽强勇敢、吃苦耐劳的品质；每学年的远足拉练让学生走进社会，融入自然，磨炼了学生的意志，增强了超越自我的决心；生龙活虎的军体课已成为增强学生体质、培养学生顽强意志的有效手段；丰富多彩的军体活动，使学生在玩乐中学会生存的基本技能，弘扬了团结友爱、互助互帮的集体主义精神，从而实现了自我教育的目的。

3. 借五大常规体育活动，加强生命价值教育

以生命的视角审视阳光体育活动，要求我们的视角从“健康第一”拓展到“尊重生命，维护生命，体现生命魅力”的视域上来。我校开展面向全体、人人参与、形式多样、内容丰富的诸如一日常规、班级体育兴趣小组、文化体育艺术月、参加竞赛、学生体质健康测试等五大常规阳光体育活动，在体育活动中渗透生命教育，树立正确的生命观，在运动中让同学们感受、认识生命的意义，这不仅可以提高学生的身体素质，更重要的是可以对学生进行生命意识、生存技能和生命价值的教育，为提高学生生命质量奠定了良好的基础。我校也正是通过常规阳光体育活动，确保了学校生命教育活动落到实处。

六、教育科研硕果累累

一分耕耘一分收获，目前我校已经形成了科学合理的课题研究结构，教科研工作已取得了丰硕成果。“少年军校品牌建设的实践研究”、“少年军校正规化建设研究”、“农村中学文明礼仪体验教育的实践研究”等六项国家、省、市、县科研课题已结题；“中学骨干教师后续发展研究”、“农村中学教师CAI技能校本培训的研究与实践”、“农村中学优化教师教研文化的实践研究”、“军事院校“基地班”学员整体素质优化的实验研究”、“新课改背景下农村‘双师型’教师校本培训研究”等五项国家、省、市、县科研课题正在实施研究过程中。“少年军校品牌建设的实践研究”课题获中国少年军校总校、共青团中央、少工委一等奖；“以‘阳光体育’为载体开展生命教育的实践研究”课题获2013年全国生命教育科研成果一等奖；“中学生国防教育活动体系实践研究”课题获2012年全国生命教育科研成果二等奖；“农村中学文明礼仪体验教育的实践研究”、“基于方法论的英语学困生学习方法优化策略研究”课题获市一等奖。

学生毒品预防教育的研究与实践

施继富　陈锦武　鲁俊伟　丁如刚　麻丽慧　应伟民

学校简介：浙江省缙云县新建中学坐落在中国麻鸭之乡新建镇，与著名旅游风景区河阳明清古民居毗邻。学校有400米标准运动场，配备校园网、闭路电视、多媒体教室、图书馆、理化生物实验室、学生公寓、学生餐厅、体艺馆、琴房等现代化设施。学校拥有计算机293台，全部教室装备了多媒体系统，图书室藏书60 000多册，阅览室报刊杂志有360多种，并开设了电子阅览室。良好的硬件设施和浓郁的文化氛围造就了一流的育人环境。宽敞舒适的学生公寓和学生食堂为师生的学习、生活提供了较为完备的生活条件。学校2007年2月被省教育厅评定为浙江省二级重点中学。学校环境优美，常年绿草如茵，四季鲜花吐艳。校园占地面积110亩，建筑面积25 000平方米，现有38个教学班，1700余名学生，161名教职工。学校先后被评为浙江省卫生先进单位、浙江省舞蹈考级培训基地、丽水市文明单位、丽水市语言文字规范化示范学校、缙云县平安校园、缙云县教研先进学校、缙云县信息调研先进集体、缙云县校舍改造先进集体、缙云县退休人员管理工作先进集体、丽水市先进团委、丽水市师德师风达标学校、丽水市标准化达标学校、丽水市现代化达标学校、丽水市书香校园示范学校。

校长简介：施继富，男，1964年8月出生，1985年7月参加工作。施继富同志先后在缙云县壶镇中学、缙云中学任教，担任过缙云县教育局教研室副主任、缙云县教师进修学校副校长等职，中学高级教师。施继富校长曾荣获“浙江省教研先进个人”、“浙江省优秀管理”、“辅导教师”、“丽水市教育学会中学地理专业委员会先进工作者”等称号，2012年1月任缙云县第八届政协委员，2013年12月任丽水市政协委员，现兼任浙江省地理教学分会理事，丽水市教育学会地理专业委员会副理事长。施校长任职期间，我校办学条件得到了极大改善，教育教学质量不断提高，办学规模不断扩大，学校面貌焕然一新，施校长为学校的建设与发展做出了突出贡献，是一名开拓创新、务实有作为的好校长。

我国禁毒宣传教育的现状是:学校把升学率放在第一位,学校的一切工作都要围着学生分数转,各级各类学校还没有把禁毒宣传教育提到议事日程上来。当前学校禁毒宣传教育存在着两个认识误区。误区之一是认为过早给孩子们讲解有关毒品知识,孩子们会出于好奇而染上毒瘾,认为造成学生吸毒的根源不是学校,而是社会不良环境的影响或家庭管教不严,因而学校忽视对学生进行禁毒宣传教育。误区之二是认为禁毒宣传教育是禁毒部门的事,在校生吸毒的毕竟是少数,只要本校学生没有出现吸毒就行了。

从我县(缙云县)禁毒委的资料来看,我县的禁毒工作经受着前所未有的考验,吸毒人数逐年增加,毒品查获次数增多。我县政府受到了来自各个方面的压力,在县委、县政府的领导下,成立了禁毒委员会,认真落实禁毒工作领导责任制和责任追究制,并多次深入开展毒情调查工作,基本摸清了全县吸毒人员数量和分布情况。同时,加大禁毒宣传工作力度,营造全民参与禁毒的浓厚氛围,并认真联合各有关单位开展创建无毒乡镇、无毒村(社区)、开展学校禁毒集中宣传教育等活动。相信只要保持高压态势,禁毒工作是会取得一定成绩的。我校还被评为省级禁毒教育示范学校。

缙云县新建镇地处缙云县西部,距县城 15 公里,总人口 10 万多,新建麻鸭闻名全国,常年外出打工从事养殖业的就有 1 万多人(均为青壮年),这些人群大多分布在广东及广西,是毒品较为集中的区域,因此进行毒品预防教育有现实意义。

一、研究内容

本课题主要通过对缙云县及新建镇中小学毒品预防教育情况的调查,研究当前中小学毒品预防教育的问题、原因和改进对策,中小学毒品预防教育的基础理论和原则,中小学毒品预防教育的内容体系、中小学毒品预防教育的方法和技能,中小学毒品预防教育的评价机制等。其中重点研究了学校毒品预防教育的相关基础理论、教学方法、技能及毒品预防教育评价方法等内容,并以此为基础编写了具有可操作性的教案。

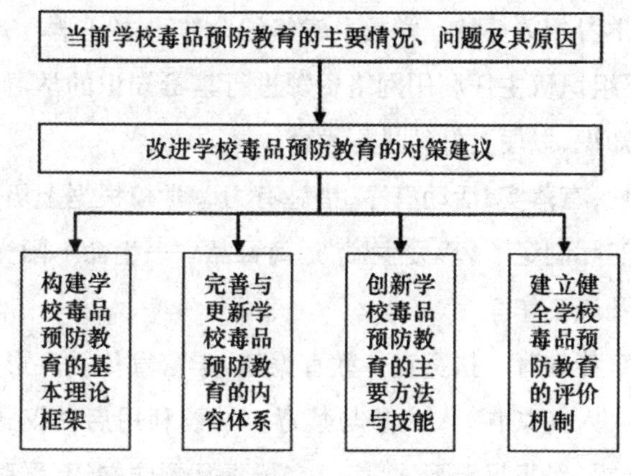

毒品预防课题研究内容结构图

目前我校禁毒工作卓有成效,并获得“浙江省禁毒示范学校”称号。

二、研究目标

研究目标一:通过对缙云县中小学毒品预防教育工作情况的重点调查和周边县市的学校毒品预防教育情况资料的搜集,对我校中小学毒品预防教育工作存在的问题和原因进行深入研究和分析,为改善我镇中小学毒品预防教育工作现状提出可行的对策和建议。

研究目标二:通过对我校及周边县市中小学毒品预防教育的基础理论、内容、方法和技能以及评估等的系列研究,为我国农村中小学毒品预防教育提供科学的理论支持、完整的内容体系、有效的方法与技能以及必要的评估手段,为“培养中小学生自觉养成拒绝毒品、珍爱生命的态度和行为”提供可行的操作方案。

三、根据学校实际情况,认真部署开展了禁毒工作,顺利地完成了本校的各项禁毒工作任务

建立组织机构,成立了学校禁毒工作组织机构。学校禁毒工作领导小组以徐校长为组长,德育处成员、团委及各位班主任、科任老师为组内成员,以上人员都有明确分工及责任,以保障各项禁毒教育工作扎实、有效地开展。

校教职工学习相关精神。学校及时组织全体班主任学习有关禁毒宣传教育的文件,还组织班主任利用网络资源进行禁毒知识的学习,让教师学习好禁毒的相关知识,以便更好地进行教育。

工作有计划,有落实,活动有序,措施有力。学校根据上级文件精神,结合我校的切身实际制定了《珍爱生命,远离毒品——生命·阳光工作方案》,并严格按方案开展工作。

加强禁毒宣传教育。拓宽宣传教育渠道,丰富宣传教育形式,使全体家长和师生员工人人知禁毒,人人参与禁毒。学校利用启动仪式、主题班会、升旗仪式、手抄报、黑板报等形式,广泛宣传毒品预防知识,增强了广大学生拒毒防毒的意识,把禁毒知识传递给每一位学生,使学生提高认识,远离毒品。

开展以"珍爱生命,远离毒品——生命·阳光"为主题的征文活动,要求全体学生参与,并积极投身于禁毒斗争行列。此次活动为提高全校师生防毒、拒毒意识打下了良好的基础。

利用网络知识及教育资源,以班级的形式进行教育,各班通过观看相关影片、图文资料来开展适合各年龄段学生的教育。另外,各班还开展了禁毒知识主题班会、禁毒征文评选等形式多样的活动。全校师生参与,受教育面广,教育效果较好。

组织全校学生进行禁毒主题班会教育。各班班会内容在不同程度上对国内外禁毒形势、合成毒品知识、毒品来源、社会危害性、防毒拒毒的意义等方面进行了专题教育。

组织远离毒品、珍爱生命集体签字活动,让学生保证不吸毒、不贩毒、不制毒、不种毒,积极检举吸毒贩毒行为,自觉抵御毒品的侵蚀。

仿真品展示。组织学生志愿者利用晚自习时间讲解、展示常见毒品的形态和危害,让学生更深刻地了解和认识毒品的危害。

做好家校的联系工作。德育处特别安排团委发放禁毒教育资料,并要求每个学生一份,让学生带回家和父母一起认识毒品的危害,达到家校共同教育的目的。

四、建立健全了我校禁毒工作档案,及时向上级部门上报禁毒工作资料

团委做好了资料整理及存档工作,认真备全材料的同时也发现并总结了教育活动中的不足,以便今后更好地开展禁毒教育工作。

本课题研究成果的价值是不容否定的,它解决了当前中小学毒品预防教育的实际问题和科学发展对策问题,对今后中小学毒品预防教育有较强的应用与指导价值,为国家毒品预防教育战略的实施提供了具体的理论支撑作用。

本课题由陈书记亲自挂帅,德育组积极参与,是学校重大科研课题。学校在人员和经费方面给予了大力支持,相信本课题定能取得很好的成果。

强化法制教育功能　绽放生命教育色彩

——学生法制教育的研究与实践

龙清明　侯天立　黄超　杨勇　祝君

学校简介:双流中学永安校区是双流优质教育集团化发展的“首张名片”,前身为创建于1958年的永安中学。学校毗邻4A级风景区天府第一古镇黄龙溪,距双流国际机场18公里,距“以现代制造业为支撑的现代工业新城”——永安镇12公里。学校占地面积约60亩,教学建筑面积约22477平方米,教职工152人,校内古木参天、绿树成荫,近几年先后被授予“全国百佳特色学校”、“全国教育科研先进学校”、“国家教师科研基金‘十五’成果调研科技兴教先进单位”、“成都市体育项目传统学校”、“成都市绿色学校”

等荣誉称号。2011 年 8 月以后，学校以龙清明校长为首的新一届领导班子与全体教职工精诚团结，继承创新，科学管理，真抓实干，潜心育人，正积极为再创永安校区的辉煌而全力以赴。

校长简介：龙清明，1963 年 3 月出生，中共党员，中学物理高级教师，四川省特级教师后备人员。1986 年参加工作，曾任四川省物理教学委员会中学物理委员、双流中学校长助理，曾获“市先进教育工作者”光荣称号。2011 年 8 月起，龙清明同志任双流中学永安校区党支部书记、校长。自上任起，他积极开展生命教育，探索生命教育的新模式，通过特色培养夯实学生成长的厚度，实施多元评价拓宽学生成长的宽度；倡导自主管理，提升学生成长的效度。构建“四生”课堂教学模式，实施学案导学、小组合作学习，着力构建生活课堂、生本课堂、生成课堂。如今，斗志昂扬的龙清明校长正率领全体教职工聚精会神抓质量，全力以赴谋发展，努力为学生终生发展奠基，为续创学校新辉煌而辛勤耕耘、努力奋斗！

21 世纪被称为知识经济时代，经济飞速发展，生活水平显著提高，竞争十分激烈，是一个发生重大变革的时代。这样的时代社会变迁快，需要社会法制的完善来作为社会安定的保障，法制教育也要紧跟时代的步伐。我校地处农村，法制教育更能为中学生的健康成长提供正确的方向。

一、了解法制教育发展现状

2011 年，是实施“十二五”规划的开局之年，也是实施“六五”普法规划的启动年。近年来，国家越来越重视社会主义法制教育。国家“六五”普法规划明确提出，要把青少年的法制教育、培养社会主义合格公民作为工作的重中之重。

虽说现阶段青少年法制教育取得了一定成绩，但问题依旧很多。所以，“六五”普法规划将法制教育同公民教育结合起来，要求教育工作者把培养社会主义合格公民作为教育的重要目标，加强整体设计，鼓励地方探索，有针对性、实效性地开展普法教育。

二、学校法制教育现状分析

我校地处双流县永安镇，是一所普通高级完全中学，由于地处农村，学生对法律法规了解有限，了解层次差异性较大，乡镇社会环境和家庭教育难以提升学生的法制意识，因此，我校的法制教育亟待加强。

通过调研分析，我们对我校学生法律素质现状有了基本了解。

法制教育是德育的重要内容之一，各学科在课堂教学中渗透法制教育，班主任的主题班会也会对法律法规进行宣传、讲解，中学生的法律意识明显增强，法律素质明显提高，大多数中学生对基本法律知识有了一定程度的了解。

1. 我校多数学生具有较强的法律意识，愿意学习法律知识来满足自身的需要。随着素质教育的大力提倡与推进，加强青少年法制教育，提高青少年法制素质已成为全社会的共识，青少年学法、用法、守法的良好氛围已经初步形成。

2. 我校学生大部分具备一定的法律法规基础知识。无论是《宪法》、《道路交通安全法实施条例》，还是《未成年人保护法》的宣传普及力度，都比较大，学生均有一定程度的了解。

3. 调查显示，我校多数学生具有一定的自我防护意识，面对违法行为时能够做出较为正确的判断。

4. 在信息时代，学生获取普法知识的渠道是非常宽广的。无论是通过新闻媒体，还是家庭教育，抑或社区、村社宣传，学生从中都可获取一定的普法知识。但学校依然是我校学生接受法制教育的主要渠道，对普法起着关键作用。

二、我校中学生法律素质的特点

1. 由于初中、高中开设有政治方面的课程，我校中学生具有较强的宪法意识，而对刑法、民法、道路交通法的认识比较薄弱。

2. 我校中学生接受当前的法制教育，所获得的主要是一些概念性的认识和理解，以教师传授为主，学生几乎很少参与法律实践活动，不具备用法律知识分析具体问题的能力，特别是初中生。

3. 我校中学生的法律知识体系没有雏形，凌乱无章。

4. 由于我校是高级完全中学，初中生和高中生的知识层次、理解能力均有差异，学生法律素质整体水平分布不均衡。我校学生进行法制教育应分层次、分梯度进行，实施分层教学，区别对待。

三、我校法制教育存在的问题和不足

根据上级相关部门的要求，我校的法制教育工作扎实开展，通过法制讲座、法律宣传、课堂教学等方式，已取得了一定的成绩。但我们也清醒地认识到，我校的法制教育还存在着许多问题，亟待解决。

1. 我校学生大部分来自农村家庭，家长对法律知识都不是很了解，家庭法制教育显得过于弱化。留守儿童和离异家庭孩子他们更需要关怀和帮助。

2. 我国社会法制教育尚未形成完善的体系，法制教育没有以序列化形式开展。

3. 我校学生法制教育形式仍然过于单一，教育方式方法缺乏多样化，让学生感觉枯燥无味。学校的法制教育往往局限于课堂教学、专题讲座、典型案例分析等等，且教学方法简单，缺乏法律实践活动，激发不了学生的热情，致使法制教育的实效性不高。

4. 家庭、社会、学校三者没有统一协调，相互配合，没有形成合力，相互之间的沟通不是很协调默契，没有呈现齐抓共管的局面。

四、我校法制教育的实践与探索

1. 狠抓学校法制教育主阵地建设，拓宽法制教育主渠道

(1)结合学校发展的实际情况，提高我校法制教育的地位，强调法制教育的重要性。根据具体情况，将法制教育纳入德育序列化中，有计划、有步骤地开展，从初一至高三开展不同层次要求的法制教育内容。

在提升学校硬件的同时，也要提高软实力，即提高教师法律素养。我校专门聘请律师作为法律顾问，在法制副校长的领导下为教师普及基本法律

法规，提高相关知识水平。

(2)充分挖掘学校或周边教育资源，拓宽法制教育途径，开展多种形式的法制教育，增强学生的学习热情。根据中学生的心理和生理特点，开展形式多样的活动和比赛，开展模拟法庭，到律师事务所、少管所、新农村建设村庄等场所参观学习，让法律知识进入学生的头脑中，激发学生的兴趣，提高法制教育的实践性。

学校要在法制宣传栏、专题讲座等法制教育阵地营造法律氛围，落实好学校的规章制度，增强法制观念，做到依法治校。

根据学校发展目标和学生实际特点，组织教师编写不同层次的校本课程以适应不同年级学生的需要。

2. 通过各种与家长接触的机会，引导家长加强家庭法制教育

(1)通过家长会、家校通、家访等形式对家长进行“再教育”，引导家长在家庭中营造良好的氛围，做好孩子的示范，提高法律意识，转变家长教育观念。

(2)成立家长委员会，让家长与家长相互交流、共同提高，引导家长树立起法制教育的责任心，切实履行好监护职责，认真承担起法制教育的义务，使法制教育成为学校、家长之间交流的良好纽带。

(3)学校布置有效的家庭法制教育作业，切实加强中学生家庭法制教育。

3. 积极寻求政府、当地社区和村社协助合作，通过社区服务、党员活动服务等方式宣传法律法规，加强家长法律常识培训、宣讲，于潜移默化中提高孩子的法律意识。

综上所述，中学生的法制教育要从源头上抓起，家庭和学校积极配合，做好梯度、层次的安排，切实有效地提高法制教育的实效性。当然，社会也要关注法制教育。学校做好法制教育，不仅可以提高青少年自身素质，确保青少年健康成长，也能为大学、社会输送合格的人才，同时也是实现伟大中国梦的需要。

创设生命教育特色的校园文化

——生命教育与校园文化的研究与实践

李媛明　张建设　李阜生　曹亮

学校简介：安徽省阜阳商业学校创办于1982年，是一所财经类全日制中专学校，2006年被国家教育部认定为国家级重点中等职业学校，是一所文化底蕴深厚、办学特色鲜明的中等职业学校。学校在校全日制学生2200余人，现有专任教师130人，高级讲师占教师总数的35%，讲师占教师总数的50%。学校实训中心设有涵盖各个专业的8个实训室、5个实训车间及2个实训工厂，保证了学生实习实训的需要。学校积极推行校企合作、订单培养等办学模式，现已建立了以苏、浙、沪、京、鲁、皖六大稳定的就业实习基地为中心，辐射全国的就业实习网络。

校长简介：杜明，男，54岁，大学学历，高级讲师，安徽省教育教学督导。杜明同志从事中等职业教育20多年来，兢兢业业，成绩突出，特别是2006年担任安徽省阜阳商业学校校长以来，强化学校管理，狠抓教育教学质量，以专业建设为龙头，加强师资队伍建设，勤俭节约，不断加强基础能力建设，使得办学条件得到了极大改善，教育教学质量不断提高，办学规模不断扩大，学校面貌焕然一新，为学校的建设与发展做出了突出贡献，是一名开拓创新、务实有作为的好校长。

近几年来，安徽省阜阳商业学校在市场经济激烈竞争的环境中，勇于开拓进取，大胆创新，办学实力迅速提升，学校声誉与日俱增。

一、以质量立校、特色强校的办学理念引领学校发展

学校积极实施科学发展、质量立校、人才兴校和特色强校战略，以工、学结合为基础，走产、学结合的改革发展之路，创新办学体制机制，改革人才培养模式。进一步明确了办学定位：以中职学历教育为主体，大力开展成人教

育和职业培训，以培养高素质技能型专门人才为目标，以财会、市场营销、电子商务、酒店管理四个专业为重点，突出商业特色，立足本地，面向行业，把学校建设成为特色鲜明、质量上乘、同行领先、社会满意、皖西北一流的国家级重点中等职业学校。

二、以就业为导向，大胆创新职业教育新模式

学校坚持"学为就业"，根据岗位群的需求特点，突出以能力为本位，以实用为目的的教学思想，以培养"素质高、技能强、能创业、可发展"的合格人才为目标，构建了教学、育人、实习、就业"四位一体"的教育机制和融"素质、知识、技能"为一体的教育教学体系，突出以诚信、敬业为重点的职业道德教育，全面提高学生的综合素质和就业竞争力。学校现已建立了以苏、浙、沪、京、鲁、皖六大稳定的就业实习基地为中心，辐射全国的就业实习网络，学生就业率为100%，就业满意度达90%以上，为社会培养了大批优秀专业人才，有力地促进了社会经济的发展。

三、创设以生命教育为特色的校园文化，开创素质教育新途径

创设以生命教育为特色的校园文化，生命教育研究与实践于2011年3月作为校级教研课题立项并开始了试点探索工作，2011年6月被正式批准为教育部人文社会研究项目子课题，至此，生命教育的研究与实践在学校全面展开。

1. 中职学校开展生命教育的必要性与重要意义

著名教育家陶行知曾说过："千教万教教人求真，千学万学学做真人。"学校是教书育人的地方，是学生成长的重要环境。生命化教育就是要对每个孩子多一份真爱、一份关注、一份尊重、一份赏识、一份等待、一份宽容，它努力培植的是对生命的敏感，关注所有生命的价值，肯定所有生命的意义。在越来越关注生命的今天，人本思潮使人们对生命的重视达到了新的高度。校园文化有着无形的教育力量——随风潜入夜，润物细无声。校园文化建设在生命化教育理念下显得更加光鲜，富有活力。

2. 我校开展生命教育研究的主要目标

从生命教育的研究来看，目前在高校、中小学中，生命教育已在开展，且

已取得一定进展。但生命教育在中职学校,以课题的形式进行专业研究,确实很少。我校把生命教育作为学校文化建设来推进,从物质载体、精神载体和人文载体三方面构建以生命教育为特色的校园文化。让学生在实践中了解生命的起源,掌握一些生命知识,体验到生命的意义,理解生命的尊严,从而形成正确的生命态度与生命意识。

3. 我校开展生命教育研究与实践的基本方法

我校开展生命教育的主要方法可以概括为构建"三位一体"的生命教育特色的校园文化。"一位"为物质载体——学校的环境建设。我们常常说环境造就人,孟母三迁就是一个很好的证明。苏霍姆林斯基曾经说:"无论是种植花草树木,还是悬挂图片标语,或是利用墙报,我们都将从审美的高度深入规划,以便挖掘其潜移默化的育人功能,并最终连学校的墙壁也在说话。"校园是学生学习、生活、交际的主要场所,是老师授业、育人的阵地,是师生情感交流的地方。整洁、亮丽、温馨的校园环境可以陶冶情操,给人以启迪。"二位"为精神载体——显性课堂、隐性课堂。按照现有的教学管理制度来改革专业教学组织形式,通过有目的、有计划的教育活动,对个体生命从出生到死亡的整个过程进行完整性、人文性的生命意识的培养,引导学生认识生命的意义,追求生命的价值,活出生命的意蕴,绽放生命的光彩,实现生命的辉煌。"三位"为人文载体——通过生活实践将生命教育转化为师生的情感和意志,体现现代教育的伦理价值,将精神文化视为人的一种内在生活形式。一体——即把生命教育作为学校文化建设来推进,通过生命教育把生命文化不断内化为师生的主体文化,转化为以个人为载体的精神文化,然后再外化为新的客体——学校文化。

4. 我校目前生命教育研究与实践成效

(1)生命教育的实践提高了学生整体素质

自开展生命主题教育以来,课题组通过多种教育形式,让学生认识生命的存在,引导其感悟生命的美好、意义和价值,从而树立积极的人生观。学生的生命保护意识显著提高,加深了对生命可贵性的认识;对潜在危险的敏感性提高;防范意识增强等。

(2)提高了参研教师的专业发展水平和教改科研能力

两年来,课题组成员求真务实开展研究工作,做了大量的工作,在这个过程中，教师得到成长。①教师的责任心增强，教学理念发生转变。教师们将生命融入教育，视教育为自己的事业，教师的职业幸福感不断提升，教师们更爱自己的职业，更爱自己的学生，更愿意站在学生的立场理解学生，宽容学生。②提高了参研教师的专业发展水平和教改科研能力。教师们能够对生命教育的相关内容进行开发、利用、重组，开发、编写生命教育校本教材，丰富了生命教育的内容和形式，拓宽了生命教育的范围，掌握了更多进行生命教育的方法，课堂教学更有针对性，使生命教育真正“走进学校”、“融入课堂”，提高了学生的生命意识。一篇篇关于生命教育的优质论文形成了课题组的优秀论文集。两年来，学校新增市级骨干教师 5 人，省级名校长 1 人，省级中职教坛之星 2 人，省级德育先进个人 2 人。教师们在全国、省、市各级各类论文、课堂教学竞赛活动中成绩斐然，共计 21 人次获奖。

(3)凸现了学校的办学特色，提高了学校的社会声誉

在课题组的努力下，学校形成了以创设生命教育为特色的校园文化，形成了“对生命的尊重，对成长的关怀”这一新的办学理念。同时，学校把“生命教育”纳入了办学评价的创新工作中予以落实，在这种校园文化的渲染下，学校如一个温馨的大家庭，人与人之间和谐相处，学生们学会了珍爱生命、关爱生命。“生命教育”为健全学生人生观和价值观提供了坚强的教育支撑。

晋中职业技术学院“三育人”生命教育巡礼

程太生　张曙光　赵成蓉　张克巍　吴伟　王长青　郭旭霞　李景平

学校简介：晋中职业技术学院是一所经山西省人民政府批准，教育部备案的公办全日制普通高职院校。2008 年我校在全省率先通过教育部人才培

养工作新方案试点评估;2011年被评为“省级示范高职建设院校”、“山西省高职院校人才培养工作先进单位”。我校是山西省五一劳动奖章获得者、山西省公众满意办学单位、山西省园林单位。学院团委获得“全国五四红旗团委”荣誉称号,学院食堂是山西省高校标准化食堂,学生宿舍是省级标准化宿舍。

校长简介:程太生,博士,教授。全国劳动模范、享受国务院特殊津贴专家、中国高等教育学会专家委员、山西省委联系的高级专家、山西省高等职业院校评估专家、山西省高校设置评议委员会成员、山西省特级劳模、山西省五一劳动奖章获得者。程太生教授以高职大学生素质教育研究为重点,开展了一系列符合高职院校学生特点的素质教育研究。他出版了《高职大学生社会主义核心价值体系教育研究》和《学校管理》两本独著,主编和参编了《就业指导与创业教育》、《马克思主义基本原理》等多本教材,在《高等教育研究》、《中国高等教育》、《理论月刊》、《职教论坛》、《教育理论与实践》等国家级、省级刊物上,发表了《试论胜任特征理论模型对高职院校心理素质教育的启示》、《社会主义核心价值体系教学实效性研究》、《高校思想政治教育的四个关系及其教育学反思》等十余篇学术论文。其中,《社会主义核心价值体系教学实效性研究》荣获2012年度山西省优秀思想政治工作研究成果一等奖。此外,他还主持了中国教育学会“十一五”规划重点课题“职校素质教育研究及评价”课题开发,该课题被中国教育学会评为“优秀科研成果一等奖”。他主持的“校地共建‘产学结合、富民育人’核桃示范性实训基地的创新与实践”课题研究被省人民政府评为山西省优秀教学成果一等奖。

与普通本科院校大学生相比,高职大学生大都基础知识较差,行为习惯不太良好;尤其是那些录取分数较低的学生,缺乏进取意识和规划意识。高职大学生的管理问题已经引起相关人士的重视。可以预见,如果缺乏严格有效的管理,高职学校起码的教学秩序的维持和行为习惯的养成都将存在很大的问题。不容否认,迟到早退、酗酒抽烟、沉迷网络、自伤伤人、消极堕落等负面问题在高职院校中普遍存在。引导高职大学生积极思考生命的意义、生命的价值、生命的归属等问题,解决高职大学生教育管理方面的难题和困惑,是学院的当务之急。应试教育的失败者急需重拾信心,反思自己的学习生活。如果我们老师只是不断地教给他们学习方法和自修方法,恐怕不能解决根本问题。生命教育提供了解决这个问题的崭新视角。从生命教育的高度对他们进行系统地引导和教育,使他们重新认识自己的遭遇,重新思考自己的人生,重新规划自己的未来,重新估量自己的价值,是非常必要的。只要方法奏效,就一定能够收到很好的教育管理效果。“当头棒喝”、“向死而生”,或许是高职大学生教育管理中一条可能的出路。

晋中职院自建院之日起就高度重视高职大学生生命教育工作,把生命教育贯穿于教学、管理、服务等环节中,成立了党政主要领导任双组长的领导机构,从教书育人、管理育人、服务育人三个方面着手开展生命教育,全程全面抓全体全人教育;全面构建起了“党政负总责、心理课程抓主线、学生管理抓贯彻、咨询中心搞服务”的生命教育责任体系。

一、教学科研中的生命教育

从制度、队伍、经费、形式等方面不断优化心理课的育人成效。学院在心理课教学时数的安排上坚持不折不扣,排足课时。多年来,我们没有克扣心理课的课时,完全做到了应开尽开。学院以教研组为单位,采取“比、学、赶、帮、超”等形式强化心理课教师队伍的素质和水平,集体备课,集体听课,集体评课,“引进来”与“走出去”相结合,参观、访问、交流,强化心理教师的业务水平。

根据高职学生特点,我们构建了心理健康教育课、哲学与人生课、职业生涯规划课等课程体系,支撑生命教育课的课程建设。张曙光博士从社会心理学的角度研究高职大学生的群体特征并着手生命教育资源库建设;赵成蓉老师多年来一直探索大学生心理健康课程的开发与建构,整合传统普通心理学资源并初步拟定校本教材框架;魏丽萍老师则注重教学案例资源的整合和研究;吴伟老师从柏格森生命哲学中不断汲取生命教育的思想资源;张克巍老师从萨特存在主义哲学中不断丰富生命教育的理论内涵;郭旭霞老师则在心理数据统计研究和教学组织方面不断深入、创新;王长青老师在吸收台湾生命教育成功做法方面做了大量的工作。

在课堂教学中，我们高度重视学生的参与。我们坚持以建构主义教学观为指导思想。我们认为，学习心理学知识尤其生命教育知识，是学习者的一种自主建构，教师的作用只是帮助学生澄清困惑，化解心结，疏通阻碍。生命教育的知识不是需要学生死记硬背的知识，而是能够随时随机内化的思想文化养料。教师的作用不仅仅是提供知识，更重要的工作是解疑释惑，催化、点拨、升华、助产。正是本着这样的教学观，我们创造了一系列形式多样的第二课堂拓展活动。

管理规范中的生命教育。在管理中注入生命教育的内容，不仅是管理的需要，更是促进学生成长成才的需要。我校高度重视生命教育工作和心理健康工作，学生始终处在学院生命教育领导组的关怀下。我们建立了"生命教育四级网络"（学院心理健康教育中心—系部心理辅导站—班级心理委员—公寓管理老师）。我们把生命教育的内容精心制作成主题班会会案，用于班主任开展主题班会使用。我们十分注重生涯导向的生命教育，在大一阶段从适应、吃苦、转变、轨迹等方面开展教育管理；在大二阶段从技能立身、人生价值观、竞争意识等方面开展生命教育；在大三阶段从适应社会、改变环境、自助助人等方面开展教育管理和生命教育。我们每年 10 月份都要对新生进行心理普测（问卷、网测）和干预工作。

诸如"过去的经历与如今的觉悟"、"感恩"、"善待生命"、"重拾自信"、"拒毒防艾"、"安全你我他"、"生与死"等主题班会收到了十分显著的育人效果，涌现出了像张志国、杜怀渊、李景平等一批在生命教育方面卓有建树的班主任和辅导员。学院先后就马加爵事件、伤熊事件、小悦悦事件开展座谈会，探讨生命教育的深层次内容。学院心理咨询中心对系部辅导员和各班班主任进行"生命教育与自杀预防"的知识培训，在班级中开展"珍爱生命，悦纳自我"生命教育团体心理辅导，开展生命教育问卷调查，在各公寓专门开辟会谈室开展"尊重生命、善待生命"主题大讨论等等。

三、宣传服务中的生命教育

学院心理健康教育中心和院团委统筹生命教育宣传服务工作。在校园网《东方红》开辟专栏宣传生命教育，开展"生命意识调查问卷"分析学生心态，积极引导学生。根据调查问卷反映出来的问题，系统地运用心理咨询、团体辅导、心理素质拓展训练、心理电影、心理剧、心理压力宣泄等形式开展生命教育活动。每年5月最后一周是我院的“5·25大学生心理健康教育宣传周”，每年的这个时候，我们都举行盛大的心理健康教育宣传活动。

我们给在校生制作了“大学生素质拓展证”，鼓励学生参与素质拓展活动，在每年春秋两季各举办两次大型素质拓展活动。如2013年春季，举办以“凝聚团队，突破自我”为主题的素质拓展活动，秋季举办以“有缘相识，快乐你我他”的大型相识团体辅导活动。自我潜能发现、团队信任合作、逆境自救脱险、人生积极进取等单元，极大地提高了学生的心理素质、职业素养，塑造了学生积极向上的生命意识。

在与参演学生和观众的交谈中，大家普遍认为校园心理剧有以下作用：①通过创作剧本，能了解大学生亟待解决的心理问题。②通过扮演其中角色，能促使学生合理地宣泄情绪，有效地提高学生的自信心，帮助高职学生提升自我表达能力，充分激发高职学生的想象力和创造力，并提高学生的人际交往能力。③学生在轻松愉快的气氛于潜移默化中学到解决问题的办法，培养、提高了个人的洞察力，实现自我整合与和谐人际关系的建立等。由首次上演到受到众多师生、专家的广泛关注，这标志着校园心理剧教育已成为我院开展生命教育的一种有效方法。

“生命教育与学校文化的研究与实践”课题研究成果

——生命教育校本教材《生命的成长》成果介绍

陕西省靖边中学生命教育课题组

学校简介:靖边中学坐落于毛乌素沙漠南部边缘,是一所省级重点高级中学,目前三个年级有66个教学班,4048名学生,现有教职员工317人,专任教师276人,特级教师2人,高级教师60人,研究生26人,专任教师的学历达标率为100%。学校始终以服务学生为导向,坚持“育人为本、德育为先、尊重个性、多元发展、培养创新精神、提高实践能力”的办学宗旨,坚持特色办学、内涵发展的办学方向,使各项工作呈现出良好的发展态势。学校依据立人教育的四大支柱,把德育放在工作的首位,德育工作紧紧围绕学校文化建设的主题,依照“一中心、二辅助、四支撑”的模式实现全员育人、管理育人、文化育人、环境育人。学校始终本着深远、宽泛、厚实的教学质量观和深远、宽泛、多元的人才培养价值观,稳步提高人才培养质量。学校高度重视教科研工作,把握教育规律,提高教学效率,近年来承担国家级、省级、市级各类课题15项,总经费60多万元,近三年在市级以上刊物发表论文408篇,获奖155篇。学校注重文化建设,确定文化建设、思想道德建设、民族文化基础建设的主题,即以传统文化为主线、儒家思想为核心、现代主流文化为拓展空间、社会主义核心价值观为重心的学校文化发展思路,把文化建设分成思想文化、行为文化、组织文化、校园文化四个部分并加以实施。学校连续多年被地方政府评为先进单位,2004年被省教育厅评为“陕西省重点中学”,2007年被陕西省委评为“文明校园”,2008年被中国教育决策中心评为“中国名校”,2010年被全国学校文化与特色建设研究总课题组评为“重点实验学校”,2011年被西北大学确定为“优质生源基地”,2012年被北师大确定为“生命教育实验学校”,2013年被全国中学教育科研联合体评为“全国中学办学最具成长力学校”。学校将立足本地,不断提高教育教学质量,优化教师结构,加大学校内涵发展力度,进一步提升办学水平,努力把学校建成省内具有一定影响力的示范高中。

校长简介：郝学利同志于1981年参加工作，任校长职务19年，现任陕西省榆林市靖边中学校长，兼任靖边县教育局副局长。他在从政上一身正气，清正廉洁；学习上，刻苦钻研，永不知足；工作上勤奋敬业，恪尽职守。在学校文化建设中他注重与儒家文化结合，并首开榆林市高效课堂教学改革先河，积极探索、开拓进取。他的格言是：学校文化是学校的灵魂，是发展重心，是核心竞争力；学校发展的最高境界是文化引领；要坚持“以传统文化为主线，以儒家文化为核心，以现代社会主流文化为拓展空间”的原则，着力打造具有靖边中学特色的校园文化。

一、教材编制的背景

近年来，乘着西部大开发的浩荡东风，我县凭借天然气、石油等资源优势，经济发展迅猛，城镇化步伐加快，各项事业取得长足发展。相比之下，社会建设和文化建设滞后于经济的发展，某些社会问题逐渐凸显出来，引起了各界的广泛关注。全县上下更加重视教育的发展，政府逐年加大了对教育的投入力度，县域内的各级各类学校在基础设施建设方面都较为齐全完善，但遗憾的是学校文化建设相对滞后，出现了所谓的“硬件很硬，软件很软”的不平衡现象。尽管教育行政部门对学校安全工作格外重视，并在制度的建立和健全方面下了很大功夫，但是总会有些安全事故突然降临在学生身上，让人扼腕叹息。

我们不断思考着，探索着，尝试着从教育层面寻找突破口，以期解决此类问题。2011年，我们看到了生命教育的相关讯息，国内首家生命教育研究中心由北京师范大学肖川教授发起并于2010年4月成立，该中心承接了教育部规划课题“新形势下生命教育的理论与实践探索”的研究任务，让正处于迷茫中的我们看到了解决问题的希望。此后，我校的课题研究开始关注生命教育，我们组织部分老师开始学习关于生命教育的理论。我们了解到生命教育是20世纪60年代美国作为解决社会中吸毒、自杀、青少年犯罪、性危机等问题的应对措施而出现的。人的生命问题日益增多和严重是生命教育出现的基本背景。人们试图通过生命教育来唤起人对生命的热爱，消除对生命的威胁，化解生命的困境，提高生命的质量。这股新的教育思潮迅速蔓延全球，影响深远。我国国内开始关注生命教育是在20世纪90年代初期，著名教育家叶澜教授发文倡导——“让课堂焕发出生命活力”、“把精神发展的主动权还给学生”，她的系列论述揭开了当代教育关注学生的生命意识、生命尊严、生命价值、生命诉求的序幕。此后，国内众多学者以及辽宁、上海、湖南、江苏、云南等地开始了对生命教育的理论研究和实践探索并且取得了良好的教育效果。我校于2011年年底加入北京师范大学生命教育研究中心总课题组并成为生命教育实验学校，承接了“生命教育与学校文化的研究与实践”的子课题，由此掀开了我校课题研究与学校文化建设的又一片新天地。

二、教材编制的基础

我们在课题研究的过程中，将教、学、研三者融为一体，取得了较好的实验效果。教，就是课题组指导各学科老师在课堂教学中要渗透生命教育的理念，注重学生个性发展、自主发展、和谐发展和可持续发展，以弥补现行教育中偏重理性教育，忽视人文教育的不足。学，就是要求全体老师学习生命教育的理论，领会生命教育的真谛。为此，我校邀请了北京师范大学生命教育研究中心主任、博士生导师肖川教授对全体老师作了生命教育讲座，课题组老师外出培训，多次参加总课题组举办的各类教研活动。研，就是我们更加注重探索符合我校具体实际的生命教育的教法学法。为此，我们组织了多次主题讲座、手抄报评比、心理访谈，开设了国学教育课、公民意识教育课和中学生职业生涯规划课。在这些教研活动的举办过程中，我们看到了生命教育给予学生的精神滋养，体会到了“鸢飞鱼跃，道无不在”的生命顿悟与喜悦。在这一过程中，我们思考着，行走着，酝酿着……

三、教材内容简介

课题组老师历时两年编制出了我校的生命教育校本教材《生命的成长》。本书分为七章，第一章“生命的孕育”；第二章“生命的成长”；第三章“生命的寓所”；第四章“生命的价值”；第五章“生命的境界”；第六章“生命的谢幕”;第七章“生命的延续”。分别从生命教育的七个主要方面解读生命现象,阐释生命本质。《生命的成长》校本教材针对当前中学生生命状况中存在的现实问题,设置了相关的思考问题和可读性较强的材料,以此激发学生对自身生命现状的感悟与思考,引导学生逐渐树立科学的生命观,正确的世界观、人生观和价值观。第七章“生命的延续”中,把家庭教育作为生命教育的系列主题之一,旨在弥补学校教育和社会教育中孩子家庭教育的空白,因为孩子将来也会为人父或者为人母,他们的确需要有这样的教育。人是一种文化的存在,教育过程是一种历史文化形成的过程,也就是将个体主观世界引向博大的客观文化世界、培养完整人格的过程。

这几年,我校正在着力进行“以优秀传统文化为主线,以儒家文化为核心,以现代社会主流文化为空间”的校园文化建设,本书是我们学校文化建设的重要成果,她承载了靖中人追求卓越的教育理想,虽然她可能还不成熟,但她正走在成长的路上。

学校法制教育研究与实践

赵真真　李庆华　祝彩霞　孟海岭　张春香

学校简介:菏泽学院郓城教师教育学院的前身是山东省郓城师范学校。1994 年 6 月建成省级标准化学校,1999 年 12 月成为“山东省规范化师范学校”,2000 年 7 月学校开始招收两年制大专班学生。2002 年 8 月起,开始招收“三二连读”专科生和三年制普通中专生。2005 年 7 月在郓城师范学校的基础上组建了菏泽第二职业中等专业学校,开始招收中职生。2010 年 5 月,学校更名为山东省郓城幼儿师范学校。2011 年 5 月并入菏泽学院。60 多年来,学校为菏泽市及周边地市的基础教育培养了 3 万余名毕业生。学校位于郓城县城东门街南段9号，占地面积61869.76平方米，建筑面积41056.85平方米，现有固定资产5284.73万元，馆藏纸质图书9万余册，电子图书35万余册。现有教职工编制计划155人，实有在编教职工130人。其中，专业教师109人，管理员4人，工人17人。109名专业教师中，有副高级职称的50人、中级职称的41人、初级职称的8人；有硕士研究生17人、在读4人，本科生76人，专科生12人。17名工人中，有高级工12人、中级工4人、初级工1人。离退休人员55人。到目前为止在校学生数总计3671人。其中，五年制大专学生1491人，三年制幼师1452人，普通中专728人。学校先后被授予“全国教育信息化先进单位”、“国家‘十一五’职业教育课题实验先进单位”、“山东省规范化师范学校”、“山东省重点中等职业学校”、“山东省教职工住房先进单位”、“山东省档案管理先进单位”、“菏泽市精神文明先进单位”、“菏泽市教学管理先进单位”、“菏泽市重点中等职业学校”等荣誉称号。2003～2012年连续10年被市政府评为“全市中专改革先进学校”。

校长简介：张景玉，男，汉族，大学本科学历，高级讲师，特级教师，市拔尖人才，全国模范教师，1963年生，郓城县黄安镇人，现年51岁。1982年加入中国共产党，现任郓城师范学校副书记、副校长、党委委员。张景玉同志在分管学生科期间，出色地完成了学校交给的各项任务。从1998年起，随着国家招生就业政策的调整，学校所招学生的质量、素质都发生了明显变化。张景玉同志针对学生实际情况，提出了一系列新的管理办法和措施，在狠抓“两操”的同时，开展了丰富多彩的课余活动，使学生在活动中得到锻炼、成长。在学生宿舍内务管理方面，张景玉同志创造性地提出了建设人文宿舍的要求和措施，建成了一批精品宿舍，多次受到上级教育主管部门的赞扬。针对一些难于管理的学生，学生科结合保卫科，一方面用严格细密的制度进行管理，另一方面，又采取温暖学生身心的措施感化、说服这类学生，使其向好的方面转化。在张景玉同志的指导下，学校形成了纪律严明、操守健康、活泼向上的风气。

一、在教学管理工作中，时刻注意教师教学观念的更新

在科学发展观的指导下，树立起科学的教学观、教师观、学生观、管理

观。在狠抓师资队伍建设的同时，注重培养德艺双馨的人民优秀教师。在管理中，确保了教学管理的规范化、制度化、科学化。在教学中，注重把原有的素质观引向深入，在教师、学生的心中树立起深深的合作教学的新理念。视学生为教学的主体，让学生在与教师的合作学习中，掌握知识，发展能力，开发智力。在课程改革中，积极引导教师参与课改调研，力求把教师培养成一个个研究型教师，以提高其教学素质。学校的教学水平、教学质量和教学效果在全省同类学校中名列前茅，多次受到上级领导的充分肯定与表彰。

在教学中，倡导创新精神，能够做到既教书又育人；传授知识到位，讲解精辟，重点突出；始终坚持以学生为主体，以教师为主导，以培养学生的能力为主线，引导学生探究问题，培养学生的创新精神。

二、重点抓科研

一分耕耘，一分收获。在教学中，我校取得了一系列成绩。2009 年 9 月，在山东省"十一五"教育技术重点课题中我校承担研究的"普通高中信息化教学模式研究"课题荣获研究成果二等奖，2013 年 3 月在山东省中小学网络课程资源开发与应用研究课题中我校承担的"三年级上册分数的简单运算"课题荣获二等奖。

我校的张景玉同志把多年来积累的教学经验，写成了一篇篇文章。近年来先后撰写发表的论文、论著有：2010 年 4 月任新编高中同步《导学教程》（化学卷）副主编（济南出版社）；2010 年 5 月，氢气实验装置获国家实用新型专利（专利号：ZL 2009 2 0029724. 3）（国家知识产权局）；2010 年 12 月，论文《化学教学中的自主学习》在山东省师范学校化学学科论文评选中荣获一等奖；2011 年 4 月，化学实验用三脚架获国家实用新型专利（专利号：ZL 2010 2 0501830. X）（国家知识产权局）。

三、以生命教育为德育重头戏，开创素质教育新途径

1. 中职学校开展生命教育的必要性与重要意义

生命教育就是帮助学生认识生命，尊重生命，珍爱生命，促进学生主动、积极、健康地发展生命，提升生命质量，实现生命意义和价值的教育。通过

生命教育,使学生认识人类自然生命、精神生命和社会生命的存在和发展规律,认识个体自我生命和他人生命的意义与价值,认识到生老病死过程,认识自然界其他物种的生命存在和发展规律,最终树立正确的生命观,学生要以个体的生命为着眼点,在与自我、他人、自然建立和谐关系的过程中,促进生命的和谐发展。

2. 我校开展生命教育研究的主要目标

我校生命教育正在沿着教育者和受教育者两条线展开,对学生实施生命教育的研究和探索,其研究的目标主要有三个方面:一是研究学校生命教育的途径和方法,逐步完善教育的方法和途径,使生命教育工作成为学校规范化、制度化的常态工作。二是通过多种形式的教育实践活动,唤醒学生的"生命"意识并养成良好的行为与生活习惯。三是构建一支具有较强的生命教育教学能力的师资队伍。

3. 我校开展生命教育研究与实践的基本方法

学校配备专门的心理咨询室,有专门的心理辅导老师。在大多数学生的心里,走入心理咨询室的学生是不正常的,跟一般的精神病患者相似。所以,即便学生想去咨询,也会因为畏惧人言而放弃。

挫折教育是学生的必修课,这一时期的学生心理脆弱,心理承受能力差。我们不得不承认,曾经备受老师批评、惩罚的同学,抗打击能力比一般同学要强。我认为在教育教学工作中毫无批评、惩罚是不可取的,适当的反面教育是应该的。古人说的"严师出高徒",是有一定道理的。没有经历风雨的花朵,一旦风雨来临,便将彻底毁灭。学生老是在夸赞声中成长,在顺风顺水的环境中生活,那将成为温室里的花朵,脆弱无比。

4. 我校目前生命教育研究与实践的成效

通过近一个学期的研究与实践,我校生命教育研究与实践取得了明显成效:生命教育研究与实践在各班级中开展且效果良好。一个学期以来,三千多名学生没有发生一起群体打架斗殴事件和其他意外伤害事件,抽烟酗酒、逃夜上网的学生少了,热爱学校、热爱班级、热爱老师、相互帮助、相互关爱的现象多了,热爱生活、珍惜生命的意识强了,生命教育的效果是比较明显的。

菏泽学院郓城教师教育学院将不负党和人民的重托，在祖国师范教育的园地里辛勤耕耘，为党的教育事业贡献自己的一份力量。

生命教育——学生德育教育的研究与实践

——易门一中德育工作研究与实践

武继魁　赖映川　张正清　林云志

学校简介：易门一中创办于1939年，具有“爱党、爱国、刻苦、求实、奋进”的光荣校史，是一所具有75年办学历史的地方名校。1993年，学校成为云南省首批确定的二级二等完全中学之一，1997年晋升为二级一等完全中学，2007年晋升为云南省一级三等高中，跨入了云南省优质高中行列。现在，学校占地面积142.132亩，共有43个教学班，2287名学生（含高职大），179名教职工。其中，专业技术人员162人，工人17人。专业技术人员中，教师职务系列160人，经济员1人，水电助理工程师1人。教师系列中，有高级教师42人，一级教师57人，二级教师59人。目前，学校正在全面推进“二次创业战略”，目标是建设办学条件达标、内部管理科学、队伍素质过硬、校园文化高雅、教学质量优良、社会效益显著、办学特色明显的“县内一流、市内优秀、省内知名”的优质高级中学。

校长简介：武继魁，男，汉族，1964年生，1983年参加工作，中共党员，高级教师，云南省优秀教育工作者，现任易门一中校长、党总支书记。

教之道，德为先。我校多年来的德育工作紧紧围绕“高要求，低起点；抓过程，重细节；抓养成，重实践；求实效，创特色”的总体要求，以“为学生成人成才奠基，对学生终身发展负责”为理念，以“爱国主义、社会主义、集体主义”教育和“养成教育”为主要内容，坚持“爱无亲疏、育无高下、德无内外”的原则，坚持“学科渗透抓特点、课外活动抓重点、校园环境抓盲点、社会教育抓亮点”的工作方法，以“立体的、多维的、创生的”的形态，为学生努力营造良好的显性教育与隐性教育相结合的育人氛围，全面推进德育工作，不断深挖各种德育资源，积极构建学校、家庭、社会合作机制，拓宽德育工作的广度和深度，实现德育工作社会化、生活化、常规化、课程化，形成了“观念创新、措施创新、方法创新、内容创新、考核创新”的新局面，实现了“以德促学、以德助学、以德助教”的目标。

一、建章立制，完善德育体系

学校成立了德育工作领导小组，形成了以党支部为核心，校长全面负责，德育处主抓主管，年级组为重点，班集体为中心，政治课为主渠道，各学科教师积极参与，党团队、教职工积极配合，社会德育系统支持配合的德育网络体系。制订和完善了德育实施方案，制订了《易门一中德育工作方案》、《易门一中德育工作体系》等德育管理制度，编印了《易门一中依法治校手册——学生管理分册》，明确了每个年级和阶段的德育工作目标和任务。

二、育管兼顾，做实德育常规教育

1. 践行“三生教育”，拓展主题活动。一方面以宣传促认知，充分利用课堂、班会“三生教育”橱窗，校园广播站、网站、校报、画展、板报等多种形式，进行“三生教育”。另一方面以活动促体验，定期开展防震、灭火疏散演练，圆满地组织及开展了全校师生共同参加的云南省防灾应急“三小”工程建设示范活动。

2. 规范日常管理，做实、做细教师值周制度

每周一个值周领导，三个年级六个值周教师和两个宿舍管理员，每天对学生活动进行全程跟踪管理。值周结束，召集全校学生进行小结，周日各年级值周教师到年级班主任会上反馈班级的具体情况，班主任根据当周学生出现的问题及时召开班会，有的放矢进行思想教育。

3. 坚持“三全”、“六管”制度，深化“导师制”

为进一步强化导师责任，深化提升“导师制”，对学生科学分组，责任包

干到教师(导师),落实"六管"——管思想、管学习、管行为、管心理、管生活、管发展。对学生实行全程、全面、全员管理。每个教师都是"导师",做到了既教书又育人,真正体现和落实了"人人都是德育工作者"的教育理念,实现了德育全程化、全面化、全员化。

三、内外拓展,丰富德育渗透

1. 开展"五比五看",构建学习生活共同体

围绕班级建设"十有目标",各班级、各导师小组落实"五比五看"——比纪律,看谁班(组)守纪律情况最好;比行为,看谁班(组)文明程度最佳;比环境,看谁班(组)育人环境最优;比学习,看谁班(组)学习风气最浓;比成绩,看谁班(组)成绩上升最快。周日的班会课上,各导师小组组长向全班同学、班主任(或导师)汇报本组"五比五看"落实情况,班委会做好小组考核分数评定。现在,各导师小组学习生活实现了"日日记录,周周评比,月月表彰"。

2. 传承文明,营造德育氛围

坚持开展以爱国主义教育、社会主义核心价值观教育和民族传统教育为主旋律的系列活动。主要有元旦综合文艺晚会、"文明礼貌月"系列活动、三八妇女节活动、五四综合文艺晚会、科技艺术活动周、"十八岁成人宣誓仪式"、"摒弃陋习,走向文明"教育活动、志愿者活动、青年教师社会实践活动、七一大型歌舞晚会、教师节文艺汇演、"迎国庆"综合文艺晚会、"保护龙泉河"环保活动、体育活动周,团员意识主题教育系列活动、主题班会竞赛,学生宿舍命名及星级宿舍评比等。

3. 建设学生社团,促进学生个性发展

我校的学生社团从学校提倡至发出指导性文件《易门一中学生社团管理办法》以来,健康、积极向上的学生社团越来越多,现在各种社团有 20 多个,主要有足球、舞蹈、篮球、书法、象棋、动漫等社团。学生通过参加社团,促进了发展,张扬了个性,展示了才华,发展了特长,提升了素质。

4. 推行志愿者活动,提升学生品行

学校提出了"人人争做志愿者,事事都有志愿者"的口号,号召全校学生开展每年每人不少于 48 小时的志愿服务,学校通过招聘志愿者的形式让学

生自觉自愿参与学校的卫生保洁、班级管理，校外各类活动的服务工作。

5. 重视劳动教育，促进知行统一

我校在完成国家规定的文化课程之外，增设了劳动课，制定《易门一中劳动课实施办法》，规定高一、二年级学生每月安排劳动课半天(三课时)，高三上学期安排2～3次劳动，并纳入学生的综合素质评价和班级考核。

6. 抓好典型，充分发挥榜样作用

我校从身边事做起，加强榜样宣传，创建文明学校、文明班级、星级宿舍，评选三好学生、优秀班(团)干部、团员。以每月评选的优秀班集体、先进导师小组等为载体，充分发挥榜样示范作用，对各种活动中涌现出来的成绩突出的同学进行宣传、表彰奖励，树典型，倡正气。

四、净化校园，美化育人环境

在环境建设中坚持"三让"，即让绿色永驻、让墙壁说话、让师生在如诗如画的环境中工作和学习。使每一堵墙壁、每一块标牌、每一块绿地都成为无声的语言，师生在潜移默化中受到感染。

学校对德育工作高度重视。现在拥有2200多名学生的易门一中，学校治安环境好，校内无违法事件，无安全责任事故，发案率为零，吸毒人数为零，参加非法宗教活动人数为零，同学间团结友爱，师生间关系融洽，学校班风好，学风实，教风正，校风好，文化氛围浓，教学质量逐年提高。近几年来，高考成绩喜人，高考上线率逐年攀升，2009年高考上线率达96.13%；2010年上线率达99.5%；2011年高考上线率达99.65%；2012、2013年高考上线率达100%，实现了"以德促学，以德助教"，促进了教育教学的发展。另外，学校还保持和获得多项荣誉："省文明学校"、"省德育先进集体"、"省普及实验教学先进集体"、"云南省绿色学校"、"云南省平安学校"、"云南省园林单位"、"省健康教育先进集体"、"省企业事业单位治安保卫工作先进集体"、"玉溪市半军事化管理示范校"、"养成教育示范学校"、"禁毒防艾示范校"、"防范和处理邪教工作先进集体"等。

乘风破浪正此时，众志成城绘新篇。成绩属于过去，未来还需我们去努力创造。我们将继续高度重视学校育人育才工作，不断提高教师队伍素质，提高德育科研水平，求真务实，开拓创新，拓展德育内涵，使学校德育特色更明显，为学生的终身发展奠定良好的道德基础。

关注心灵成长　助力生命发展

——生命教育视野下学校个体心理辅导的实践与探索

龙阳艳　柳飞　陈民　陈晓铃　李秀

学校简介：四川省新津中学位于新津县五津镇武阳南路88号。学校始建于1933年，是在宋庆龄曾祖父宋灏的故居"慈善公社"基础上，通过整合两湖会馆、禹帝宫、罗河心等历史文化古迹扩建而成的。学校于2000年被评为"四川省重点中学"，2002年被评为"四川省示范性普通高中"，2006年被评为"四川省国家级示范性高中"。学校现占地面积92亩，有50个教学班，学生2782人，教职工220人。在80年办学历史中，学校逐渐形成了四大办学特色：体现教育公平的贫困助学体系；追求博采众家的开放办学模式；重在锻炼意志的国防教育；诠释教育本质的自我教育。

校长简介：万远洪，男，汉族，1966年生于四川新津，中共党员，中学化学高级教师，现任新津中学校长。1996～2004年任新津中学教导处副主任；2004～2012年任新津中学副校长，2013年任新津中学校长。在长期的教育与教学管理工作中，万校长将各种形式的德育教育渗透到教育工作的各个环节中，使学生的思想素质和公民素质得到了切实提升，为我校德育模式的构建和校园文化的建设做出了卓越贡献。

美国生命教育之父华特士说："现代的教育，多了物质、知识的追求，少了精神生活的建构。""多数成人依着传统的期待希望，训练孩子们出人头地、生活无虑，却很少教导他们成为成功的‘人’。”

生命教育的目的就在于引导孩子们成为自己，把握“积极的生命元素”——健康、快乐、自由、尊重、宽容等。个体心理辅导是与生命的直接对话——倾听生命的故事，探索心灵的成长，关注生命的发展，这是对生命的本位关注，是开展生命教育不可或缺的一部分。开展学校个体心理辅导有助于发现青少年的个体差异，促进个体的全面发展。

结合我校的实际情况，我校心理咨询中心不断探索有效的个体心理辅导技术，追踪个体心理成长变化轨迹，调查个体心理辅导效果，实现生命个体的全面发展。

一、学校个体心理辅导的原则与目的

1. 个体心理辅导原则

青少年个体心理辅导严格遵循心理咨询原则，做到尊重、真诚、理解、共情、保密等。当青少年出现严重心理危机或触犯法律情况时，列为保密范围之外，心理教师需及时与学校、班主任、家长联系，采取必要的干预和介入措施。

2. 个体心理辅导目的

当代家庭独生子女居多，青少年的成长环境比较优越，没有生存压力。在成长中，因为不缺乏什么，青少年容易走入自我中心的误圈，所以新形势下青少年心理品质的发展需要得到及时关注和引导。

心理辅导关注个体生命的当下和未来，既解决个体当下的心理困扰，同时注重心理的发展变化，有意识地培养学生健康向上的心理品质。良好的心理品质主要表现为积极的发展需要（求知欲、兴趣等）、较强的主体意识（自我教育、独立思考等意识与能力）、较好的群体意识（爱心、同情心、合作意识等）、健康的情感（真、善、美）、积极的情绪（乐观、有朝气、情绪稳定等）、良好的意志（坚毅、勇敢、自觉等）、良好的态度（认真、勤奋等）、健全的认知与实践能力（观察、记忆、思考、操作能力等）、较好的适应能力（适应、抗挫折能力等）、良好的自我意识（合理认识自己，自尊、自爱、自信等）。

二、学校个体心理辅导办法探索

1. 把握青少年的心理需要

根据马斯洛的需要层次理论，人的需要分为生理的需要、安全的需要、爱与归属的需要、尊重的需要、自我实现的需要。在个体辅导中，准确把握青少年的心理需要，有助于辅导老师与来访者建立良好的咨访关系，促进相互之间的沟通与理解，是解决心理困惑的关键。

从基本需要来看，我校学生大部分来自县城及周边，家庭条件中等的居多。针对部分贫困学生，学校提供了多类形式的资助办法，如宏志班、小平助学金等，保障每一位学生顺利上学，学生基本的物质条件、学习条件都能充分得到满足。

爱与归属的需要。青少年处于独立与依赖的矛盾时期，希望独立思考并按照自己的想法管理自己，同时又离不开父母的支持；依赖性增加，渴望同伴的接纳和认可；更喜欢平等相处的教师。

自尊的需要。青少年在成长中与人交往时会发现，自己怎么越来越“敏感、小气”？这正反映了他们对尊重的需要。

自我实现的需要。随着青少年自主能力的不断增强，他们学习、思考不再是单一地为了父母，更多的人会去思考“我的未来在哪里”、“我适合做什么”、“我离想要达到的目标还有多远”等问题，这正反映了青少年实现自我价值的需要。

2. 探索个体心理辅导有效技术

真诚是心理辅导的前提，尊重是对生命的接纳，关注是给予生命肯定的体现，理解是对生命内在的融入，共情是与生命在一起，保密是对生命的敬畏。

我校心理咨询中心条件达到了成都市心理咨询室的基本要求，在没有高端辅导工具的情况下，我们以咨询理论为舵，针对不同的问题，在实践当中不断探索简易、有效、典型的辅导技术。

心理问题分类	典型表现	辅导理论与方法	辅导操作及说明	辅导目标
学业问题	习惯差、意志品质差、自我监控不足。	合理情绪疗法	澄清并探讨学业问题根源，与不合理的认知辩驳。	养成积极的学业态度。
		行为主义理论	设定学习目标、学习计划，运用“惩罚与奖赏”、“延迟满足”法强化积极的学习行为。	形成良好的学习习惯。
人际交往	同伴交往矛盾；亲子沟通不良；师生关系对立。	人本主义	充分尊重来访者的观点，理解来访者的感受。	建立良好咨访关系。
		格式塔疗法	角色互换、情景模拟、空椅子，帮助来访者换位思考，理解他人的想法，学习新的交往模式，表达内心感受。	能够理解他人，学会合理地表达。
自我意识	自我认识不足，自卑、自负。	人本主义	充分尊重来访者的观点，理解来访者的感受。	认识自我、接纳自我。
		积极心理学	引导来访者关注生活中的积极层面，完成“积极心理成长卡”，每天发现自己、他人的优点，关注生活中美好的事情。	发展积极的心理品质，如乐观、希望。
		投射原理：欧卡牌	利用欧卡牌澄清来访者的想法，促进来访者顿悟。	澄清自我认识，建立积极的自我认识机制。
情绪问题	考试焦虑、情绪低落、嫉妒、压力、紧张等。	合理情绪疗法	认识到情绪与认知有关，找出不合理认识，与之辩驳，完成合理情绪自助表。	培养积极的认知方式。
		行为主义理论	呼吸调节法、握拳法、想象放松法。	掌控情绪。
		森田疗法	接纳负面情绪，不抵抗它的存在，与之和谐共处。	掌控情绪。
“神经症”	轻微强迫性思维，轻微强迫性行为。	森田疗法	接纳强迫性反应的存在，不抵抗它，与之和谐共处。	消除对“强迫症”的过度关注，改善心理不适。

3. 建立个体心理辅导反馈机制

为了解个体心理辅导的效果，进一步提高辅导的有效性，我校心理咨询中心把反馈机制纳入辅导方法之中。

个体心理辅导反馈流程见下图。

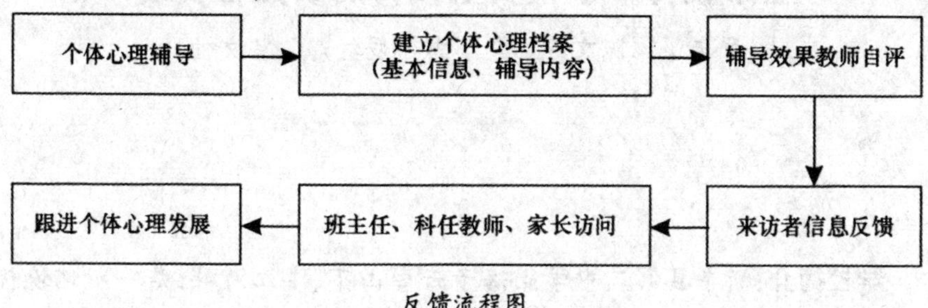

反馈流程图

反馈维度:情绪变化、认知变化、行为变化;反馈方式:观察、心理测评、报告、问卷。个体心理的变化是长期的、持续的,需要来访者在咨询后持续尝试新行为、新思维,需要心理教师长期关注,及时反馈。

三、学校个体心理辅导成效

每学期,我校心理咨询中心会接待 60 余人次个体辅导,相关统计显示,人际交往问题、学业问题占据咨询问题的 84% 以上,同时伴随着情绪、自我意识等问题。经反馈,经过个体心理辅导,90% 以上的学生情绪得到了及时抚慰,良好的反馈机制促进了个体心理的持续变化。自心理咨询中心建立以来,我校实现了校园心理危机零事故,部分出现严重心理疾病的青少年得到了及时治疗。

心理的成熟是一个缓慢而持久的过程,辅导效果的实现需要教师、家长、青少年的共同努力。我们将继续探索个体心理辅导的有效办法,让个体生命焕发光彩。

生命教育中学生安全教育的研究与实践

罗丰平　陈文婷　袁小志　罗红灯　官文仙

学校简介：新丰县第二中学坐落于云髻山下、丰江河畔，是一所环境优美的规范化学校。学校创办于1982年，原名新丰县城镇中学。1991年更名为新丰县第二中学。校园占地面积52 680平方米，现有教学班46个，在校学生2200多人，教职工185人。历经30年的风雨历程，我校在校园管理、校园建设、教学成果等方面均取得长足进步，各项教学成绩居全县前列，学校竞争力和社会声誉不断提高。2004年，学校被评为"韶关市一级学校"；2006年，学校被评为"韶关市绿色学校"；2009年，学校被授予"广东省中小学校本培训示范学校"称号；2010年，学校被评为"韶关市语言文字规范化学校"；2012年，学校被评为"韶关市德育示范学校"；2012年，学校被评为"韶关市中小学毒品预防教育示范学校"。现在，我校师生正秉承"严谨、勤奋、文明、进取"的校风，发扬"尊师、勤学、多思、求真"的学风与"爱生、善导、务实、创新"的教风，牢固树立"走进二中我是学校的主人，走出二中我是学校的形象"的思想观念，坚持"以观念的更新为着眼点，以质量求生存，以创新促发展，向管理要效益"的办学理念，朝着创建"环境一流，校风一流，管理一流，质量一流"的品牌学校的目标大步迈进。

校长简介：罗丰平，男，中学数学高级教师，本科学历，从教26年，担任校长职务16年。现担任韶关市新丰县教育工委委员、韶关市新丰县第二中学校长、新丰县数学教学研究会副会长。多年来，罗丰平同志致力于学校管理创新的研究和中学数学教学研究，有十多篇教育教学论文先后在《教育创新》、《21世纪校长》、《广东教育》、《中学数学教研》等刊物上发表。罗丰平同志以扎实的专业基础知识来提升教学质量，以前瞻性的眼光迎接新时期教育的挑战，以深厚的文化底蕴适应瞬息万变的知识时代。26年的教育生涯里，罗丰平同志一颗诚心献教育，扎根山区志不移。在1997~2008年担任乡镇中学校长的11年时间里，他一直潜心于农村中学素质教育实施与跨越式发展的创新研究，管理学校成绩显著；2008 年 8 月任新丰县第二中学校长，与教职员工团结协作共创教育大业，兴利除弊展示“领头羊”风范。5 年时间里，学校持续稳定发展，教育教学综合评估排在全县第一名；德体卫艺考核评估名列前茅；教师代表参加各种类型的学科竞赛获得县市一等奖和省二等奖的好成绩；学生参加学科竞赛荣获省市国家级奖项；九年级升中考试连续 5 年取得团体总分第一。

一、本课题研究的内容

1. 中学生安全意识及防范措施的内容、政策研究。

2. 中学生交通安全及防范措施。

3. 中学生财产安全意识及防范措施。

4. 中学网络、信息安全及防范措施。

5. 中学生应对敲诈、恐吓意识，性安全意识，及其防范措施。

6. 中学生饮食和卫生。

7. 中学生对自然灾害的应对措施。

二、课题研究具体措施

1. 切实做好学校安全教育工作。坚持把安全教育和管理工作放在首要位置，绷紧这一根弦，完善各项管理制度。定期开展手抄报、讲座、问卷调查等形式多样的安全教育，通过行之有效的管理和教育，努力营造平安的校园环境，确保学校的教育教学秩序稳定，杜绝各类安全事故发生。

要求全校教职工“随时把安全工作放在心上，挂在嘴上，抓在手上，记在工作本上”，居安思危，做到警钟长鸣，常抓不懈。

一是要抓好安全常规教育。游泳、交通、消防、用电、上课、课间活动、体育训练等安全教育常抓不懈；根据季节特点，分别对学生进行春季防流感、夏季防溺水、秋季防食物中毒的安全教育。

二是要抓好安全、法制、禁毒及心理健康主题教育。通过安全、法制及心理健康教育专题讲座，以真实的案例教育学生，积极疏导并化解学生心理上出现的各种问题；通过举办图片展，观看法制教育影片及“珍爱生命，远离

毒品”、“崇尚科学文明，反对迷信邪教”的宣传教育活动，不断提高师生辨别是非的能力。

三是要抓好网络安全教育。引导学生安全、文明、健康上网，自觉抵制腐朽、暴力、色情等不良网络文化的侵蚀，提高自身“免疫”能力。

四是要抓好学生的自防自救教育。通过开展中学生自护、自救、防灾、逃生为主题的教育活动，增强学生的防范意识与能力，掌握遇到危险时自护、自救、逃生和报警的基本方法。

五是要抓好“行为不良”学生帮扶教育。问题学生转化工作做到有计划，有措施，勤总结，重在落实，班主任要填写好问题学生档案。教师要耐心细致地做好后进生的思想教育工作，做到不讲过头话，少批评、多鼓励，少指责、多帮助。对已经受过处分的学生，学校要建档立卡，密切关注其思想动向和表现，老师要经常与问题学生家长互通情况，采取学校、家庭、社会共同教育的办法，做好帮扶教育工作。通过落实和完善各种规章制度，进行严格的系统管理。

2. 充分利用国旗下讲话、学生集会、班队活动时间进行安全意识教育。认真上好每学期的“开学第一课”，围绕结核病日（3 月 24 日）、中小学安全教育日（3 月 31 日）、爱眼日（6 月 6 日）、国际禁毒日（6 月 26 日）、爱牙日（9 月 20 日）、防艾滋病日（12 月 1 日），开展多种形式的宣传教育。

3. 加强课间巡视，发现安全隐患时及时加以解决。班主任每月要对本班的安全设施进行检查，确保师生安全。

4. 坚持对学生的正面教育，保护学生自尊心，做好对学生的心理辅导，上好青春期教育课。

（1）重视学生心理健康教育，提高学生心理素质，启动心理健康教育课题工作。一方面要求班主任在平时加强对学生的心理指导，另一方面进一步完善学校阳光工作室职能，以个别辅导和群体活动为主要形式，做好日常心理健康教育工作，同时开设心理健康教育课和讲座，使学生的心理问题得到及时疏导，提高学生心理的自护能力，为我校心理健康教育课题开题做好充足准备。

（2）充分利用学校心理健康室（心灵加油站），为学生排忧解难，为留守儿童创造与父母常联系的条件。

5. 每学期进行一次安全疏散演练，增强学生在面对突发事件时的逃生应变能力。

6. 加强法制教育，增强学生法制观念，培养守法公民。

（1）发挥课堂教育在法制教育中的主渠道作用。将学生学法守法情况纳入考核内容。

（2）利用广播、黑板报、宣传窗进行专题性法制教育。

（3）邀请关工委或司法机关人员进行法制宣讲。

（4）发挥法制副校长的作用。

（5）开展法制讲座、法律知识竞赛、法制故事评比、安全知识演讲、生命安全征文比赛等多种形式的法制实践活动。

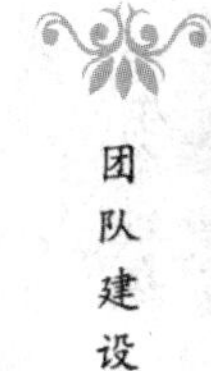

（6）开展"法制宣传教育月"和每年"6·26 国际禁毒日"活动，通过法制专题讲座、知识竞赛等途径对学生进行以《未成年人保护法》、《预防未成年人犯罪法》、《中华人民共和国道路交通安全法》、《学生伤害事故处理办法》为重点的法制安全教育系列活动，增强学生遵纪守法的自觉性和自我保护意识。

7. 加强德育科研工作。要把后进生的转化、打架斗殴的防范、女生的教育等德育研究工作作为我校德育研究的方向与重点；鼓励教师撰写德育论文，加强学生个案的研究，开展留守儿童、心理问题学生的心理疏导工作。

三、课题研究达到预期成果

1. 通过生命安全教育，使学生了解、掌握生命安全的基本知识及法律法规，树立"珍爱生命，安全成长"的意识，掌握安全防范的方法与技能，养成健康、文明的生活方式。

2. 构建一支以德育教师为主，有较高教育科研能力的师资队伍。探索学校进行生命安全教育的模式，形成教育经验。教师撰写的《当前中学生安全防范的意识调查报告》以及《学校生命安全教育融入校园文化建设的实践研究》和《学校生命安全教育延伸到家庭中去的工作研究》两篇论文获省市级奖项，学生参加各类生命安全竞赛获得了好成绩。

打造具有特色的心理健康教育

韩江伟　郭乃宁　谢一奋　邓纪剑　苏赐坚　游晓霞

学校简介：雷州市第二中学创办于1958年，位于雷城镇中心。历经50多年的发展，学校现有教学班99个，学生8000多人，其中高中教学班68个，学生5400多人，已成为雷州市规模最大的完全中学。学校设备设施齐全，师资力量雄厚。现有教职工500多人，其中特级、高级教师69人，中级教师206人。近几年学校又从全国各地高等师范院校招聘了100多名优秀本科生、研究生教师，汇集了全国各地的优秀教师人才。

校长简介：韩江伟，男，1964年生，中共党员，广东省社科院研究生，中学高级教师。现任雷州市第二中学校长、党总支书记。在30年的教书生涯中，韩校长曾先后荣获"南粤教坛新秀"、"省级骨干教师"、"湛江市优秀教师"、"高考先进教师"，"湛江市优秀党员"、"优秀党务工作者"、"雷州市优秀校长"、"教书育人优秀教师"等荣誉称号。他注重教学研究，在各类报刊、杂志中发表过50多篇论文，其中获国家级、省级优秀论文奖的有20多篇。他参与、主持多项国家级、省级、市级科研课题，课题涵盖学习心理、生命教育、有效课堂等内容。

一、学校心理健康教育概况

我校是雷州市规模最大的一所完全中学。目前有教学班99个，学生约8000人，教职员工500多人。其中专职心理健康教育教师4人(1人持有广东省中小学心理健康教育A证，1人持有广东省中小学心理健康教育B证)，另外所有班主任及行政领导都参加过心理健康教育C级证书培训。

多年来，我校树立"一切成功和财富都以健康的心灵为基础"理念，坚持"心理健康教育走校本教学研究之路"，加强组织领导和队伍建设，积极开展心理健康教育活动，及时进行心理危机干预，不断强化心理健康教育工作。

从2006年起,我校开设了心理健康教育课。从上个学期开始,随着心理师资队伍的扩大,心理辅导室开放时间由原来的每周10小时增加到每周30个小时,心理辅导老师轮流值班接待来访学生,每学期来访人数100多人。2008年以来,我校心理健康教育有省级与国家级课题各一个,多篇论文获奖或发表。我校还创建了学生心理社团——"笑友"俱乐部,至今,出版了《笑友》校园心理小报共28期。我校心理健康教育工作在上级教育主管部门与学校领导的引领下,形成了"以心为本,科研引领,发展性与矫正性并进,兼顾整体与个体"的校园特色。

二、我校心理健康教育的主要成绩与经验

1. 以先进理念引领,加强组织领导,不断完善队伍建设

加强心理健康教育工作的领导。我校成立了以韩江伟校长为组长,分管德育工作的郭乃宁、谢一奋副校长为副组长,政教处和年级组长及班主任、心理健康教育专职教师为组员的心理健康教育领导小组,制订了三年发展规划和年度工作计划。经过实践摸索,我校心理教师苏赐坚撰写的论文《心理健康教育也应走校本教研之路》发表在2007年《广东教育》综合版的第四期,这为我校心理健康教育提供了积极参考。

重视心理健康教育队伍建设。我校现配有专职心理教师4名,其中1位是研究生毕业,3位本科毕业,1人持有A证,1人持有B证。学校行政领导及90位班主任基本上参加过C证培训并持有C级证书。学校注重对心理专兼职教师队伍的培训,每学期都会采取请进来或走出去的方式让教师参加学习培训;同时注重校本培训,比如开展班主任经验交流会或新教师培训等。另外每年聘请心理学界知名人士或专家教授前来我校给学生开展心理讲座,为学生开拓视野,指点迷津。

2. 坚持走校本教研之路,不断拓展发展性心理健康教育活动

我校心理健康教育教学坚持走校本教研之路。心理健康教育课程体系比较完整,有各年级教学计划、教学内容框架系统、教学大纲、教案、课件。为让心育课更切合我校学生实际,在每个学期初,心理教师都会在调查学生的基础上设计校本课程,比如"认识心理健康教育"、"新学期心态调节"、

"破冰之旅"、"如何制订学习计划"、"快乐学习、自主发展"、"感恩之心"、"叩问生命"、"青春期的生理与心理"、"关于早恋"、"沟通与合作"、"绿色上网"等不同主题心育课。经过探索与实践,心理教师编写了适合本校的心理健康教育教材,为我校学生的心理健康保驾护航。

另外心理教师还组织学生观看《圣贤教育改变命运》(大型公益记录片)、《长大未成人》、《暖春》、《阿甘正传》、《美丽人生》等电影视频。这些课程与电影涉及传统文化、适应、交往、学习、感恩、生命、青春期等不同主题,受到了绝大部分学生的好评。

我校重视心理健康教育课程的开设。在七、八年级开设心理健康教育课程,每班每月四节。在九年级与高中部每班每学期开设心理讲座。

我校还开设了丰富多彩的心理课外活动。"笑友"俱乐部每学期组织数次心理活动。比如开展心理讲座、播放心理电影、举办心理手抄报比赛等。在2013年3月,我们"笑友"俱乐部邀请湛江师范学院在校心理学生及湛江师范附属中学心理教师来我校开展"阳光心灵,幸福人生"主题心理健康教育活动,内容有大型辅导、现场心理拓展游戏及高三考前潜能训练活动。我校网站还开设了心理健康教育网页等。

针对学生会团委新招聘的社干沟通合作能力不强及业务不熟悉的现状,我校团委联合心理教师给新社干开设"学生领袖训练营"活动。通过心理团体拓展训练活动,让新社干学会有效沟通,形成凝聚力,并在业务上达到了要求。

3. 坚持"以心为本",致力开展补救性心理辅导活动

我校重视心理咨询室和心育文化的建设,为心理辅导和心理危机干预提供物质保障。我们的新心理辅导室专用面积达80平方米,包含个体咨询室、资料室、办公室等科室。心理辅导室有科学、完善的规章制度,另开通热线电话4个,对来访学生做好保密与跟踪服务工作。自上学期起每周值班超30小时,由专职心理辅导教师轮流值班接待来访学生。

坚持开展以"关爱女生"为主题的团体心理讲座。主要目的在于帮助女生学会正常交往,树立自尊自爱的观念,由游晓霞、纪佩虹、苏妃妹等专(兼)职心理教师进行分级主讲。

4. 心理健康教育科研成绩喜人

我校重视科研课题，不断提升心育质量。2007 年年底，我们成立了以校长为主持人的心育课题研究小组，向广东省中小学心理健康指导中心申请"开展学习心理辅导，提高学生自主学习能力"这一科研课题（广东省中小学心理健康教育"十一五"规划第二批项目），经过几年努力，这一课题已经顺利通过广东省结题验收，并被评为 2013 年"全国生命教育"科研成果二等奖，课题组撰写的报告《提升学生自主学习能力的探索》在《生命校园：中国生命教育的实践探索》一文中发表（肖川、曹专主编，岳麓书社 2013 年版）。2013 年 5 月，我校心理课题组申报的"十二五"规划"生命教育课题"——"中学生命教育的校本研究与实践"，得到了北京师范大学生命教育研究中心的成功批复。

我校课题组发表了多篇论文，分别刊登在地级、省级及国家级刊物上。比如韩江伟校长撰写的《接天莲叶无穷碧　映日荷花别样红——雷州市第二中学德育工作回顾及展望》发表在《湛江日报》上；苏赐坚的《浅谈如何培养学生在心理活动课上的主动性》发表在《中小学心理健康教育》2013 年第 13 期。

上学期末，我校顺利通过了湛江市中小学心理健康教育示范学校的评估验收，这意味着我们的心理健康教育工作取得的成绩得到了认可并具有示范性。

5. 充分挖掘学生力量，极力打造学生参与心育的平台

2007 年，考虑到心理健康教育力量的薄弱，我校在心理教师苏赐坚的指导下成立了"笑友"心理俱乐部。其宗旨是"推广心理健康教育，促进学生健全人格的形成"；主要任务是为学生打造"心灵沟通、能力成长、展现自我"的平台。目前已有七届社团干部共 150 多人，社员共 1500 多人，出版《笑友》28 期，平均每学期出版两期以上。我校《笑友》报已经成为湛江地区知名度比较高的学生心理小报。每学期，"笑友"俱乐部至少开展心理主题活动 1 次，心理讲座 3 次，观看心理电影 3 次。上学期我校开展 55 周年校庆活动，"笑友"俱乐部组织了"精彩校庆，欢乐心灵"的大型心理健康教育活动，主要内容有合作挑战游戏、趣味心理测试、心理图片等。"笑友"俱乐部的成立对

我校学生心理健康教育起到了很好的促进作用。

三、结论

我校心理健康教育工作有良好的组织领导，有先进的理念与具体的实践，坚持发展性与矫正性并进，兼顾整体与个体，科研引领，经验成熟，成果显著，特色鲜明，具有先进性和示范性。

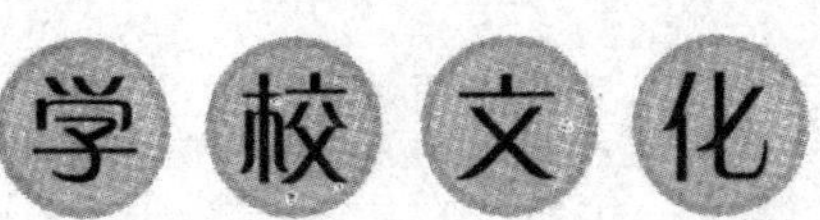
学校文化

实施生命教育　打造生命课堂

郭志行　王立峰　沈立娟　王金玲　曹宇靖　魏璐

学校简介：榆树市第一高级中学校始建于1925年，是省级重点高中。学校设施先进，有理化生实验室、音美专用教室、计算机房、多媒体教室、图书室、阅览室、校园宽带网络平台、闭路广电系统、数字监控系统。学校遵循以人为本、全面发展、因材施教、分类推进和可持续发展原则，推进素质教育向纵深发展。2011年，我校提出了以"提升生命价值"为核心思想的"实施生命教育，打造生命课堂"特色创建模式，取得了一定成果。学校先后被授予"全国生命教育示范基地"、"国家教师科研基金十二五规划重点课题'心理教育示范学校'"、"教育部十二五规划课题'全国实验学校'"、"吉林省百姓评议突出贡献单位"、"吉林省农村校长义务培训基地"、"吉林省劳动实践场所建设先进单位"、"学雷锋志愿服务站"、"吉林省优秀标准化家长学校"等荣誉称号。

校长简介：郭志行，男，中共党员，现任榆树市第一高级中学校长。郭校长坚持民主管理，实施评价激励机制，尝试"探究式学习模式"。郭校长时刻关注国内外教育教学新思想，已有教育教学及管理经验方面的论文发表。他坚持落实"校长是第一责任人"的制度，确保学校课改工作落到实处。郭校长主持多项国家级、省级、市级科研课题的研究工作，多次被评为榆树市"优秀教师"和"先进工作者"。2011年、2012年先后被评为"全省教育系统'三育人'先进个人"和"长春市科研型名校长"。

一、确定特色目标，实现精神引领

2011年，我校在"以特色求生存，以特色求发展，以特色促提高"的理念指导下，提出了以"提升生命价值"为核心思想的"实施生命教育，打造生命课堂"特色创建模式，取得了一定成果。

我们采取三个步骤落实特色目标，从而实现了精神层面的积极引领：

一是根据时代特点、家长和学生发展需求、新课改精神和先进的教育理念、学校客观环境和办学条件，我们提出了"实施生命教育，打造生命课堂"特色创建模式。

二是确定了"三全原则"（全程原则、全员原则、全域原则）、科学发展原则、稳定发展原则、持续发展原则。

三是确定了三年内实现全方位的生命教育，办学特色初现雏形的总目标。

二、明确特色内容，实现全面覆盖

在特色内容的选择上，我们按照基于学校、生成于学校、于学校发展的原则，确定了六个方面的内容：

一是生命学校管理。

二是生命师资队伍。

三是生命德育。

四是生命校园。

五是生命课程。

六是生命课堂。

三、措施管理到位

1. 由校长全面统领规划，学校建立了一套行之有效的规章制度和评价机制，鼓励全校师生员工参与生命教育。主要学科教师和专题教育责任人负责整合相关教育资源，开发教学案例和实施教育科研课题。

2. 建设一支强有力的师资队伍，是开展生命教育的重要保证。为加大教师培养力度，启动以"新理念、新课程、新技能"为重点的全员培训工作，鼓励青年教师冒尖成才；组织教师开展课题研究，开发校本课程。目前，申报国家级科研课题 3 个，省级 1 个，市级 8 个，均已立项开题，其中有教育部课题"新形势下生命教育的理论与实践探索"、吉林省省级课题"学校生命与安全教育的深化研究"；编辑了具有地方特色的生命教育校本课程，提高了师资专业化水平。

四、拓宽创建途径，扎实有效推进

1. 在专题教育中实施生命教育

从预防艾滋病教育、毒品预防教育、心理健康教育、青春期教育、安全教育、法制教育等方面组织活动性强、时代特征鲜明的教育专题活动。我校经常借助校广播、黑板报、宣传栏等媒体，对学生进行宣传警示，还举行了消防、交通安全教育等应急演练活动。学校设有心理咨询室，对学生心理问题进行疏导。

2. 在课外活动中实施生命教育

通过升国旗，举行开学典礼、毕业典礼等仪式活动，激发学生成长的自豪感，培养积极的生命价值观。

利用教师节、重阳节、清明节、国庆节等契机，积极开展与生命教育相关的校园文化活动。

学生社团活动是我校进行生命教育的亮点。学校的炎论文学社、雅合文学社为校报《青春校园》注入了活力；街舞社团经常参加社会演出，反响极大；青年志愿者到社区劳动，通过社团活动引导学生学会与人合作，关爱社会弱势群体，锻炼生存能力，通过体验丰富人生感悟。

3. 在学科教学中实施生命教育，打造生命课堂

扎扎实实开展"课堂教学达标与优化系列活动"，教师授课注重学生的思考和体验，科学调整教材内容的呈现形式，三维目标得到落实，德育首要地位得到落实。实行"一校两级"德育模式，深挖各学科教学中的德育资源，打造思想、品德、心智、生存彼此相融、具有德育内涵的高效课堂。

4. 生命教育渗透于校本课程中

我校开发了生命教育校本课程，通过认真分析学生的实际情况，搜集相关课程信息，选取适合的点切入，引发学生思考生命，同时注意校本课程资料与时俱进，把握最新动态。引用的资料要具有典型性、新颖性，任课教师要多途径地挖掘合适资料，如从电视节目、影片、文章中去寻找课程资料。

5. 生命教育渗透于实践活动中

我校根据生命教育工作计划，整合社区资源，先后形成五大生命教育基

地：炮兵预备役——国防教育基地；榆树市光荣院——传统美德教育基地；榆树市影剧院——爱国主义教育基地；榆树市烈士陵园——光荣传统教育基地；榆树市华昌派出所——法制教育基地。培养学生走进社会、珍惜生活、关爱他人，通过角色体验丰富人生意义的感悟。

6. 生命教育渗透于家庭教育、社区教育中

我校重视家庭、社区在学生生命教育中的作用。通过家长会、致家长一封信等形式，对家长进行生命教育的指导和宣传。

五、发挥特色成效，实现全面发展

通过对“实施生命教育，打造生命课堂”的积极探索，学校发生了明显变化，每一个变化都极大地彰显了生命教育的色彩，有效促进了教师专业发展和学生全面发展，取得了较为可喜的特色建设成果，具有明显的引领作用。具体表现在以下几个方面：

1. 初步完成学科与生命教育的整合，形成“打造生命课堂”的教学新局面。例如：生命教育与生物学科的整合，通过“创设富有冲突的情境”、“引入锦上添花的案例”的方式在生物课堂教学中完成“生命的起点，生命的不易”等生命教育内容。

生命教育与语文学科的整合，形成了“尊重学生个体生命差异”、“挖掘文本中的生命情感”、“建构充满生命力的课堂”、“珍惜和热爱生命”、“欣赏和享受生命”、“写作教学中的生命渗透”等教学模式。

2. 学生学会了尊重生命，珍惜生命，懂得感恩，勇于承担责任，树立起了科学的生命观。促进学生身心和谐，愉快生活，快乐学习，对学习产生了浓厚兴趣，遇到危机事件时能够找到处理不良情绪的合理途径，掌握了处理人际关系的方法，面对困惑时能够安然度过，意识到健康的生活方式对人生的影响，能够体认到父母的爱，遇到矛盾不再采取叛逆的方式解决，而是能平心静气地解决。

3. 教师激情迸发。教师的专业水准得到提升。老师们视专业水平为第一生命，主动提升自身专业水平，研究教育教学。在运动会、篮排球赛、文艺演出等活动中，会看到教师主动参与的身影，这既是对生活的热爱，也是对

学生积极引领,更为活动增色。

4. 扩大了学校规模,提高了教育质量,丰富了科研成果,提升了办学品位。自生命教育活动开展以来,学校先后被授予"全国生命教育示范基地"、"吉林省百姓评议突出贡献单位"、"吉林省农村校长义务培训基地"、"吉林省劳动实践场所建设先进单位"、"学雷锋志愿服务站"、"吉林省优秀标准化家长学校"、"国家教师科研基金'十二五'规划重点课题'心理教育示范学校'"、"教育部'十二五'规划课题'全国实验学校'"等荣誉称号。

生命教育——学生文明行为的研究与实践

王伟　律莉　石晶　高扬　李婷

学校简介:天津市第八十九中学位于红桥区洪湖东路1号,地处红桥区政治、经济、文化和科技中心的西站后广场,地域优势为学校的发展提供了保障。学校坚持质量第一、育人第一的原则,加强管理,严谨办学,全力为学生创设优良的学习环境,以把学生培养成品德高尚、成绩优良,并具有创新意识和实践能力的合格学生作为学校的办学目标。依据新课程标准,结合学校多元文化的特点,学校课程以"生命教育"为核心理念,注重各门学科教学目标与生命教育目标的整合,提供体育健身类、艺术类、语言类、科学类等课程,供学生自主选择,以拓展学生的知识视野,激发学生的学习潜能,提高学生的探究能力,并为每个学生的个性发展提供丰富多样的选择空间。

校长简介:姜海涛,男,汉族,1972年出生,中共党员,中学高级教师。1995年毕业于天津师范大学,理学学士。毕业后,任教于天津市民族中学。2003年任总务处副主任,2007年7月调任天津市第八十九中学,任副校长,2012年12月任校长。2013年10月,学校顺利通过了新一轮天津市义务教育学校现代化建设市专家组评估验收。主研国家级课题“教师文化建设与培养学生创造力的研究”取得阶段性成果。曾获区级“优秀教育工作者”和局级“优秀共产党员”等称号。

在“无痕”中启迪心智，在“点滴”处言传身教，“生命教育”渗透在我校教育教学工作的每一个角落，成为我校的办学特色。教育大计意在育人，而在育人的过程中，我们首先应当把握的是对生命的尊重和诠释。

我校结合自身特点，始终将生命教育作为育人的基础。经过几年的努力实践，全校师生对学校的办学理念和办学特色有了一个更加理性的认识。我校更加坚信，生命教育的办学特色定位准确。结合学生的心理特征，我们将生命教育作为我校永不结题的科研课题。在实施生命教育过程中，我们把学科教学与生命教育有机整合，凸显生命教育的主阵地在课堂，并把生命教育寓于日常活动之中。同时，在“十二五”期间，我校将生命教育进一步深化，融入学校教育的方方面面。在日常教育教学中，真正做到践行生命教育，于无形中成就育人大计。

一、习惯先行

我们提出的生命教育并不是狭义上的以生命本身为主要内容的教育，而是在尊重生命成长规律的前提下，唤醒生命的主体意识。学校通过创设丰富多彩的教育活动，使学生在体验中实现知识的有效转化和综合素质的全面提高，进而为学生的可持续成长创造条件，为教师的可持续发展提供更广阔的舞台。

1. 为习惯培养保驾护航

我校始终把培养学生作为一切工作的出发点和落脚点。培养学生良好的道德品质和行为习惯，努力促使学生健康成长，为其全面发展奠定坚实的基础。为规范学生的行为习惯，我校实施的“三位一体”综合值班制度，规范了学生的行为，做到了对学生在校期间全方位地管理，使学生逐步养成良好习惯，为学生的健康成长奠定了基础。除此之外还有以下一系列教育：

(1)突出一个主题——扬善。利用思想品德课、班级活动课、国旗下讲话等活动加强扬善教育。

(2)狠抓一个教育——规范。通过学生会、校园门前文明岗、课间休息值日岗等学生组织,使学生参与到学校的管理工作中来,切身体会规范教育,通过日常评比树立规则意识。

(3)培养一个意识——感恩。利用传统节日举办以感恩为主题的系列活动。让学生从活动中体悟到社会、学校、家长、教师以及同伴对自己的关注、关心和关爱,从而认识到自己应以一颗感恩之心去回报大家的关怀。

2. 为习惯培养充实内在

(1)把课堂作为生命教育的主阵地

我们把生命教育的主阵地确立在课堂,围绕高效教学,我们着力深化"导学式板书",确立了课堂上学生的主体地位。通过自学引导,提高了学生的学习自信和主动性,张扬了学生的个性,把生命教育和学科教学进行了有机结合。强调一支笔、口袋题的使用,媒体使用。在"无痕"中对学生进行了"生命教育"。我校强化运用信息技术整合各学科课程,突出了学科特点,强调了技术使用的实效性和"零浪费"。

(2)利用校园广播站传播知识,弘扬生命正能量

《时闻要塞》、《美文鉴赏》、《心灵之窗》等栏目,丰富了学生的知识量,净化了学生的心灵,开启了智慧的心门。"尊师、勤学、爱劳动、讲礼貌、守纪、爱护环境"等班级之星的评选,班级的黑板报、展示牌,年级组的展示栏评比,提升了学生的上进心,使学生在得到鼓励、表彰之余,更充分地认识到自身的价值,建立自尊,树立自信,感悟生命的可贵。

二、文明远行

在生命教育的进程中,我校找准了教育方向,基于我校门前交通情况复杂,且目前交通事故多发的环境状况,我校确立了"交通安全"教育策略,并实施如下:

1. 以集体教育为主要形式,为交通安全教育创设情境

前苏联教育理论家、教育实践家和教育艺术家马卡连柯是这样阐述集体教育原则的——在集体中,通过集体,为了集体。我校以班级为单位,开

展了交通安全黑板报、手抄报的评比;开展了教学楼内学生靠右行走、进操场走人行道的评比;"遵守交通规则我先行"主题班会的评比;交通安全知识讲座及竞赛;走进社区和街道宣传交通安全知识;建立了班级博客和知心姐姐心理咨询QQ群等多种形式的系列安全教育活动。这些活动,都是在班级集体中进行的,通过这些集体教育活动,让来自集体的无形的约束和激励感染和促进学生尊重生命,将其内化为规则。

2. 以强化训练为主要手段,为交通安全教育奠定基础

强化训练,即通过"反复练,练反复"使一些行为演变成习惯。要培养学生养成良好的行为习惯,不仅要动之以理,导之以情,更要促之以行。为此,我们采用了自我控制、个体强化、集体强化、阶段强化、行为契约等诸多方法,在学校里开展了识别交通安全标识的集中培训,从2010年开始我们强化学生楼内靠右行走、紧急遇险有序疏散、进出操场走斑马线等训练,强力推进交通安全知识融入学科课堂教学,为交通安全教育奠定了良好的基础。

3. 以体验内化为主要方法,为交通安全教育注入活力

我校教学摒弃简单的说教,把学生带入情境之中,为交通安全教育注入活力。例如,我们搜集了很多因不遵守交通规则而造成的惨烈场景,并对学生进行宣教。用他们身边的实例来教育他们,明确遵守交通规则的重要性。此外,我们还组织了诸如"遵守交通安全我先行"签字承诺仪式、"交通安全进社区、进地铁、进住户、上马路"、"今天我是小交警"等许多活动,让学生亲自参与到活动中来,亲身体验活动的过程,成为每项活动的主人,提升学生遵守交通规则的意识,强化学生遵守交通规则的行为。

通过几年的交通安全教育活动,学生珍爱生命和遵守规则的意识有了明显增强。此外,我校的安全教育工作还获得了家长的赞誉、媒体的关注和社会的认可。老百姓的口碑,是对我们最好的褒奖。《每日新报》报道了我校"斑马线进校园"和交通安全问卷调查活动;天津电视台对我校的紧急疏散演练进行了转播;红桥有线电视台也对我校的"送福入户——交通安全知识宣传活动"进行了报道。

三、科研深化

通过学校全员的共同努力,我校教科研工作成效显著。在生命教育为

主题的科研项目中，我校在国家、市、区级各种活动中取得了优异成绩。其中两项“十一五”课题“中学生良好行为习惯的养成研究”、“中学生自主性学习模式探索”顺利结题。同时，我校还承担了国家、市、区级四项不同级别、不同部门的“十二五”课题研究。一年来，全校教师学术论文获奖 136 篇，科研成果获奖 52 篇，收录报刊杂志著作 19 篇，优秀案例获奖 36 篇，优质课获奖 26 节次，优秀课件获奖 10 件次，经验交流获奖 10 人次，区级公开课 28 节。科研成果彰显着我校生命教育的丰硕成果。

无规矩不成方圆，规则意识的培养、行为习惯的形成是促使文明远行的重要保障。我校在生命教育的育人之路上迈步前行，相信在未来的教育历程中我校仍将让习惯先行，促文明远行，为生命之花的绽放贡献自己的力量。

开发、整合与利用学校的生命教育资源的实践与研究

张玉慧　周强　王国香　朱培波　谢红萍

学校简介：山东省青岛市第九中学 1900 年建校，是全国百所百年名校之一，山东省规范化学校。学校为国家培养了包括两院资深院士、“两弹一星”功勋王大珩院士在内的大批优秀人才。在校生 1900 余人，教职工 262 人，其中国家、省、市级优秀教师逾百人。学校以“见贤思齐”为校训，以“多元发展、文理兼通、外语见长”为特色。学校目前具有英、法、德、西班牙语等六种外语师资配备和教学能力，有动漫社等社团 50 余个，学生连续多次获邀北京大学、复旦大学等高校组织的模联活动，并取得优异成绩。学校先后荣获“全国中小学思想道德建设活动先进单位”、“首届全国中小学校园文化建设十佳示范学校”、“山东省未成年人思想道德建设工作先进集体”、“山东省心

理健康教育先进学校”等近百余项荣誉称号。

校长简介:张玉慧,男,56岁。1982年毕业于曲阜师范大学物理系,中学高级教师。获“山东省百名优秀校长”、“青岛市优秀教学管理者”、“青岛市优秀教师”、“青岛市优秀班主任”、“青岛市德育工作先进个人”等称号。张玉慧任校长多年来,一直用先进的教育理论践行自己的教育行为,用“规范、精细、人文”的管理思想经营学校,提出创“精品学校”的办学目标,使百年老校焕发出勃勃生机,撰写了《新时期校长的治校策略》、《关于素质教育的认识与思考》等论著十几篇。

教师是一项以生命影响生命的事业,当课堂不再单纯地聚焦课本和习题,而是回归生命互动本位时,我们师生就开始享受生命的律动和成长的滋味。2011年我校申报了肖川教授的生命教育子课题“学校、家庭、社会生命教育资源的整合与利用研究与实践”,后根据我校的实际情况,我们将课题调整为“开发、整合与利用学校的生命教育资源的实践与研究”。本课题率先把生命教育的理念和教育元素注入学校整体发展和可持续发展的全过程,在教育教学中重视生命价值的实现,进一步提升了学校教育教学质量和生命教育的内涵。

一、人文、生态是生命型管理组织的核心价值

生命教育课题研究开始后,我校第一项措施就是将学校建设成为生命型管理组织。我校提出了凝聚工程和阳光工程,在领导、教师、学生和家长之间,大力开展各种活动强化人文、和谐的人际关系,强化教育理念的更新、管理方法的科学、管理效果的可持续发展,以凝聚工程创建和谐九中。推进“阳光工程”,进一步完善校务民主管理,打造制度建设渐趋完善的现代化学校。同时,以生态校园创建为抓手,积极探索生态教育的核心,创建和谐校园环境,促进学生、教师和学校和谐发展,关注师生、学校的可持续发展,推进“人人是优生”的群优培育工程。以“见贤思齐”为核心传承并培育青岛九中的精神文化价值体系。

学校形成全方位、多层面、立体、长效的民主管理工作机制。师生参与

学校民主管理建设成为一种常态，培养了全体师生的主人翁精神与热情，形成了“全员支持学校工作、人人关心学生发展”的良好氛围，效果显著；师生关系更加和谐亲近，校长与学生共进午餐，师生都具有更高的安全感和幸福感；促进学生的可持续发展，学生能够以主人公姿态用发展、全面的眼光看待问题，学会理解与宽容。我校“校长与学生面对面——午餐有约”活动已经成为我校的一张名片。

形成独具特色的礼贤文化。学校文化建设重点是培育学校精神，核心是学校多元人文的办学思想、生命化教育理念、“尊重人”、“发展人”的价值观、双向互动的思维方式以及民主、平等、博爱的校风建设。我们以生命教育理念统领学校文化建设，构建“见贤思齐”、“礼门义路”、“中西合璧”、“文理兼修”、“学在九中”的学校综合文化气质。

二、创造、共同成长，是“生命型”课堂的精髓

课堂所传播的不仅是知识，更重要的是传播者和受众通过对知识的理解和建构形成主体与文化的意义交流关系，实现一次神圣的旅行：精神交往。

在生命教育理念指导下，通过建立教与学的双主体的师生互动、生生互动、主动参与、和谐共生的“绿色课堂”，使师生在课堂中都得到自然、相应地发展和愉悦体验。学校管理层一直以构建生命课堂为出发点，倡导师生共同创造的课堂氛围，修正课堂教学评价细则，将尊重、帮助师生生命发展的理念渗透其中，开展学科示范活动，展示生命课堂的魅力，优化设计教学环节，促进课堂的改善与优化。

具体倡导和努力实践课堂教学九条建议，即：

①相互倾听，与“同学”结成同盟；②激发思辨能力，让头脑掀起风暴；③活用“变式”，借陡转瓦解定势；④注重留白，为沉思预置空间；⑤狠心洗课，彰显风骨；⑥启导自助，使人人成为首席；⑦着力慢走，在途中品鉴风景；⑧珍视错误，把事故演成故事；⑨倡导批判，以求真净化品质。

平等、尊重的师生关系使得创造力在课堂上得到极大延伸和表达，课堂成为师生生命共同成长的空间。

三、特色、拓展，是生命校园的多样表达

校长室通过调研，制订我校实现外语特色办学和实现可持续发展战略的具体措施。我校国际部探索多种办学模式，扩大对外交流与合作途径，构建多国家、多层次和多样化的交流合作项目。近几年我校加入了一项由德国外交部协调组织、歌德学院实施的“学校——塑造未来的伙伴”项目，成为其在山东的唯一伙伴学校。学校设有“日语班”、“中加班”等中外合作办学班，注重中外课程融合，形成了独特的学校课程优势。学校先后对日本、德国、加拿大、法国、美国等多个国家的学校进行友好互访，洽谈合作项目，为学生出国深造提供了美国奖学金项目、法国 ADIUT(科技学院)项目、澳大利亚国立大学直通项目和日本早稻田大学直通项目等诸多选择渠道，已初步形成了目的地多元化、层次多样化的对外交流教育项目体系，为学生成长成才提供了多种发展渠道和上升途径。

为更好地适应学生多元发展的要求，教导处和外语组探索建立我校以英语为基础，涵盖德语、日语、法语、韩语、西班牙语等多种外语及课内外相结合的“大外语”课程体系。学校目前具有英语、日语、法语、德语、韩语、西班牙语六种外国语言的师资配备和教学能力，每个学生除了全部修习英语外，都选修第二外语。学校积极实践“强化英语、实践多语、实验双语”的工作理念，在教学中实施了“双语教学”试验，培养双语型教师。每年都有多名学生获全国英语能力竞赛一等奖，其他各类口语比赛更是成果丰硕。

教导处和国际部以中加班和日语班授课模式为研究对象，探索研究青岛第九中学新的小班化教学模式，同时语文教研组、体育组、音体美组、综合实践教研组开展国际交流学生的中国传统文化课程的研究。通过特色办学实现学校的可持续发展，建立有效的办学机制，将历史悠久的岛城名校打造为兼具丰厚底蕴和鲜明特色双重优点的名校。2011 年我校荣获青岛市创新教育成果“特色办学”二等奖荣誉。

开展丰富多彩的校园文化活动如体育节、艺术节、科技节、外语节、心理健康周、校园吉尼斯、校园歌会等，每个学生都有展示自己特长的机会，我们力求每一项活动都要做到“从学生中来，到学生中去，为学生服务，受学生欢

迎”。有效地开发学生的发展潜能，促进学生全面素质的高水平发展，为学生的可持续发展和终身发展打下扎实的基础，造就身心健康、适应社会发展需求、具有中国灵魂及国际视野和胸怀的现代化复合型预备人才。

在这个过程中，教师也逐渐具备了国际视野，提升了专业知识，由于学校管理改变了陈旧的评价观念和体系，教师越来越将学校的办学思想内化为自己的自觉行动，并持之以恒地努力实现自己的人生目标。特色办学战略给教师提供更多的机会，促进了教师的专业化成长。张玉慧校长在《青岛日报》和《青岛教育》上发表《强化外语教育特色　探索国际化办学模式》的特色发展总结报告；高会香副校长的论文《抓住机遇，走特色发展之路》获得市级比赛二等奖；我校国际部特色办学已在岛城声名鹊起，越来越多的孩子来到这里，找寻他们完善个性、昂扬生命的教育乐园。

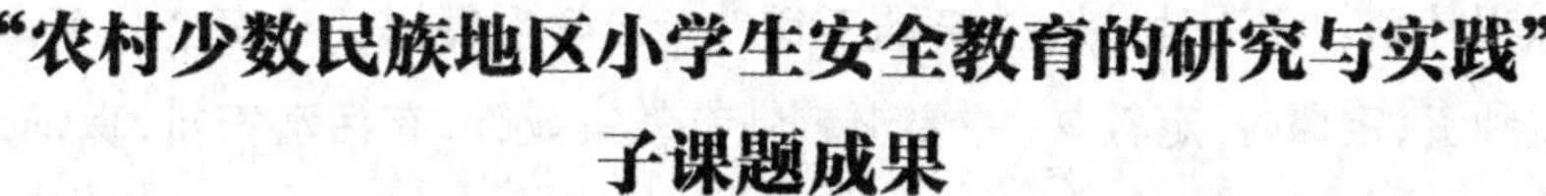

“农村少数民族地区小学生安全教育的研究与实践”子课题成果

徐少平　韦文光　孔祥利　贾英莲

学校简介：洞头乡中心小学位于融水县城西北部，是一所乡级中心小学。全校现有教职员工37人，12个教学班，在校生447人，少数民族学生占全校学生数的99%。学校以培养学生“学会求知，学会做事，学会共处，学会做人”的办学理念，牢记“爱校、诚实、积极、进取”校训，倡导“勤学、向上、求实、创新”的学风，“敬业、严谨、务实、创新”的教风，逐步建立和完善了教师评价、学生管理、经费管理、教学常规管理等制度，强化教育教学改革，发扬团结互助精神，教育学生继承民族优良传统，重视民族教育。全校教职工团结协作,发挥艰苦创业精神,积极开展教学、教研活动,积极推进素质教育,促进学生身心健康发展。

校长简介:韦文光,男,41岁,北京师范大学函授本科学历。1992年3月参加工作至今,先后担任过融水县良寨乡中心小学校长、融水县洞头乡中心小学校长。参加工作以来,他以开拓的创新精神、扎实的工作态度和优良的工作业绩赢得了一致好评。他先后获得市、县级先进教师等多项荣誉称号。

一、全体教师牢固树立安全教育第一的教育意识

教育管理制度化。作为小学教师,当我们面对一群活泼可爱却缺乏自我保护意识和防范能力的孩子时,我们应当充分认识到当前安全教育的重要性和迫切性,认识到"安全无小事",不管多累、多忙,也要把这项工作放在心上,抓在手上,挂在嘴上。

二、开设独立的安全教育课程

开设独立的安全教育课程,把安全教育列入学校德育工作计划,列入学校课程计划。在课时计划里安排三到六年级学生每周一节安全教育课,做到定师资,定课时,定教材,并要求教师有教案设计,有活动安排,保证该课程的正常实施。整套教材以"关注生命、尊重生命、珍爱生命、欣赏生命、成全生命、敬畏生命"六个核心理念为主线,以丰富、新颖的教育内容和形式,为学生健康成长开辟了新的学习天地,使安全教育在课堂教学的主渠道中得以重点实施。

三、在学科教学中渗透安全教育

在学科教学中渗透安全教育,关注学生的价值观的形成。结合新课程改革的实施细节,在课堂教学的设计、组织、评价方面更多地关注学生价值观的形成,结合学科内容有机地渗透生命教育。在思想品德、社会、语文、自然常识等学科课程的教学中,有机地融合、运用和渗透安全教育的内容,寓安全教育于这些学科的教学之中。

四、开展安全教育专题活动

1. 开展法制与安全教育活动

我校聘请司法所的所长任法制副校长，每学期为学校师生举办《预防未成年犯罪法》等法制教育专题讲座。在讲座中揭示未成年人犯罪的社会危害性，让学生认识到未成年犯罪不仅扰乱了公共秩序，破坏了社会的稳定，而且还给自身及其家庭带来不幸，从而让学生从中懂得一些预防犯罪的方法。

要确保学生的生命安全，根本在于提高安全意识、自我防范能力和自护自救能力。抓好安全教育，是学校安全工作的基础。我校认真实施"一把手"工程，校长对学校安全负总责，校长是学校安全工作的第一责任人，副校长、主任是安全工作的具体负责人。我校成立了安全工作领导机构，建立健全了安全工作制度，做到分工明确，责任到人，安全工作时时有人抓，处处有人管。我校利用班会等活动，通过对学生开展安全预防教育，使学生接受比较系统的防溺水、防交通事故等安全知识和技能教育。通过以上一系列活动，广大学生提高了安全意识、安全防范能力和自我保护能力。

2. 开展心理健康的教育。引导学生增强耐挫力，乐观面对命运的挑战，活出人生的精彩。在加强体育与健康、卫生与健康等教育的基础上，加强心理健康教育刻不容缓。我校把心理健康教育课纳入学校的课程设置，向学生传授心理学的简单知识，使学生对自身的心理发展过程及其规律有一个基本了解，对于解决学生中一般的心理问题起到了重要的推动作用。我校先后运用新疆石河子122团中学初三4名花季少女因期中考试成绩差喝老鼠药自杀等事例，让学生进行深入讨论辨析，使他们明辨是非。

3. 开展生命价值的教育。开展生命教育的意义不仅在于生命体是否"活着"，更重要的是活出价值，体悟人生的意义。我校把理想教育作为生命教育的动力，让学生懂得正确的理想能使他们更加欣赏生命、珍视生命，提升生命的意义和质量，同时在理想教育的过程中尊重学生的差异，以学生"成长档案袋"为载体，引导学生"自识，自省，自励，自律"，让每一次的成功与进步成为生命成长中的新动力。

4. 开展生命责任的教育。生命与责任相伴而行，缺乏责任感的人生是自私、狭隘、颓废的人生，可以说，责任感是个人安身立命的“护身符”，是个人发展、家庭幸福、社会和谐、国家强盛的动力源。近年来，我校坚持开展“生命与责任”教育活动，进一步强化广大学生的爱国情怀，孝敬父母、尊敬师长的伦理观念，“勿以善小而不为，勿以恶小而为之”的做人思想，引导学生处理好“小我”与“大我”的关系，树立正确的人生观、世界观与价值观，将个人的理想、人生的价值与祖国需要、民族振兴紧密地结合在一起。

5. 开展“热爱生命，体验生活”活动。在活动中引导学生贴近生活，体验生活，将知、情、意、行融为一体。

五、校园文化渗透安全教育，发挥环境育人功能

优美、积极、健康、向上的校园环境和文化对学生的审美情趣、道德、情操起着潜移默化的教育和激励作用。学校的墙壁、橱窗都可以成为对师生进行爱国主义、思想品德教育、养成教育的实践阵地，可以让每一个学生都产生强烈的自豪感和责任感；校园建筑上的各种励志标语，不仅巧妙地装点着美丽的校园，而且无声地规范着师生的言行举止，营造了良好的育人氛围；党建、德育等方面的宣传版面与标语，凸显了学校领导、老师学习工作的热情；状元榜上，历届优秀学子的卓越成就激励着学生们发奋图强，奋起直追的决心。

六、研究成果取得的社会效益

我校在安全教育课题的实践研究中，由寻根源到各项措施的保障与落实，层层推进，全面提高了我校教师、学生、家长热爱生命、保护生命的意识和能力，取得了良好成效。

1. 完善学校各项安全制度。建立了安全工作责任制度、安全工作检查制度。明确了班主任在学校安全管理和教育方面的职责，使全体教职员工都承担起校园安全管理和教育的责任。采取自查与抽查相结合、明查与暗访相结合的方法，加大督查力度，建立安全检查档案，及时总结和改进安全工作；采取切实的安全防范措施，促进了安全工作管理的规范化、制度化，从

而降低了校园内的安全隐患。

2. 提高学生自护能力。通过各种生命教育及安全活动的开展，使学生的自护能力有了显著提高，安全意识增强了。各年龄段学生的活动自护能力、身体自护能力、意外伤害自护能力及心理自护能力有了极大提高，学生的身心得到全面发展，变得开朗、健康、向上。

3. 增强教师与家长的生命教育意识。通过举办专题讲座，100%的家长都认为对孩子进行安全教育非常必要，可见家长对孩子生命教育的重视程度有了较大提高。

学校还需加强教师与家长间的合作与交流，进一步开发安全教育的学科教材，加大学科渗透的力度，做好家长的工作，配合学校开展好安全教育，不断提高学生家长实施安全教育的意识和能力，使家庭成为学校安全教育的延伸地，使安全教育真正落到实处，让安全教育成为我们每位教师工作的指导思想，逐步形成具有洞头乡中心小学特色的农村小学安全教育模式，充分发挥生命教育实验学校的导向作用。

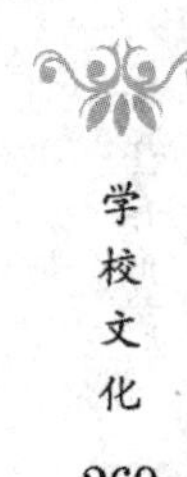

叩问生命真意　回溯教育本源

张国森　张林　何茂菊　潘静

学校简介：成都市青白江区外国语小学成立于1957年，原名四川化工集团子弟小学，2003年5月更名为青白江区外国语小学校。为“全国青少年普法教育先进单位”、“四川省素质教育社会实践首批试点学校”、“四川大学剑桥少儿英语培训基地”、“成都市新优质学校”、“成都市心理健康示范校”。学校自2012年开展“生命教育”课程以来，从学校办学理念、校园文化打造、课程建设三个方面全力推进生命教育，形成了“让每一个生命都精彩”的办学理念，初步颁布《外国语小学生命教育课堂评价标准》。校园"生命教育文化"育人功能成效初步彰显。

校长简介：张国森，54岁，本科毕业，小学高级教师，中国教育学会会员，全国文理艺大综合教材副主编。张校长熟悉小学教育及学校管理，有较丰富的管理知识和经验，多次被评为区、市、省各级先进个人，优秀共产党员；在小学教育教学及管理上有一定造诣，曾有《课堂教学"六要"》、《校长治学长短计》、《薄弱学校的初期管理》、《校园文化建设中的美育发微》、《美育专题学习网站的应用策略研究》、《施展校长组织力的两个基本渠道》等论文在区、市、省级国家级刊物发表或学术会上交流。

在经历了2008年"5·12"特大地震后，学校迁入新的校址，然而，在新的时期，我们如何关注学生的生命健康，如何教会学生正确看待生命、尊重生命，创造生命的价值，这是"外小人"面临的新挑战。2012年，我们顺利加入了北京师范大学"生命教育"总课题组，并顺利申报了教育部"十二五"规划课题子课题"生命教育在学科教学中的渗透与整合途径研究"的课题研发。一年来，我们对生命教育的探究始终围绕着"核心在理念，体现在文化，聚焦在课堂"开展。在不断地实践与反思中，学校各方面的工作都焕发出生机，可谓"好雨知时节，当春乃发生"。

一、以理念之内核，培生命之沃土

外国语小学在课题研究开始之际，就高度重视"生命教育理念"的辐射作用。学校在听取各个层面意见的基础上，最终确定用"让每一个生命都精彩"来定义我们的办学理念，确定了"自然、自得、自乐、自律、自觉、自强"的校训，确定了以"健康、乐观、坚强、友爱、智慧、创造"为生命教育的主题内容。我们对"精彩"的理解是：每一个生命都能在校园里、在家里和社会中找到属于自己的位置，并承担好自己的角色，实现自己的生命价值。这份"精彩"并非是惊天动地的成就，而是每一个人的满足感、幸福感、成就感。我们接受"差异的精彩"，因为差异是生命的主色调，有差异的生命才是丰富的，而丰富本身就是精彩的。

我们希望通过我们的教育，让每一个孩子都能在自己的人生道路上活得精彩，活得有尊严，有价值。我们在学生生命健康成长的基础上，培养学生乐观积极的性格，锻炼学生自强不息的意志。在群体归属感上我们着力培养学生团结友爱的优良品质，为人处世的生存智慧，勇于创造的科学精神。

二、以文化之韵味，植生命之大树

文化是理念的载体。生命教育如何本土化、校本化，进而内化为我们共同的教育观、价值观，并呈现为学校特有的文化表达，这是我们一直在思考的问题。我们需要一个文化符号来表达我们对生命教育内涵的注解，这个符号，最终选定为与学校教育元素息息相关的象征——凤凰。

我校老校园有一棵中国梧桐，寄寓着前人"种得梧桐树，引来凤凰栖"的美好愿望。现在，我校位于凤祥大道，比邻凤凰湖公园，经历了地震的伤痛，自当"凤凰涅槃，浴火重生"。凤凰与我校生命教育有极好的契合点：生生不息，奋斗不止。因此选择凤凰作为我们的文化符号，能充分展示我校追求生命教育的本真意义。

学校将"五彩凤凰"作为校徽，将"健康、乐观、坚强、友爱、智慧、创造"作为生命教育主题，并在学校每个楼道选择一个主题作为楼道文化内容。学校将生命教育主题的六组英文单词设计成新颖的文化橱窗，用以展示全校的生命教育成果，各班还有"班级文化墙"。此外，学校建有清新自然的"青白江外国语小学门户网站"，有"运动、健康、快乐、成长"的律动文化区，有"学习英语，知晓天下"的英语文化走廊，有记录师生成长足迹的《雏凤声》校刊，有自己的校歌《让每一个生命都精彩》。这些特色鲜明的文化元素，如春风润物，滋润着师生们的心灵，也彰显着师生们的鲜明个性。

对于学校来讲，文化更重要体现是对学生的熏陶，除了课堂主渠道的渗透、孕育，更多的是以潜在课程的形式，通过耳濡目染、潜移默化等方式，将文化的本质意义逐渐植入学生心灵，并转化为他们的人品修养、审美情趣。我校将生命教育作为一切工作的基本点来切入，积极探讨如何在新的时代背景下，以新的教育理念培养孩子的生命意识，培养学生尊重生命、热爱生命的信念，实现合理开发学校文化资源，让生命灵动之光在校园内处处闪耀着这样一种人生境界。

三、以课堂之载体，育生命之花蕾

我们把课堂改革与开发校本课程作为生命教育的主阵地，重点研究怎样用生命教育的理念引领课堂教学变革，激发课堂活力，从而实现关注学生成长、追求教育本真、回归教育本质的目标。这是我们生命教育的基本着力点。

第一，我校重视在课堂教学中贯注生命教育理念。自2012年起，学校每学期开展以“生命教育、高效课堂”为主题的赛课活动，借以促进教师将生命教育理念转化为实际的教学行为；学校在引导学生方面，强调重视学生参与课堂活动的时间、效果，在教师对学生的课堂评价等方面进行了量化考评；颁布了《成都市青白江区外国语小学“生命高效课堂”评价标准》；出版了外国语小学教师成长足迹的读物《有凤来仪》。通过研讨，探究出学科教学中渗透生命教育的途径，并在老师群里中逐步达成共识：生命教育要关注的是学生的成长，因此我们的一切教学行为都要紧紧围绕学生来进行。我们要关注成长，就要尊重差异，只有这样，我们的生命教育才会真正让每一个生命都精彩。“差异发展、积极主动”就是我们实现课堂教学中渗透生命教育的基本途径。

第二，我校加大了对校本课程的开发。首先是有规划、有选择性地开展学科生命课程的探索。学校利用地方课程《环境教育》对学生进行爱护生态环境的教育，选用岳麓书社出版的《生命因你而精彩》为校本教材，融生命教育于常规学科教学之中。其次引进台湾元智大学的“小学科学实践”方式，探索课堂改革。

第三，学校把学生社团建设作为校本课程的有效补充。全校开展丰富多彩的社团活动，活跃学生校园文化生活，促进学生个性发展。学校组建了13个校级社团，33个年级社团，学生参与面达100%。社团活动的开展也得到了全体教师和家长的理解与支持。随着社团活动深入广泛地开展，学生获得了一片新的成长空间。

第四,学校高度重视开展全校性的阳光体育工作。学校把学生健康体质锻炼、身体素质成长看作生命教育的基石,促成学生健全发展。在大课间,学生不仅做课间操、自创健身操,还开展深受他们欢迎的班级特色活动,如冬季阳光体育长跑等。

我们真心希望,我们的教育因关注生命而充满活力,我们的校园自由而快乐,在校园里随处都能听到生命之泉涌动的声音。

生命教育——学校德育教育的研究与实践

吕宗东　张继明　解文超　周娜

学校简介:烟台市第十中学创建于1971年,目前有37个教学班,在校学生2017名,在职教职工156人。学校牢固树立"以人为本,质量第一,突出特色,全面育人"的教育理念,坚持"全体发展,全面发展,和谐发展,持续发展"的办学思想,以"成就个性化名师,造就个性化学生,铸就特色化名校"为办学目标,推行"科研兴校"战略,实施阳光课堂改革,注重教育合力,密切家校联系,提升生命质量,为学生的终生发展奠基。学校教育教学质量连续多年名列市区榜首,先后有29名学生被选拔到新加坡留学深造并获新加坡政府全额奖学金。学校先后荣获"山东省规范化学校"、"初中教学示范学校"、"示范家长学校"、"初中教学工作先进单位"、"体育传统项目学校"、"艺术教育示范学校"、"语言文字规范化示范学校"、"依法治校示范学校"、"课题研究先进单位"等170余项荣誉称号。

校长简介:吕宗东,男,中共党员,1963年出生,1984年参加教育工作,大学本科学历,中学高级教师,鲁东大学兼职研究生导师。吕宗东校长致力于学校内涵发展,坚持"关心每一个学生,欣赏每一个学生,用心去爱每一个学生”的核心理念，坚持“以人为本，特色创新，打造品牌，服务社会”的办学思想，精心打造“导学解疑阳光课堂”，全面提高教师专业发展水平。因为工作业绩突出，吕宗东校长多次获芝罘区嘉奖，并获得“山东省教材改革先进个人”、“山东省优秀教研员”、“烟台市优秀教师”、“芝罘区优秀教师”、“芝罘区十佳教师”、“高中教学先进个人”等荣誉称号。

苏霍姆林斯基说过：“只有能够激发学生进行自我教育的教育，才是真正的教育。”道德作为协调人与世界关系的基本准则，为个体的实践提供方向和动力，促进个体生命在与世界的交往中积极展现自我风采，调节个体的生命形态，使个体实践成为有意义的行动。因此，生命与德育之间可以相互促进。国际21世纪教育委员会向联合国教科文组织提交的报告中指出，21世纪全球教育的关注，要从最初的认识“学会生存”年，发展到“学会关心”年、“学会理解”年，再到“学会认知、学会做事、学会共同生活”年。关注学生生命质量的提高，满足学生精神上的需要，促进学生人格的全面发展已经成为当今世界教育改革和发展的重要内容。因此，回归人本身、回归生活世界，将成为德育发展的主题。

我校经过调查研究发现，学习的压力、人际交往的困惑、青春期的躁动让中学生时常处于孤独、焦虑、烦躁甚至是失落、沮丧的状态。同时，在家长过度呵护下成长起来的独生子女，又缺乏对学习与生活意义的正确理解，滋长着各种“个人主义”“拜金主义”的价值观念和不良行为，这让本该幸福快乐成长的青少年过早地体味到自身生命的孤独和失落。而目前的学校过度关注学习成绩，不仅严重损害了学生的生命健康，同时也背离了基础教育的发展任务，阻碍了学生在人格教育过程中主体精神的发扬光大。如果不关注个体生命本身的内在需求，学校德育势必异化为“智育的附属品”。

多年来，我校的德育工作一直坚持以学生为本、为学生终身发展奠基的理念，注重对学生进行生命教育。我校注重从细节入手，让学生在各种实践活动中体验生命的宝贵，获得为人处世的价值观、方法和能力，让每一个学生都能展现其生命的个性特点，使其在今后的学习生活中能够适应环境，发展自我，创造自我。

一、在常规教育中让学生树立生命意识，学会敬畏生命

1. 各种主题教育常抓不懈

每周一举行升国旗仪式和国旗下的演讲，对学生进行系列主题教育，如挫折教育、感恩教育、生涯规划教育等。对演讲的题目，反复斟酌，精心选题，要求内容上既贴近学生的生活实际，又富有时代气息，摒弃大、假、空的主题。如《爱国先爱校》、《珍爱生命，安全至上》、《拼搏——成功的节奏》、《强身健体，我的责任》、《挫折——成功的磨砺石》等演讲就起到了很好的教育效果，让学生树立起生命意识，鼓励他们珍惜生命，爱护生命。

2. 阳光体育活动常抓不懈

我校贯彻“一切为了学生，健康第一”的可持续发展理念，切实加强体育工作，将“每天锻炼1小时，健康工作50年，幸福生活一辈子”这一理念真正落到实处：让每个学生都能找到自己喜欢的运动项目，都能感受到运动的快乐；坚持开展大课间长跑运动，做好眼保健操和广播操，还组织跳绳团体赛、篮球比赛、乒乓球比赛、20×200接力跑等。这不仅培养了学生的兴趣特长，还增强了学生的凝聚力，促进了学生身心健康的和谐发展。

3. 文明习惯养成教育常抓不懈

文明礼仪和仪表着装是学生素质的外在表现，能折射出学生的精神风貌，能探知学生思想深处存在的问题。我校通过严抓学生的外在表现来提升学生的内在素质和品德修养。多年来，我校一直在校门口设立文明礼仪示范岗，老师学生齐上阵，给其他学生起示范作用，并督导学生按照文明礼仪行事。针对目前女生中普遍存在的一些问题，持续开展了“做一名稳重大方的女中学生”活动，对女生仪表着装等提出了要求，彻底摈弃了追求名牌、新潮的不良风气。通过长期坚持检查，我校学生形成了讲文明，懂礼貌，着装朴实大方，拒绝名牌的良好生活风气，体现了当代中学生健康、活泼、向上的精神风貌。

二、在活动体验中让学生明白生命的意义，学会珍爱生命

1. 开展青年志愿者活动

青年志愿者活动给学生创造了锻炼自己的机会，培养了学生的爱心和奉献精神，促使学生思考生命的意义和价值。通过走进敬老院、福利院、清理"野"广告、义务担当交通协管员等活动，志愿者体会到了帮助他人的快乐，也体会到得到他人帮助而产生的感动与感激，至善至纯的人性在活动中得到了升华，生命的价值在奉献中得到了体现。

2. 开展安全演练和安全教育讲座

每学期，学校都会组织至少两次安全疏散演练，以提高全体师生的安全意识和面对突发事件紧急逃生求救的能力。不定期地开展安全教育讲座，对学生进行生命教育，告诉他们在面对突出其来的火灾、水灾、雪灾、地震、交通事故时，应该如何应对，让他们正确认识生命的坚强与珍贵，学会正确应对生命危机，避免身心可能遭受的伤害。

3. 开展主题实践活动

为使德育活动不间断地对学生主体产生影响，并最终内化为学生的自觉行为，我校开展了一系列促进学生德育实践的活动，如举行"知荣明耻、全面发展"——社会主义荣辱观教育活动签字仪式，组织学生观看"珍惜生命、拒绝毒品"禁毒展，开展"拒绝非法出版物进校园"活动，教育学生树立荣辱观，明是非、辨美丑；开展感恩教育调查、感恩主题班会、给父母写一封感恩信、"烟台十中孝心标兵"评选等活动，培养学生的感恩之心；通过到福利院"送温暖"、清理"野"广告的活动，培养学生的社会责任感。这些丰富多彩的活动使学生明白了人与人之间要互相关爱，互相尊重，宽容、平等待人，引导学生在自我实现的同时实现自己的社会价值。

4. 开展心理辅助活动

学校开设心理健康课，建立心理咨询室，经常开展团体心理辅导活动，对学生出现的心理困惑及时予以解答，帮助他们学会自我调节、控制情绪和平衡心态，让学生懂得自尊、自重、自立、自强，较好地解决了他们在情绪上的困惑，使学生的身心得到了平衡发展，提高了生命质量，增强了生命韧性。

我校生命教育课题的实施，促使学校在德育建设方面更加关注生命的价值与意义，取得了一些实效：学生在面对学习、生活中的挫折与压力时，大都能调整状态，正确对待；改变了学习与生活中的焦虑、孤独、自责、冲动等不良心理状况，学会了有效调节和控制情绪，懂得了分享与合作，更好地适应了校园的学习生活。生命教育使他们的生命意识与生存质量都得到了提升。

中小学生命教育策略的实践研究报告

廖鸿滨　韩尚洪　权友慧　晏兴林　何娟

学校简介：东城实验学校隶属于广元市利州区教育局，为九年一贯制全日制学校，地处广元市政治文化腹地——利州区东城片区。学校分为中学校区、小学校区、万源校区，占地面积共135亩。现有135个教学班，在校学生近8000人。学校教师中，先后获省、市、区级骨干教师、学科带头人、教坛新秀、优秀教师、劳动模范等光荣称号的有160余人。多年来，学校始终坚持以改革创新为动力，以发展为主题，全面贯彻党的教育方针，全面实施素质教育，深化教学改革，重视师生身心健康，倡导成功体验，强调个性发展，注重特色教育，不断提高学校教学质量和整体办学水平。46年的办学历程，沉淀出"重文尚礼，健康智慧"的办学理念，升华出"厚德树人，精道育才"的教风，"乐学勤思，明礼笃行"的学风，"文雅大方，乐观向上"的校风。

校长简介：廖鸿滨，男，汉族，生于1964年2月，中共党员，1982年7月参加工作，大学本科文化，中学高级教师。1999年3月调入广元市利州区东城实验学校任教(原东坝中学)至今，担任党总支书记、校长职务，全面负责学校工作。该同志无论是在教育教学还是在学校管理的方式方法上都受到了社会的广泛赞誉，具有很好的群众公信度。曾被评为"中国保护未成年人优秀公民"、"四川省优秀教师"、"利州区名校长"、"广元市优秀教育工作者"，连续4年在区教育局校长年度考核中被评为"优秀"。多年来，该同志率领全校教职员工开拓创新，锐意进取，通过不懈的追求和努力，促进了学校各项工作顺利进行，并取得了显著成绩。

我校倡导的生命教育是一种引导学生追求高质量生命状态的教育。通过实践研究，我们认为在中小学中开展生命教育主要有以下一些策略：

1. 营建富有生命情怀的校园文化。

2. 培养具有生命活力的教师队伍。

3. 推行关怀生命成长的"生本课堂"。

4. 开发夯实生命教育基础的校本教材。

5. 创建提升生命质量的活动体系。

6. 构建促进生命教育的评估体系。

我校倡导的生命教育以关注学生的每一次生命活动，循序渐进地提升其每一次生命活动的质量为目标，以构建生命化课堂、开展生命生活实践和营建富有生命情怀的校园文化为途径，引导学生认知生命，珍爱生命，感恩生命，享受生命，培养学生的基本生活技能和积极的生活信念，为学生的幸福人生奠定坚实的基础。

我校在具体落实中，做到了以下几点：

一、营建富有生命情怀的校园文化

我校校园的整体环境不仅做到了功能齐全、安全有序、室外绿化、室内美化，而且在校园人文环境建设中，体现了学校的生命教育特色，突出了生命教育的意义，反映了学校的办学理念。在已有的校园园林景观基础上，建设了农垦园、动物园；结合交通安全教育的开展建设了交通体验区；根据学生的特点建设了生活技能实践室；充分利用板报、墙壁、橱窗等对学生进行生命知识宣传，并引导他们树立积极的生活信念。校园的一草一木、一砖一瓦都有利于学生学会尊重生命，热爱生活。

二、培养具有生命活力的教师队伍

生命教育实施的成败，关键取决于教师。我们倡导每一位教师都做具有生命活力的教师。具有生命活力的教师能把教育当作一生坚持的事业，能在工作中努力实现自身价值，富有人文关怀，充满智慧和创造力。自从该课题实施以来，我们通过生命教育的培训，让教师感受到生命的可贵，认识到生命教育的重要性；通过教师拓展活动的开展和日常工作中的互助，教师感受到团队中的温馨和幸福，乐意在这个团队中创造价值；通过搭建平台，组织教师参加各级各类竞教、竞赛活动，他们在活动中展现风采，有了集体荣誉感。一支爱岗敬业、极具生命活力的教师队伍在我校已经形成。

三、推行关怀生命成长的“生本课堂”

课堂是我们实施生命教育的主阵地。自该课题实施以来，我们一直在探索生命化的课堂，我们希望教师把他的教学对象学生理解为一个个独特而鲜活的生命，一切教学活动应该从他们的实际出发，教师的言行要体现对生命的尊重与关怀。在自我探索的基础上，我们积极吸取当前教学改革中他人积淀下来的宝贵经验，让以学生为本的“生本课堂”在我校生根。教师用智慧的光芒引导每一个独特而美丽的生命，让全体学生都能充分享受到学习和成长的快乐。“生本课堂”的引入，让我校的教学改革又迈上了一个新的台阶。

四、开发夯实生命教育的校本教材

生命教育是一个系统工程，仅仅靠“点”的带动是不够的，为了让它对学生产生更大的作用，我们产生了编写生命教育校本教材的想法。我们依托广元市利州区希望社工服务中心的优势资源，结合我校学生实际特点，发动部分生命教育“种子”教师，用了1年的时间，在实践中反思，在反思中提炼，编写出了一年级到四年级的生命教育教师本和学生本教材。教材以“自立、自信、乐观、包容、明礼、力行”为核心内容，建构生命知识、生命信念、生活技能、生命行动四个目标维度，采取游戏、绘本故事、音乐律动、分享等方式，让学生系统地学习到与自己的生命、生活息息相关的知识与技能,培养学生优质的生命信念,从而不断提升学生的生命质量。目前,我校一年级到四年级各班每周都开设一节生命教育课,授课教师依据此教材授课。

五、创建提升生命质量的活动体系

1. 每天1小时阳光体育活动

身体素质是生命质量的关键,为推进生命教育的实施,我校积极抓好大课间工作,努力提高学生的身体健康水平,使体育成为我校一道亮丽的风景线:每天锻炼1小时,学生健康起来;每天锻炼1小时,校园活跃起来。丰富多彩的大课间体育活动,让孩子体验到活动的喜悦、合作的必需、坚持的重要。我校实施大课间体育活动至今,受到了全校师生与家长的热烈欢迎,收到了良好的效果。

2. 每周两小时课外兴趣小组活动

生命教育需要多彩阳光,生命成长呼唤多姿多彩的校园空间。为尊重生命的独特性,张扬学生的个性,我校每周用两小时为学生开设课外兴趣小组活动课。此活动课包括舞蹈、科技、书法、绘画、围棋、篮球、乒乓球等10来个项目。学生根据自己的个人爱好选报项目,每学期可更换一次项目。通过课外兴趣小组活动的开展,每一个生命的个性特长都得到了充分发展。

3. 每学年的"三节两赛"活动

为了给学生提供展示自我的平台,学校每学年都要举行"三节两赛"活动,即读书节、艺术节、科技节、田径运动会、球类运动会。通过"三节两赛"活动的开展,学生生命能量得到了释放,生命色彩得到了绽放。

4. 每学年的系列生命体验活动

生命的成长离不开体验,我校以德育为突破口,为学生设计了学年系列生命体验活动,并按时组织开展。它包含了"缤纷假日生命体验"、"跳蚤市场模拟体验"、"生活技能大比拼"等20来项校内、校外活动,每项活动都有时间段的划分,每次活动都按方案执行,形成了一个有章可循的序列。一次次的生命体验活动让学生逐步学会生活,学会独立,学会感恩,学会合作,学会交往……

我校自实施该课题以来，通过实践，创建了上述生命教育体验活动体系，为学生提升生命质量起到了重要作用。

经过3年多的课题研究和实践，我们提高了认识，取得了一定的成果，但同时也越来越深地感受到生命教育是一个系统工程，实施这个系统工程离不开每一位教师的参与。教师的生命质量、生命状态会直接影响到学生。因此，在总结成绩的同时，我们也看到了需要进一步努力的方向：

(1)加大培训力度，增强教师对生命教育的认同度，提升教师对生命化课堂的驾驭能力。

(2)改进奖励制度，激励生命教育先进教师。

(3)加强学校硬件设施建设与投入，为师生生命成长提供更宜人的环境。

(4)加强对家长生命教育的宣传，为学生校外生命成长提供安全、良好的环境。

(5)进一步完善学校生命教育评估体系。

生命在自主中绽放精彩

孙明贤　李志强　李金万　赵永平　李德祥

学校简介：陕西省宜川中学创建于1941年，濒临著名的黄河壶口瀑布，位于宜川县城中心，是陕西省标准化高中。学校占地面积75亩，建筑面积37 658平方米。现有103个教学班，7338名学生，421名教职工。近年来，学校牢固树立生命教育思想，坚持“学校的一切为学生发展而存在”的办学理念，在全国首创以“自主课堂”和“自主管理”改革为核心的学生自主发展模式，走出一条内涵发展、特色发展、明校发展的创新之路。学校被授予“西北课改名校共同体理事长学校”、“中国绿色高中共同体学校”、“全国素质教育先进示范学校”、“全国十佳现代学校”、“全国高效课堂新九大教学范式”、“全国生命教育示范基地”等称号。还被誉为“陕西基础教育改革的一面旗帜”、“全国学生自主发展的一大样板”。

校长简介：孙明贤，男，1963 年生，中共党员，中学高级教师。1983 年从陕西省洛川师范学院毕业后，参加工作，后通过进修获取大专、本科学历，2004 年 7 月获得香港公开大学教育管理硕士研究生学历。历任农村小学、初中教师，宜川县西郊初中教导主任，宜川中学团委书记、副主任、主任、副校长等职，2004 年至今担任宜川中学校长。曾被授予“全国教育系统先进教育工作者”、“全国先进校长”、“中国基础教育百佳杰出校长”、“全国十佳现代校长”等荣誉称号。

生命的意义在于自主和自立，在于富于激情和活力，在于创新和超越。基于这样的思想认识，我们从 2008 年起实施以自主课堂为核心的新课程改革，同时大力开展以学生自主管理为核心的德育改革。教师对学生授权和放权，将班级、年级的一切事务，甚至学校的部分事务交给学生去做，让学生在广泛参与管理的过程中学会做事，学会做人，让学生真正成为学校的主人，让学校真正成为学生的学校，让学生的生命在自主中绽放精彩。

一、在行为自主规范中强化生命的主体意识

主体意识指主体的自我意识，它是人对于自身的主体地位、主体能力和主体价值的一种自觉意识，是人之所以具有主观能动性的重要根据。美国心理学家罗杰斯曾指出：“积极的自我观念为我们正确对待生活提供了极大的有利条件，它是形成伟大人格力量的基础。”

学校在实施学生自主管理的过程中，首先从学生的行为习惯开始强化学生的主体意识。在班级、年级、学校三个层面都建立了学生自主管理委员会机构。学生管理的各项规范、制度和章程，都由学生讨论制定，并由学生监督考核。这样最大限度地克服了学生的逆反心理，形成了“人人参与管理，个个达到自律”的良好局面。

如,我校高二(15)班同学觉得自己制定的班规过于繁琐,惩罚多,奖励少,不利于培养学生积极进取的优良品质,他们及时召开班会,广泛征集意见,将原来的班规改为公约,实现了“依约治班”的质的飞跃。譬如卫生公约:每天按时三打扫,区域教室不能少,打扫死角很重要,暖气底下也不落。学习公约:自主安静不吵闹,仔细斟酌深思考,展示自信思路巧,活而不乱本色好。

二、在活动自主组织中彰显生命的青春活力

青春是浪漫的,是美好的,充满青春气息的学校是激情燃烧的校园,是放飞梦想的摇篮,是成人成才的殿堂。所有到过宜川中学参观学习的人谈起宜川中学最深的感受都是两个字——震撼。省学前师范学院领导说:“这里的学生精气神十足,乃浩然之气。”省教科所领导说:“看了这里的学生,就看到了90后的希望和素质教育的未来。”感动和震撼源自学校为学生自主活动提供了广阔的舞台。

阳光大课间活动将激情与活力尽情点燃。每天安排两次阳光大课间,上午大课间是激情跑步,下午大课间是做阳光健美操。激情跑步活动之前还有5分钟的疯狂英语朗读,在领读员的引领下,同学们拿起手中的英语校本教材尽情朗诵,书声如潮;激情跑步令一下,同学们迈着整齐的步伐,喊着洪亮的口号,齐刷刷如沙场练兵,茂腾腾似战前检阅;下午的阳光健美操音乐响起,同学们便踏着欢快的节奏,从四面八方有序地跑步入场,随着音乐的变换,青春、美丽、阳光的健美操在动作和造型的变换中,极具美感,强健之美、柔韧之美和动感之美浑然一体。

升国旗仪式让创新和期待成为常态。每周一的升国旗仪式由原来的班级轮流制变为申报制,想要承担下周升旗仪式的团队,需要提前一周向政教处递交申请,政教处从中筛选出最具创意和感染力的策划团队。可谓一变带来百变,每周的升旗仪式大家都不知道是哪个团队承担,不知道又有什么样的创意出现,但有一样是不变的,那就是期待和感动。如,高一(11)班升国旗,在学生演讲结束后,全班同学在国旗下宣誓。在班主任请长假的日子里,他们决心比平常做得更好,他们要和兄弟班级挑战,他们要给班主任一

个惊喜,所以要有更多创意。又如,“和弦”文学社团升国旗,主编便演讲了他们如何向校长建议将班级文学社变成学校文学社的感人故事,副主编还声情并茂地朗诵了文学刊物中的一篇美文,赢得了全体师生雷鸣般的掌声。

主题班会成为学生风采展示的平台。各班主题班会有大小之分,每天晚自习前有20分钟的小班会,或是工作总结,或是安全教育,或是问题讨论,内容丰富,形式多样,全部由学生组织。每月一次40分钟的大班会,主要结合班级焦点确定主题,精心策划,悉心准备,全员参与。如,高一(14)班的主题班会“名校与成功”感动了来校参观学习的陕西富县阳泉中学副校长赵广宇。赵校长为同学写了一封热情洋溢的信,同学们看后激动不已,随即召开主题班会“在激励中成长”。随后赵校长通过书信和学生及时进行思想交流,同学们主动聘请赵校长担任他们的班级顾问。

百里远足,让生命在体验中更加壮美。每年清明节前夕,学校都要举办由高一年级师生共同参与的“百里远足”活动。这是对师生意志的磨炼,耐力的挑战,情感的培养,团队的锻造,爱国精神的培养,热爱自然情操的陶冶,促进了师生的生命升华。生命因体验而变得更加壮美:启程的路上,同学们兴高采烈,信心满怀,心儿同山花一样烂漫;烈士陵园扫墓,同学们神情凝重,思绪万千,寄托无限哀思,点燃崇高理想;返程的路途虽然遥远而艰难,但却是幸福和美好的。大家用坚持和鼓励共同收获了人生中最珍贵的财富:团结、友爱和互助。

三、在文化自主构建中提升生命的诗意情怀

德国哲学家海德格尔曾说过:“人,应当诗意地栖居在大地上。”苏联教育家马卡连柯也说过:“教育是诗一样的事业。”一位老教育家说过:“让学生身心舒展地活着,毫不畏惧地尝试着,充满诗意地期待着,这才是教育应该给予的。”我们在学校文化建设中应当让师生广泛参与,用诗意的眼光审视生活,用诗意的情怀提出创意。

班级走廊文化、年级橱窗文化和学校花园文化共同营造了“走在校园中,如在画中游”的诗意氛围。班级走廊文化主要包括班名、班徽以及班级

目标管理牌和文化园地。班名和班徽含义深刻，耐人回味。高二(8)班的班名火焱燚，由8个火字组成，代表着班上的学生有火一样的激情和活力，预示学生将以星火燎原之势奔向美好未来。高二(10)班的班徽是一只在烈火中紧握的拳头，象征着团结就是力量，即使前面的道路充满艰险，大家也会勇往直前，闯出一片新天地。

新时期中学德育工作任重道远，许多新思想、新问题会不断出现，但是我们始终坚信：只要能将学生真正看成学校的主人，坚定不移地走学生自主管理改革之路，不断丰富自主管理的内涵，不断提升自主管理的品质，尊重学生生命特征，遵循学生生命规律，为学生自我发展创设更为科学、民主、人文的环境，学生的生命意识、生命尊严、生命质量、生命价值自然会与日俱增。

编织绿色梦想　播撒绿色希望

——"生态小农场"健康教育的研究与实践

袁贤娟　蒋优女　廖翡

学校简介：宁波市鄞州区五乡镇宝幢幼儿园是一所按浙江省一级标准建造的年轻公立幼儿园。园内教育设施设备配备一流，每间教室配有钢琴、电脑、空调、DVD、多媒体、投影仪等现代化设备，学校还配有专用的科学活动室、美工创意室、多媒体活动室、幼儿图书室、室内体育活动室、生态小农场等。新园创建两年来，幼儿园先后荣获"浙江省二级一类幼儿园"、"浙江省A级食堂标准单位"、"浙江省爱国卫生先进单位"、"宁波市5A级平安校园"、"宁波市现代化达纲单位"、"宁波市绿色环境模范单位"等荣誉称号。幼儿园坚持以"健康体格，健美心智，健全发展"作为办园特色，以"用心去想、用心去做、用心去爱"的师风教风，诠释"爱、实、新、诚、精"的园训，让宝幢幼儿园真正成为每个孩子的快乐园、生活园、健康园、智慧园。

校长简介：袁贤娟，女，中共党员，幼教高级教师。1996 年毕业于浙江宁波幼儿师范学校，本科学历。曾荣获"鄞州区优秀教师"、"街道先进教育工作者"、"教坛新秀"等荣誉称号。多篇论文在宁波市、区比赛中获奖。自从迈进幼教队伍的那一天起，袁园长便把"做真诚人、做诚恳事"作为自己的座右铭，以自己的实际行动和人格魅力，发挥模范带头作用，促使教师成长。17 年来，始终保持"平等对话式、生活化、游戏化"的教学风格和"民主、人本、求实、创新"的管理风格，大胆开展幼儿园课程改革，在理论与实践的互动中不断学习—实践—反思—再实践，以逐步达到观念和行为的统一，促进专业成长。

一、"生态小农场"精打造

我园酝酿"生态小农场"课题始于 2012 年年初。2012 年 2 月，在袁园长带领下，我们发动全体教师开始打造幼儿园生态小农场。经过全体老师的研究与讨论，我们将幼儿园的绿化场地划分为三大块，每一区块都设置一个主题，分别为农家小院、竹林人家、现代培植。

农家小院中主要选用农村特有的稻草、木头进行创设。整个区域利用木头围栏进行划分并建造木头小屋作为农家小院门面，在小院里师生可以利用各种农用工具进行农场劳作，使小院具有浓郁的乡土气息。

竹林人家的创设得益于我园的地理条件，我园地处农村，四面环山，竹子资源极易获取。在这个区块，我们用竹子围成小型篱笆，并在入口处建造一间竹林小屋，在区域末端种植一片小竹林并配以竹制风车点缀。整个区块装饰以竹子为主要原材料，以竹制打击乐器、竹片画等装饰农场区域墙面，营造出浓郁的竹林人家氛围。

现代培植区块以 PP 管种植为主，周围墙面配上明亮的透明种植器皿，给人以强烈的现代感。在区域周围我们还创设了无土培植、水培等多种形式的现代种植，让孩子感受现代种植技术的先进。

三大区块创设好以后，我们将小农场土地均分成 9 块，每个班级认领一块土地开展种植、观察活动。教师们则收集各类种子，并在适宜的季节带孩子播种、松土、施肥、拔草。现在我园生态小农场一年四季都是一片郁郁葱葱的景象。在每个季节，孩子们都能收获不同的果实，感受劳动后丰收的喜悦。现在，生态小农场已经成为宝幢幼儿园一道亮丽的风景线。

生态小农场外部环境创设好以后，我们将幼儿园区域活动与生态小农场有机结合，在生态小农场的周围和幼儿园一楼的走廊中进行了生态小农场区域活动的创设。走廊区域活动也根据生态小农场的三个区块主题进行了相应的设置。如农家小院中，我们收集各种木头、石块等物品让幼儿尝试在这些物品上自主创造；在竹林人家中，我们投放很多竹制品、编织材料、竹类自制打击乐器等让幼儿根据自己的喜好进行选择和游戏；在现代培植区块中，我们收集各种新奇有趣的器材如鞋子、蛋壳、玻璃瓶等让孩子进行种植，植物种下以后及时给植物浇水和记录，让孩子经历别样的种植体验。

二、园本课程齐参与

目前在幼儿园健康教育课程中，涉及农场、种植方面的资料非常少。我们在开展课题研究的同时也在进行开心小农场园本课程的研究。课题立项以后，我们将开心小农场课程安排在周计划中，课程包括种植、农场劳动、常识认知等内容。经过一个学期的实践研究，开心小农场课程已经正常有序地开展，取得了一定的效果。

三、开心体验重实践

幼儿园在每个月的课程中设置了开心小农场课程。如在每月的农场劳动日这天，在教师带领下，每位幼儿下到农场进行劳动实践活动，包括给植物浇水、清理农场垃圾、施肥、播种、除草等。除了每月安排的农场劳动日以外，教师还不定期地利用户外活动、餐后活动、游戏活动的时间带领孩子们下到农场进行实践活动。每次的农场实践活动时间都是孩子们最开心幸福的时刻。

四、家园合作添动力

生态农场的顺利创设离不开家长的大力支持。2012 年年初，创设生态小农场之初，我们的创设活动就得到家长的大力支持，每班由家长委员会成员牵头组成的家长义工团为我们的创设活动添砖加瓦。家长义工团的成员纷纷发挥自身特长投入生态小农场的创设中，他们有的帮助我们进行竹子工艺品的制作，有的协助我们将 PP 管种植的底架搭建完成。在家长义工的帮助下，我们生态小农场的创建工作如期完成。

生态小农场的创设得力于我园得天独厚的地理条件和环境。我们将生态小农场划分成 9 个种植小区域，每个班级认领一块种植区域。在老师和幼儿的努力下，每个种植区域的农作物都长势喜人，但是随之而来的问题也很多。如有的植物错过最佳播种期，长得不够高大，很多老师掌握的种植知识和技巧有限，导致在指导幼儿操作时出现很多问题。我园地处农村，很多幼儿祖辈有着丰富的种植经验，能为我们幼儿园生态农场的建设提供帮助。基于此种考虑，我们聘请了有丰富种植经验的家长作为我们生态小农场的技术顾问。每个班级推选一名种植经验丰富的家长作为技术指导，每位技术指导每月至少来园两次，教授班级老师和幼儿相应的种植知识。在技术指导员的帮助和指导下，我们老师的种植知识越来越丰富，这也有利于我们更好地指导幼儿在生态小农场中进行观察和种植等活动。

五、成效初显

1. 幼儿发展得到提升——幼儿劳动行为和能力得到发展

现在的孩子都是家中的宝，家家都有个难伺候的小皇帝小公主。很多孩子都是衣来伸手饭来张口，基本的生活自理都成问题，何谈劳动习惯和行为习惯的养成？生态小农场创设完成以后，我们以游戏化的形式带领幼儿进入农场，给农作物浇水、除草等，进行简单的劳动。我们设置的课程中，每月有一天安排为农场劳动日，在劳动日这天，老师带领孩子们进入农场内，给农作物浇水、施肥，捡农场垃圾等。这天，我们能看到孩子们在农场中忙碌的身影，也感受到他们劳动收获时的喜悦。通过生态小农场劳动实践，孩子们的自理能力提高了,他们的手部肌肉得到了良好发展,同时在游戏化的劳动中他们的交往能力、合作能力也得到了培养。

2. 教师潜能得到发挥

首先,教师对课题研究的兴趣日益浓厚。课题研究之初很多老师不清楚如何开展课题研究,找不到方法自然也就没有兴趣去做。通过课题组织者按时召集教师组织研讨学习,在每次活动前进行耐心的引领指导,老师们逐渐掌握了开展课题的方式方法,使幼儿园课题研究的氛围日渐浓厚。教师们也积极主动地参与到课题研究工作中来。

其次,教师自身素质不断提高。为了科学指导幼儿在生态农场中的各项活动,老师们在每次活动前翻阅资料,请教经验丰富的种植能手、专家,熟练掌握了种植的各项技能,通过课程、实地实践等方式将相关知识教授给幼儿。在幼儿出现问题时适时地介入指导,给幼儿提供必要的帮助。通过一系列学习,全园师生的专业知识得到很大提升。

3. 家长观念得到改变

我园地处农村,家长的教育观念较城区家长稍显落伍。通过一系列农场实践活动,家长欣喜地发现孩子的自理能力、劳动习惯、交往能力都得到很大发展,同时家长的教育观念也有了根本转变,他们愿意让孩子下到农场进行劳作、观察等活动,同时也愿意为幼儿园的农场建设出一份力。

4. 幼儿园特色得到彰显

我园开辟的生态小农场已成为幼儿园一道亮丽的风景线。农场自从开辟以来,已经多次接待鄞州区姐妹园来参观、考察。生态小农场主题活动在我园开展得有声有色,已有多篇新闻进行了报道。这表明在鄞州区我园的生态小农场建设已初具特色。

普通高中生命德育活动课程建设研究

沈建春　高静东　徐福亮

学校简介：无锡市堰桥中学位于素有“中国改革之乡”美誉的惠山区堰桥街道，始于地方先贤胡雨人、胡壹修在1902创办的“胡氏公立蒙学堂”，距今已有110多年历史。学校于1968年设立高中，并更名为无锡县堰桥中学；2000年，成为锡山市重点中学；2008年，被评为江苏省三星级高中。100多年的办学历程中，学校秉承“诚勤”校训，确立了“为学生终身发展奠基，让师生同创美好未来”的办学理念，形成了“文明、尚礼、团结、创新”的校风，“好学、深思、严谨、求实”的学风，“勤奋、严谨、求实、创新”的教风。学校先后获得“全国中小学校德育工作优秀单位”、“江苏省基础教育课程改革先进集体”、“江苏省青少年科技教育先进学校”等诸多荣誉，先后挂牌“华东师范大学教科院实验学校”、“沈鹏书法艺术学校”、“中国物理学会科普基地”，在无锡地区享有盛誉。

校长简介：沈建春，苏州大学数学系本科毕业，中学高级教师，无锡市教学能手。自1984年参加工作以来，先后在江苏省锡山高级中学、惠山职业教育中心校、无锡市长安中学担任教师、学生科副科长、学生科科长、校长助理、副校长、副书记、书记校长等职，于2014年1月，调入无锡市堰桥中学，担任书记、校长职务。近年来，先后获得了“全国青少年普法教育先进个人”、“江苏省优秀青少年科技教育校长”、“无锡市优秀教育工作者”等荣誉称号，并荣立三等功。沈校长十分重视德育工作，在红十字建设、心理健康教育、德育科研和德育基地建设等方面突出重点，讲求实效。在此基础上，他对德育资源进行整合，提出了“生命德育活动课程建设研究”课题，着力提高德育管理队伍的素养，创新德育活动，全力打造学校德育品牌。

一、开发丰富而有特色的生命德育课程体系

我校传承“诚勤”校训精髓，以生命教育理念为依据，把学校生命德育价

值定位为:关怀人的道德生命和提升人的生命意义。在生命德育理念的指引下,着力开发校本课程,塑造生命德育体系,构建两项核心课程,形成三大教育专题,开设四类校本课程。根据上述活动内容,积极推进特色活动,弘扬生命德育精神。

1. 构建两项核心课程

从生命德育的目标出发,整合专题教育内容,构建校园生活课程体系。这一体系包括基础文明课程、身心和谐课程、校园人文课程三大中心内容,根据中心内容分学段、分时段、有计划、有侧重地实施教学。按照生命教育目标要求,构建社会实践课程体系,包括重大社会实践活动课程、走进社会大课堂活动课程和爱心志愿者课程。我们将全校 6 个年级课程按年度和教育侧重点编排成内容纵向衔接、横向沟通的体系。

2. 形成三大教育专题

一是认识和珍爱生命专题:生命与健康(青春期教育、心理健康教育、军训教育、体育节)、生命与安全(安全法制教育、禁毒防艾教育、自救自护、逃生演练等生存技能提升教育)。二是关注和关爱生命成长专题:生命与成长(感恩教育、习惯养成教育、耐挫折教育、榜样教育、文明礼仪教育、传统美德教育)、生命与价值(诚勤校训教育、理想前途教育、18 岁成人宣誓仪式、自律自主教育、道德成长档案评价研究)。三是创造生命意义和价值专题:主要是生命与关怀(人生观教育、环境教育、红十字活动、爱心教育、青年志愿者活动)。

3. 规范开设四类校本课程

在实施国家课程、地方课程的同时,学校积极开发校本课程,现在已经成功开设了 22 门课程,涵盖了科学素养、人文素养、身心健康、生活技能等四类。从教师意向调研、编制课程纲要和选课指导书、学生意向调查到实施、管理和评价,目前的校本课程建设已经逐渐规范,正沿着"更加规范、更高质量、更具特色"的道路努力探索。与此同时,学校的社团活动也在如火如荼地开展,"雁行"文学社、"雁之声"广播站、"原野"书画社等社团活动影响范围越来越广。日前,我校参加了"全省校本课程优秀成果评选"活动与"江苏省中小学精品校本课程系列"建设工作,同时也在着力创建"江苏省中学生命德育课程基地”。

二、初步探索生命德育师资队伍发展的策略

教师是课程基地建设的核心要素。学校坚持“为学生终身发展奠基，让师生同创美好未来”的办学理念，在生命德育课程基地的建设过程中，为学生的全面发展和个性发展提供场所，为教师的专业发展和可持续发展搭建舞台，为学校内涵建设和科学发展铺平道路。

1. 优化管理岗位，实现专职与兼职教师互补

学校认真贯彻落实教育部《中小学班主任工作规定》，建立班主任上岗培训、在岗培训和骨干培训三个层次有机衔接的培训体系，开展多层次班主任工作协作交流活动。每年举办“班主任节”，开展全校班主任工作技能竞赛，采取“请进来”和“走出去”相结合的方式，举办班主任工作培训班，聘请专家来校授课、传经送宝，定期组织班主任老师走访省内外名校，实地考察参观学习，达到“他山之石来攻玉”的效果。我校也通过系列活动促进班主任工作专业化发展。首先，实施青年班主任和德育骨干导师制，促进青年班主任迅速成长。其次，建立科学的班主任工作评价机制，完善奖励制度。再次，加强心理健康教育教师队伍建设，引进、培养心理学专业教师，专职从事心理健康教育工作，推荐教师参加心理健康教育培训，为师生提供心理健康咨询服务。

2. 投身课程开发，促进教师专业与兴趣同发展

为调动专业教师的积极性，更新和深化教师专业知识，学校结合高中选修课内容，开设与本学科密切相关的校本课程。学校通过调查访谈，了解教师的兴趣爱好，结合教师的兴趣点，鼓励教师组成兴趣小组，共同开发校本课程，将教师的业余爱好提升到专业素养的高度，以教师的全面发展带动校本课程的全面开展。

3. 依托考查学科教师，编制校本教材

从内容上看，无论是科学素养类的《放飞理想》，人文素养类的《艺术欣赏》，还是身心健康类的《走进青春》，生活技能类的《安全教育》，学校校本教材的开发很大程度上依托于考查学科教师的力量。考查学科教师由于没

有繁重的备课与作业批改任务,可支配的时间相对较多,进行教材开发更有时间保障。

三、积极开展丰富多彩的生命德育活动

1. 投身社会实践,弘扬生命个性

社会实践活动是中小学课程的重要内容,也是素质教育实施的重要途径。根据不同年级特点,学校确定如下活动主题和时间:高一年级活动主题为“学会生存”,每年3月开课;高二年级活动主题为“团队合作”,每年4月开课;高三年级活动主题为“敢于担当”,每年11月开课。每次生命德育活动都按课程要求精心设计,明确活动的教育目的、内容、方法、实施过程和评价保障措施。活动包括课程目标、活动方案、拓展教材、活动记录、感悟体会、活动评价六大块内容,按“认知、体验与实践相结合”的原则,融知、情、意、行为一体,使学生丰富人生经历,获得生命体验,弘扬生命个性,拥有健康人生。

2. 注重教育延伸,构建三位一体的教育网络

社区教育是学校教育的延伸和拓展,为培养青少年健康成长,走出一条学校、家庭、社会三结合的有效教育之路,势在必行。2012年4月13日,我校召开“关心下一代工作研讨会”。无锡市关工委缪根宝主任,惠山区关工委许洪南主任,区教育系统关工委及堰桥街道、长安街道及堰桥中学施教区内堰桥社区、堰新社区等社区的关工委负责人,以陶听根为首的校外辅导站“五老”志愿者等,齐聚学校,共商社区教育大计。高静东副校长在会上作了题为《发挥多方合力,努力构建良好的教育生态系统》的报告,提出了学校关工工作的设想。学校与7个社区分别签订了《学校与社区加强未成年人思想道德建设合作协议》。

3. 编织交流网络,盘活校内校外教育资源

百年堰中人才辈出,“扬百年文脉,激后辈壮志”是堰中人的不懈追求。学校通过建立北京校友会、南京校友会、上海校友会,加强与各界知名校友的联系,邀请航空航天、国学、心理健康、国际政治、书法美术等方面的专家、学者和政要来校讲学,启迪后辈。通过加强与上海格致中学、大同中学、曹

杨二中、南京金陵中学、南京十三中、东北育才中学等友好学校的合作交流，取长补短，借鉴先进经验，寻找特色发展道路。

建设有生命情怀的学校文化

——生命教育与学校文化的研究与实践

刘自觉　杨晓平　刘翠萍　蔡思敏　许文晋

学校简介：太原师范学院附属中学，是一所省属公立完全中学，坐落于1902年创立的山西大学堂旧址，古朴厚重、人文荟萃，孙中山、蔡元培、鲁迅、泰戈尔、杜威等历史文化名人曾汇聚于此讲学布道。我校创建于1997年，学校现有侯家巷、富力城两个校区，有教学班53个，学生3000余名，学校教师队伍是以特级教师、省市学科带头人、骨干教师及教学能手为主的优秀教师团队，这些优秀教师占教师总人数的60%。同时，我校青年教师队伍不断壮大，他们均是全国重点师范院校的优秀硕士毕业生，承载着附中的未来和希望。多年来学校秉承"大道不器"的办学理念，坚持"敦品励学"的校训，全体同仁殚精竭虑、锲而不舍地践行着艰苦奋斗、思变思新、永不言败、虚心善学的"附中精神"。先后被评为"山西省文明学校"、"山西省基础教育课程改革试验基地"、"山西省基础教育课程改革先进学校"、"山西省校本研训示范学校"、"太原市德育工作模范学校"，连续四年荣获"太原市初中教育教学质量综合优秀奖"、"现代教育技术实验学校"、"师资培训工作先进集体"、"太原市大面积提高初中教育教学质量优秀学校"以及"太原市示范家长学校"等称号。

校长简介：刘自觉，男，51岁，大学教授。主要研究方向是生命美学。出版著作《笛卡儿》、《尼采传》、《解析死亡》等。研究基础教育的论文《基于生命感受的教育沉思》曾发表在《人民教育》，并被该刊评为“建刊50年优秀论文”之一。2008年接任校长一职后，他站在“生命教育”的高度，提出了“大道不器”的办学理念，要求师生“走在人生的大道上，探求宇宙的大道理，拥有人生的大智慧”，以努力构建“活力校园、文化校园、魅力校园”为发展目标，本着“成绩、成长、成人”的育人原则，以为社会培养“身心健康、睿智豁达、追求完美的社会公民”为办学目标。

太原师范学院附属中学自2011年参加“生命教育”总课题组研究以来，组建了由校长刘自觉教授领导的研究小组，致力于“生命教育与学校文化的研究与实践”探索。三年以来，我们在学校文化特色、班主任主题班会、利用语文课进行生命教育等多个方面取得了可喜成绩。

三年来，课题组在学校文化的研究与实践方面进行了多方面的探索，总结如下：

一、文化立校，百年学堂传历史之文脉，青春附中炫生命之光彩

“建设有生命情怀的学校文化”一直是我校思考和实践的方向。2011年，由校长亲自带队的学校文化特色研究小组就开始了实践活动。刘校长针对学校的实际情况，致力于传承“百年学堂”的文化底蕴，打造“青春附中”的学校品牌，提出了“二次腾飞”的目标。

学校要求教师继续发扬中西结合、行知统一、内外兼修的大学堂精神。学校要求教师做人要大气，做事要精细，要把教学质量与幸福人生结合起来，不仅专业，而且敬业，更把教育当作事业。

学校致力于为社会培养合格公民。我们要尊重学生的公民权利，培养学生的公德意识，鼓励学生从事公益活动。要让我们的学生有文化教养，抵御物欲主义的诱惑，不以享乐为人生目的，培养高贵的道德情操与文化精神。要让我们的学生有社会担当，严于律己，珍惜荣誉，扶贫济弱，具备悲悯情怀，担当社会与国家的责任。要让我们的学生有自由的灵魂，有独立的意志，超越时尚与潮流，在诱惑面前能保持心灵的宁静与淡定，不为强权与多数人意见所左右。

学校统一认识：我们执着于生命，就是要在生命之爱中实现生存的价值，即有健康的体魄、有旺盛的精力、有顽强的意志、有坚定的信仰。坦然面对生活，欣然接受自己，用审美的眼光打量这个色彩缤纷的世界，诗意地生活在真实的生命感受中，让青春生命在个性张扬中焕发出蓬勃的创造力。

我们引导学生主动地关注生活、关注自我、关注他人、关注现世人生、关注人类未来和茫茫宇宙，使学生时刻用怀疑的眼光、批判的精神、科学的方法和实事求是的态度去审视一切。人无完人，但我们的教育理想就是要追求“完人”的境界，就是要使人成为一个完整的人——有独立的人格、神圣的尊严、丰富的感情，更有不可遏止的创造力量。我们努力让每一位学生享受一流教育，让学生实现全面发展。

二、知行合一，让每一个孩子找到生命的自信和尊严，展现人性魅力

学校在“大学堂、大课堂”理念的指引下，组织学工、学农、学军等社会实践活动，让学生开拓眼界、认识社会，极大增强了学生的社会责任感。学校鼓励学生开展社团活动，形成了一批深受学生喜爱的具有附中特色的品牌社团，如模拟的“联合国社团”、军事政治研究社、爱乐管乐团、魔术社、配音社等。学校坚持开放办学，先后组织部分学生参加在美国、澳大利亚、新西兰等国举行的国际夏令营以及中日文化交流活动，既增强了学生的爱国意识，又使他们具有了世界眼光和全球意识。

与此同时，传统的校园文化艺术节、合唱节、体育节、社团节，丰富的趣味运动会、篮球赛、科普讲座等活动，为学生搭建了展示的平台，有助于全面提升学生的综合素质。

学校政教处刘翠萍主任（课题研究组成员）倡议发起的“书香自漂流”读书节、寒暑假社会实践活动也在全校各年级蓬勃展开。2014 年我校暑假的作业是：高中部学生要求写一份以“中国近海”为题的调查报告，初中部学生要求编写一份“关爱动物，珍爱生命”的手抄小报，开学后各班开展“保护野生动物”手抄报展。

为丰富校园生活，给孩子们一个展示自己多方面才能的平台，学校还组织了秋季运动会、迎新歌咏比赛，让菁菁校园永葆青春活力。为引导孩子们

用正确的态度对待青春期常出现的一些问题，学校对男女同学分别开展了青春期教育。我们尊重每一个孩子，尊重每一个生命，让我们的学生活得有尊严。

三、开展教研，寻找实施生命教育的切实途径

教学质量是学校的生命线，而教改教研是教学质量提升的动力来源。学校由杨晓平老师牵头的“通过语文课进行生命教育的途径和方法”课题，通过对高中阶段语文教材进行梳理，利用语文教学特点，组织语文教学活动，以多种形式开展生命教育。通过语文教学的具体实践，把生命教育的观念落到实处。

学校非常重视教师的幸福人生与专业成长，每学期初，学校都要请全国知名专家来校为教师作报告，以促进教师的专业成长。每个学期学校举行“走出去，请进来”活动，为教师提供更多的学习机会。在学校的引导下，附中教师团结、向上、积极、乐观、敬业、阳光、健康。教师在工作中身心愉悦，精神充实。

总之，在生命教育理念的引导下，附中教师正在努力成为有丰富学识和生命情怀的人，能悦纳自我、心存感激和追求卓越的人，有阳光心态、深刻思想、先进教育理念和过硬的教学本领的人。他们能利用学科特点渗透生命教育，通过教材和课堂，给予学生广博的文化熏陶，能够利用多种教学手段将自己独特的生命气质、学识素养、教学艺术通过教材、课堂展现出来，让生命在课堂上诗意地栖居；他们能够巧妙地开展第二课堂，激发学生的学习兴趣，创设良好的学习氛围，提供学习方法，建立监督机制，把学生培养成热爱生活、崇尚真理的读书人；他们一起打破和超越现实物欲和功利心对人的羁绊，让学生远离低下卑俗，拥有审美的眼光，感受世界的美好和善良；他们能尊重学生的生命和情感，利用自己特殊的身份，为学生的成长提供机会，为学生创设展示自我、发现自我和发展自我的平台。教学对于他们来说，是师生共同经历的精神生活过程，通过在教学中与学生之间的交往互动，实现自己的生命价值，并共同致力于呵护学生生命的健康成长。

让生命教育之花绽放异彩

赵斌　翟顺云　刘辉[①]

学校简介:江阴市祝塘中学创办于1944年春,地处锡、澄、虞、张中心地带的“江南外贸第一镇”——祝塘镇,1958年增设高中部,1996年8月移地新建,2002年5月创建成江苏省重点高中,2004年3月被评为江苏省三星级普通高中。学校现有高中部30个班,初中部23个班,在校学生2453人,教职工256人。学校先后被评为“中国教育学会书法教育专业委员会(写字教育)实验学校”、“中国基础教育科研先进学校”、“全国校园影视教育研究实验学校”、“江苏省绿色学校”、“江苏省书法特色学校”、“江苏省健康促进学校”等,学校建有独立的“e博楼”、“艺术楼”,有音乐、美术、书法等专用教室。学校依托省陶研会课题“‘翰墨树人’书法特色教育研究”资源,不断深化书法特色教育的探索与研究,书法特色教育已成为学校及地方政府对外展示的一个重要窗口。七十载的优良传统,积淀了深厚的文化底蕴。全校师生正发扬集体创优的团队精神,为把学校建设成为“社会满意度高、领导赞誉度高、同行认可度高、师生幸福度高”的特色名校而努力。

校长简介:赵斌,男,49岁,中学高级教师。赵校长从事教育工作28年以来,恪尽职守,善于创新,成绩斐然。他是江苏省考试研究会理事,无锡市高中数学学科带头人,无锡市先进教育工作者,江阴市中小学科技创新大赛创新教育优秀校长,《数学之友》高三复习资料编审。担任祝塘中学校长以来,他十分注重强化管理机制,规范办学行为,优化师资队伍建设,深入推进素质教育,提出以培养“五品”学生为着力点,促进学校的优质特色发展的发展思路。主持、参与多个国家级、省级课题,主编《高考数学基础训练》,在

---

① 赵斌:江阴市祝塘中学党总支书记、校长,课题领题人。翟顺云:江阴市祝塘中学教科室主任,课题主持人。刘辉:江阴市祝塘中学教科室,课题研究核心成员。

《中学数学》、《数学之友》、《中学数学教学参考》等杂志上发表教育教学论文30余篇。

近年来，学校十分重视开展教育科研。“十一五”期间，学校申报立项的两个国家级课题、两个省级课题均高质量通过结题鉴定，研究成果在一定区域内产生了很大影响。学校于2012年申报了教育部“新形势下生命教育的理论与实践探索”的子课题——“学校生命教育课程的开发研究与实践”，经过两年多的实践研究，全校师生对生命教育内涵、外延、意义和价值的认识有了进一步的提高和深化，师生的生命质量得到了很大改善和提升。全体师生积极参与，教师撰写了458篇相关的研究论文，其中，有204篇在省级及以上论文评选中获奖，其作品荣获“全国生命教育科研成果一等奖”。

一、学科教学中生命教育课程的开发与研究

将生命教育应用在课程中是开发生命教育校本资源最便捷、最有效的方式。

1. 探索在各学科教学中，渗透生命教育的内容、途径和方式，与学科教学有效对接，开发并形成学科教学中生命教育课程系列。将生命教育作为学校思想品德、思想政治课的重要内容。在体育、健身以及其他学科中，有机渗透生命教育的内容，在学科教学中增强生命教育意识，挖掘显性和隐含的生命教育内容，分层次、分阶段，适时、适量、适度地对学生进行生动活泼的生命教育。充分利用文学、艺术类课程蕴含的丰富的生命教育内容，促进学生对生活的热爱和对人性的赞美。

2. 对学生进行交通安全、校内安全、家庭安全、积极预防流行性疾病、拒绝不良嗜好与习惯等教育。教育学生要镇静应对突然袭来的自然灾害，让学生学会在灾难中快速、安全逃生。引导学生从正确认识自己开始，学会欣赏自己独特的生命价值，并在某一方面或几方面达到自我实现的目的，帮助每一个学生认识和理解生命的意义，提升生命的质量。

3. 建立心理辅导室“阳光小屋”，帮助有心理困惑的学生及时解开心结，顺利步入生命健康成长的阳光大道。

在编写校本生命教育教材时，我们根据学科以及学生生理、心理和认知等特点，编写了具有我校特色的《生命意识》、《生命关怀》、《生命意义》、《生命价值》系列校本教材。

二、活动课程中生命教育课程的开发与研究

1. 生命教育主题活动。从中学生的身心特点出发，积极开展生命教育主题系列活动，如青春期教育、心理教育、安全教育、健康教育、环境教育、禁毒和预防艾滋病教育、法制教育、生命教育主题班会等，引导学生认识生命的意义，追求生命的价值，活出生命的精彩，彰显生命的意蕴。

2. 生命教育实践活动。如让学生零距离接触大自然，探索和体验生命的意义，提升学生对生命的尊重与关怀；组织学生走出课堂，参观医院、康复中心、戒毒所等，认识健康对于生命的重要性，深化对生命价值和意义的理解；进行关于中学生“困惑与烦恼”的调查，及时解决学生成长转型期的问题，引导学生懂得如何感恩，使自己的生命更有价值。

3. 生命教育专题活动。利用主题节假日，如三八妇女节、禁毒日、世界环境日、预防艾滋病日、清明节、端午节、中秋节、重阳节，以及仪式教育、学生社团活动、社会实践活动、安全教育周等开展青春期教育、心理健康教育、安全教育、健康教育、环境教育、禁毒教育、预防艾滋病教育、逃生教育、法制教育，促进学生形成正确的生命态度、生命意识，感悟生命的价值。

我们立足于活动的设计、组织、总结和反思，充分彰显学校特色，形成《生命教育主题活动》、《生命教育实践活动》、《生命教育专题活动》系列校本教材。

三、校园文化建设中生命教育课程的开发与研究

1. 教室文化。学校对教室的卫生、布置、学风等有统一要求，需充分体现班级的精神风貌。同时，利用班会课、自习课，开展教室文化解读活动，让学生明白其中蕴含的道理。

2. 课堂文化。在课堂教学活动中，充分体现对生命的关怀。生命教育是充满人性关怀的教育。所以在课堂中应用生命温暖生命，用生命撞击生

命,用生命滋润生命,用生命点燃生命,用生命灿烂生命。

3. 家校文化。建立家校互动、联动的长效机制,充分发挥家庭在生命教育中的优势,引导家长对未成年人的生命变化发展给予及时、必要的指导和关怀。学校引导家长理解生命教育内容,不断提高学生家长实施生命教育的意识和能力。

4. 社区文化。重视社区文化的建设,采取定期和不定期的方式,带领学生深入社区参观、考察和体验,使社区变成学生体验生命世界的场所,培养学生热爱大自然、热爱生活的美好情操。

在实验研究的过程中,我们坚持将生命教育课程的开发与研究同校园文化建设结合起来,不断丰富生命教育校本教材的内容,初步形成《生命教育·教室文化》、《生命教育·社区文化》、《生命教育·家庭文化》、《生命教育·课堂文化》系列校本教材。

学校生命教育课程校本教材的开发研究,是一项奠基工程;学校生命教育校本课程的开发与研究,应彰显认知、情意、行为三个层次的目标;学校生命教育校本课程的实施,要坚持主体性原则、多样性原则、整合性原则。

关注生命的教育是教育的元基点,“如果我们要想回归人的本质,生命的学习就是返璞归真的途径。”(杰·唐纳·华特士《生命教育》)这样,真正意义上的“以人为本”的教育才有可能由愿景变为现实。学校应该重视生命教育校本教材的开发研究与实践,通过富有成效的途径、方式和方法,对学生加以正确的指导和引领,使学生认识生命的意义和价值,珍爱生命,热爱生命,品味生命,为学生创造美好的未来、幸福的人生奠基。

加强资源整合利用　促进师生生命成长

——中学生命教育资源整合与利用的实践研究

刘贤　于冬梅　孙晓维

学校简介：创办于1977年的沪新中学诞生于上海的浦江之滨，是一所普通完中。现有23个教学班，校园风景如画，教学设施先进，是上海市安全文明校园、浦东新区文明单位、区教科研先进集体、区行为规范示范校、区艺术教育特色校。2006年，学校成为浦东新区生命教育试点学校；2010年，被命名为首批“浦东新区生命教育示范基地”。学校承载着满足普通老百姓的孩子能接受优质教育的重任，矢志不渝地坚持把“尊重师生的生命成长”作为办学宗旨，不断深化具有生命教育特色的学校文化，提升了学校办学的整体水平，夯实了持续发展的基础，赢得了家长、社会的广泛认可和赞誉，取得了显著成效：2010年获“全国生命教育十佳示范校”称号；2011年获“全国初中教育改革创新示范校”称号。

校长简介：刘贤，女，中学生物高级教师，浦东新区生物学科带头人、生物学会副理事长。荣获”浦东区园丁奖”、“三八红旗手”、“教育科研先进个人”、“全国‘生命致慧’先进个人”等称号。她曾在上海市中青年教师教育教学评优活动、全国第二届中学计算机辅助教学说课评比活动和全国生物教学优质课评比活动中获奖。主持多项课题研究，获上海市、区教育科研成果奖。近年来潜心研究在中学如何开展生命教育，她坚信“科学+情感，帮助每个学生享受成功的快乐”的教育理念，坚持以“尊重”为学科教学核心，以“帮助学生享受生命成长的快乐”为目标，积极推进生命教育课堂教学研究。还在北京、山东、云南等地为全国许多省、市的骨干教师开展培训工作。

沪新中学近年来深入研究生命教育与学校自主发展之间的关系，积极整合利用校内外教育资源，全力创建生命教育环境。

一、文化引领，增强教师队伍活力

一直以来，我校坚持优化学校管理网络，注重以优秀文化引领教职工，充分利用校内外的资源和条件，整体统筹，协调发展，全面优化学校生命教育工作。特别注重在已取得成果的基础上，进行思考总结，提炼出了具有沪新特色的生命教育"六观"：教育观——帮助师生享受生命成长的快乐；课程观——生命在课堂中有组织地创建；教学观——生命与生命的默契对话；学生观——生命对生命的相互尊重；质量观——生命主体的和谐发展；文化观——生命与生命的合作共享。

在"六观"引领之下，学校以提升教育者的专业素养为抓手，有效提升了教育教学质量。学校自2006年确立生命教育办学思想以来，涌现出许多实践探索生命教育的先行者们，他们运用集体的智慧，梳理总结德育方面的教学经验，逐步形成了"扎根于沪新土壤"的教育经验。在管理层面，学校创设有利于实践创造的工作氛围，建立教师科研能力与绩效工资挂钩机制，定期举行有关"生命教育资源整合与利用"的教学实践和理论探讨，并通过师资培训和课题实践，培养教师的生命教育意识。有针对性地提高了教师的创新能力和科研能力，坚定了教师们从事生命教育工作的信心和决心。

二、开发资源，丰富课程内涵

1. 开发教材资源，丰富教学内容

中学教材中蕴藏着许多生命教育资源，在实践中教师们从教材和学生实际出发，挖掘、整合学科课程中的各种资源，适时地引导学生正确对待人的生命，在教学的"润物细无声"中实施生命教育。2007年，学校就将学科内容中凸显生命教育的教学提纲进行梳理，并作为校本培训的重要内容，组织教师认真研读课程标准，群策群力将提炼的生命教育"六观五性四特征"在教学实践中加以落实。各学科教师采用点拨诱导法、主题讨论法、思考领会法、体验感悟法、实践操作法、调查分析法等多种方法开展科学生命观教育。

2. 重视生成性资源，促进生命成长

我们把教学视作为一个生命系统，追求"以学生为本、要赋予课堂以生命"的教学目标。学校着重开展以"导学前置、小组合作"为重点的教学改革模式，尝试把课堂还给学生，把学习的权利还给学生。在小组合作学习中，教师整合利用学生资源，根据学生的学习基础、知识结构、学习能力、学习风格等优化组合，按照"组内异质，组间同质"的原则进行分组。导学案的设计则拓展了学生的视野，提升了学生的思维能力。同时，导学案也成为学生学习成长的记录、师生与生生交流的平台、梳理知识的重要资源。在课堂上，不再是教师提问题学生回答，而是学生根据自己的学习情况提出问题，教师和学生共同解答，或共同讨论问题，这就拉近了师生之间的距离。

3. 开发特色资源，编写校本课程

《科学生命观教育读本》是师生共同学习的成果。学校发动全体学生自主阅读有关文章，把自己深受感动的故事挑选出来。一年中共搜集1200多个故事，然后学生成立小组，再从中筛选70个最具代表性、教育意义的故事撰写阅读感悟和思考。在阅读挑选过程中，学生感悟优秀人物的品质，体味生活和做人的道理，在潜移默化中接受科学生命观教育。

《生命教育读本》则从7个方面介绍中学生应该掌握的健康生活方式。初中卷：生命与健康、生命与安全、生命与绿色、生命与自信。高中卷：生命与情感、生命与学习、生命与责任。每个主题构成一章，每章包含明理篇、体验篇、内化篇三部分。《生命教育读本》有助于培养学生良好的行为习惯，唤起学生认知、情感、行为的各种体验，引起学生心灵的共鸣，促使学生将生命教育意识内化为自己的行为，从而正确地面对生活和学习中的挫折，实现生命的价值。

三、创新模式，整合活动资源

课堂的生命教育教学不是终点，生命教育需要在课堂教学之外进一步延伸。

1. 创新活动形式，整合与利用节日资源开展教学

春节：开展"红包送祝福"活动。校领导为同学们送上中国结和糖果，并提出新的希望。大家也通过写春联，贴春联，表达对新学期的美好愿望。

端午节：以"爱国·友谊"为主题，通过观看屈原故事片，了解端午节的

来历，接受爱国主义教育，并利用废弃材料制作香袋，赠送给亲朋好友。

中秋节：通过电子小报的制作，引导中学生了解中秋节的习俗，明确亲情的重要地位，体会学校大家庭的融洽氛围。学生通过给“手拉手”小伙伴写信的方式，将他们的爱心与鼓励在这个节日里传递出去。

重阳节：每年围绕“敬老、感恩”主题，学校通过敬老行动、感恩日记、感恩卡片等活动方式，营造敬老、亲老、侍老、助老的良好道德风尚。学生们还会与老年教师齐聚一堂，品重阳糕，叙师生情。

2. 创办学生明星社团，整合与利用社团资源开展教学

“新希社团”、“环保社团”均是区中学生明星社团。新希社团在校内以第一时间用独特视角呈现身边的大小事、新鲜事；环保社团依托“根与芽”国际项目的强大技术支持，在校园里开设有机农场，开展给植物挂牌、垃圾分类安放、制作环保标签、开展禁烟宣传等活动，学校获“浦东新区绿色学校”、首批“浦东新区垃圾分类试点校”称号。

3. 重视内外联动，整合与利用家长、社区资源开展教学

每年暑期，高三学生会进社区开展见习居委干部活动；学校还会在消防安全、禁毒日、交通安全等重大宣传活动中，组织师生为所在社区、街道和居委会开展服务工作；每年学校还将家长与社区代表列为“感动沪新”的评选对象，通过海选、评比、颁奖等活动，隆重表彰有突出贡献的家长。此外，各年级在开展生命教育亲子体验活动时，都邀请家长和孩子一起参加，以活动为纽带，提升亲子情感。家长在活动中也能体验并感悟学校生命教育的办学思想。

经过全体师生的努力，我校的生命教育实施体系逐渐成型。生命教育是一场“爱的长跑”，所以学校领导、教师和其他员工都把自己定位为学生生命成长中的同行者和促进者，我们将继续努力，让校园充满生命情怀。

新形势下学校生命教育的理论与实践探索

孙方　周育新　蒋红霞　李湘津　陈雅芳

学校简介：天津市汇森中学是一所优质民办中学，其前身为1995年依托天津二中建立的民办公助学校——天慈中学。现有初高中共计36个教学班，有学生1500余名，教师120名。作为一所优质民办学校，汇森中学始终把“以质量求生存，以特色求发展”作为学校办学的基本思路，把“常规工作精细化，特色工作规范化，创新工作系统化”作为不断推进学校文化体系建设的工作准绳。办学业绩得到了业内和社会的广泛认可，中考成绩连年攀升，稳居全市前列。多年来，汇森中学以文化引领学校发展，努力打造成为一所富有教育理想的学校。学校的核心教育价值观是“给每一个青春生命注入成功的密码”，以“求真、至善、尚美”为育人原则，致力于培养具有现代公民精神的未来社会精英。以多元生命教育作为学校的办学特色，构建了包括国学教育、艺术教育、国际理解教育、科技教育、安全教育、理想教育、环保教育、心理健康教育等在内的十大教育群落，以期实现智慧生命、修习生命、感恩生命、美丽生命、多元生命、创意生命等在内的十大教育目标，形成独具汇森中学特色的多元生命课程体系。通过多元生命课程体系的构建与实施，达成汇森学生品性纯洁、品位高雅、品行自励的教育理想。

校长简介：孙方，教育学硕士，天津市生物学科特级教师。曾获得“天津市五一劳动奖章”、“天津市劳动模范”、“全国教育科研优秀教师”、“天津市基础教育科研先进个人”等荣誉称号。主持和参与了10余项国家级和市级科研课题的研究工作，被中国教育学会“十五”科研规划课题聘为专家组成员，发表了20余篇教育教学论文，获得“天津市第四届中小学‘双优课’一等奖”、“天津市第九届教研教改成果一等奖”、“国家‘十一五’CEI重点课题优秀成果奖”等多项教育教学奖励。孙校长尊重生命的多样性和智能发展的多元性，力求通过汇森中学独具特色的多元生命课程体系的实施，实现汇森中学的教育理想。

近年来，我校始终坚持为教育注入鲜活的"生命"元素，坚持传承与创新并举，努力创设富有生命教育特色的汇森中学。

一、注入鲜活的"生命"元素，让多彩的校园文化彰显教育活力

1. 诵读文化经典，助推生命快乐成长

我校坚持开展文化经典诵读活动，坚持让学生在传统文化熏陶中感受生命成长的快乐与幸福，组织老师编写国学教育读本。2010 年 12 月我校被教育部命名为"'中华颂——经典诵读'试点学校"。

2. 搭建艺术舞台，奏响生命的精彩乐章

我校艺术教育突出艺术课程的选择性，确立了交响键盘、舞蹈、管弦乐、合唱为支柱的四大板块，以适应不同年龄、爱好、特长的学生需求。2010 年，我校晨曦艺术团荣获"全国青少年才艺电视展演金奖"，并参与录制中国教育电视台春节联欢会。2011 年，我校青少年艺术团代表天津市，与新西兰奥蒂亚青少年交响乐团开展交流演出，反响强烈。同年，晨曦艺术团踢踏舞队在德国德累斯顿荣获"国际青少年舞蹈大赛特殊大奖一等奖"。2012 年，朗昱宣同学制作的环保动漫《最后的使命》在全国青少年科技影像节中荣获一等奖。

3. 推进科学教育，激发生命的创造活力

我校自主开发的《发明与知识产权》校本课程是我市基础教育界唯一进入该领域的校本课程，获得了天津市知识产权局的高度肯定；2012 年，我校学生获"全国科技创新大赛银奖"、"第 27 届天津市青少年科技创新大赛发明项目一等奖"，学校被命名为"中国少年科学院分院"、"中国少年科学院科普教育示范基地"、"小院士培养基地"；2013 年，我校开展了"同一个地球，同一个家"环保主题活动，并因此被河北区环保局授予"环境保护宣传教育创新奖"。我校学生还获得美国环球健康与教育基金会主办的 2013 年度"环球自然日——青少年自然科学知识挑战活动"天津赛区一、二等奖及"环球自然日"全球总决赛三等奖。2013 年 8 月，我校部分师生赴日参加"国际

中学生环境与能源论坛”，他们的发言获得与会各国来宾及专家的高度赞扬。

二、融入“多元”成分，让创新课程建设凸显生命的魅力

1. 确立了“多元生命育人模式”，充实生命教育理论。（如下图所示）：

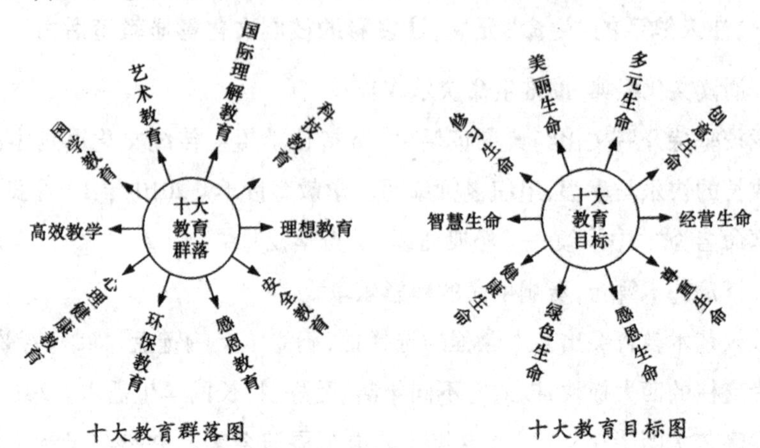

十大教育群落图　　十大教育目标图

2. 构建多元生命课程体系，优化育人模式

汇森中学的多元生命课程体系由“基础系列”、“拓展系列”和“成功系列”三大板块构成。

基础系列课程由“智慧生命”、“尊重生命”、“陶养生命”、“润泽生命”和“护航生命”五个模块构成。主要包含相关国家课程和涉及安全教育、国学教育、道德与修养、心理健康教育、环保教育、法制教育等内容的校本课程。

拓展系列课程由“美丽生命”、“创意生命”和“绽放生命”三个模块构成。主要包括“艺术课程”、“科技课程”、“机器人课程”、“注意力训练课程”、“思维拓展训练”等内容。

成功系列课程由“经营生命”和“多元生命”两个模块构成。主要包括“领导力课程”、“职业规划课程”、“国际理解教育”和“多元智能课程”等内容。

3. 实施多元生命课程，提升学生创新素养

（1）国家课程的校本化

确立适合汇森中学基础教育课程学科中渗透生命教育的生命教育目标

体系。

探索适合汇森中学基础教育课程学科中渗透生命教育的学案导学教学法的研究。

(2)特色校本课程的创新化

我校将国家课程中的体育、音乐、美术、信息技术四学科课程进行校本化设计,授课采用“1+1”模式,即1节选项课加1节必修课。按照年级进行分段选项,涉及篮球、排球、乒乓球、武术、跆拳道、踢踏舞、合唱、工笔花卉技法、陶艺设计与制作等。选项课的实施,为综合提升学生的生命素养奠定了坚实基础。

(3)学生社团的生命化

多姿多彩的学生社团是我校实施多元生命课程的又一个维度。“晨曦艺术团”、“晨曦广播站”、“书法轩”等社团发掘学生潜能,使他们得以展示才华、张扬个性,增强自信。“iPad音乐制作”、“陶艺坊”、“手绘墙”等活动以“创意”为切入点,突出创造性和实践性。

三、传承与创新并举,让“多元生命教育”永远保持发展的动力

我校基于数字化校园平台,进行了基于平板电脑及移动网络的数字化交互学习模式的探索与实践。通过应用电子书包平台,我们把多元生命课程资源的建设与实施同教育部“三通两平台”建设紧密结合起来,实现教育信息化与学生学习的深度融合。我校音乐教师利用平板电脑及数字化平台,组建“iPad”乐队。以Mac硬件和Apple开发的音乐应用软件为基站,利用iPad应用的音频接口和常规MIDI键盘,组成全数字演奏、编辑、采样操作系统。

学生在自然与科学学科课程的学习中,可通过交互式三维仿真课件及数字与图形的变换与操控,模拟实验场景,虚拟操作,亲身体验实验过程;在人文学科中则可通过模拟课程环境,使学生身临其境地体验学习内容,还可通过交互式反馈加深知识的理解与应用。这种学习生活的新尝试使学生在获得全新学习体验的同时,可提升自主学习、创新学习的能力。

多年来,汇森中学的多元生命教育始终秉承着全人教育的目标,完善和

发展个体生命,追求生命的完美与幸福,实现生命价值。未来我们将进一步优化与实践学校育人模式,努力把汇森中学建设成为充满创造力、意蕴丰赡的“大校园”,实现汇森教育的高附加值。

生命教育与学校文化的研究与实践

——从生命教育实践看“三生”核心价值观

陈朝阳　张勇举

学校简介:四川省绵阳旅游学校是经中国四川省教育厅批准,由绵阳市人民政府举办的一所全日制普通中专学校,她肩负为绵阳、为四川、为全中国培养旅游人才的使命,开设有旅游服务与管理、酒店服务与管理、航空服务、铁路运输与服务、中文导游、景区规划与管理、电子商务、市场营销、烹饪技术等专业,在30余年的办学过程中,为旅游行业培养了数万名优秀毕业生,受到用人单位的普遍欢迎。学校的发展战略目标是“创特色,铸品牌,建名校”。我们学校的三大办学特色是旅游专业特色、个性化教学特色和军事化管理特色。我们学校三大品牌是校长品牌、教师品牌和学生品牌。

校长简介:陈朝阳,男,1965年生。北京师范大学在读教育管理博士,中共党员,高级职业指导师,高级人力资源管理师。现任四川省绵阳旅游学校党总支书记兼校长(同时兼任四川绵阳高级技工学校校长,四川省绵阳职业培训学院董事长、院长),教育部全国“十二五”规划重点课题学术委员会专家,中国职业协会常务理事,中华全国供销合作职业教育学会常务理事,中国旅游协会常务理事,四川省人大特约研究员,四川省职业技能开发学会学术委员会专家,四川省旅游协会常务理事,绵阳商务论坛专家,绵阳市政治学科带头人,绵阳市旅游协会教育分会副会长、绵阳市商务协会副会长、绵阳职业教育集团常务理事。

一、"5·12"大地震后对生命的感悟

许多人在年少时曾把苏联作家奥斯特洛夫斯基的长篇小说《钢铁是怎样炼成的》中主人公保尔·柯察金那句响彻世界的名言写在日记本的扉页上："人最宝贵的是生命。生命每个人只有一次。人的一生应当这样度过：当回首往事的时候，他不会因为虚度年华而悔恨，也不会因为碌碌无为而羞愧；在临死的时候，他能够说：我的整个生命和全部精力，都已经献给了世界上最壮丽的事业——为人类的解放而斗争。"这些话激励了很多人向着自己的人生理想去努力奋斗，顽强拼搏。

2008年经历"5·12"大地震后，我们对生命有了更多的感悟：

1. 珍惜生命。"5·12"大地震让成千上万的人在一瞬间失去了生命。人的一生对于浩瀚的宇宙来说是极其短暂的，所以我们在活着的时候就应该好好珍惜生命，努力做一些对亲人、对朋友、对社会、对人类有益的事。如，生活要有规律，工作要有激情，要坚持一种经常性的锻炼方式，比如散步、跑步、跳健身操、练瑜珈、练太极拳……保持旺盛的精力，提高工作效率，提高生命的质量，让我们生活得更加精彩。

2. 珍爱亲情。"5·12"大地震让成千上万的人在一瞬间失去了亲人。人们常说，十年修得同船渡，百年修得共枕眠。你的妻子丈夫，你的父母孩子，你的兄弟姐妹是你生命中最亲的人，是百年修来的缘分，一定要珍爱这份已经拥有的亲情。亲人之间朝夕相处，难免发生矛盾，亲人之间要有更多的宽容和爱心，在任何时候都不要伤害这份亲情，人生最后悔的莫过于"子欲孝而亲不在"，人生最痛苦的莫过于失去最亲最爱的家人。

3. 珍重朋友。"5·12"大地震让成千上万的人在一瞬间失去了朋友。人的一生，从儿时到老年，不同的人生阶段，总有不同的好朋友，大家在一起学习、工作、生活，互相关心，互相帮助，结下了深厚的友谊，这种友谊是人生的一种力量，也是你成长的一种营养，它甚至可以给你一种不是亲人胜似亲人的感觉。珍重朋友，贵在真诚、理解和信任，真正的朋友是经得起时间考验的，并能在关键时刻、危难之际，竭力帮助你。

4. 珍视生活。“5·12”大地震让成千上万的人在一瞬间失去了家园。家是生活的港湾,幸福的生活从家开始,无论贫富与贵贱,每个人都要用心去呵护自己的家。据说,德国成功男人的标志是“建一间房,种一棵树,写一本书”。建一间房就是要成家立业,要有经济实力,要经营一个幸福的家;种一棵树就是要延续生命,有责任感,要拥有一份自己的事业;写一本书就是要遍历人生,有生活感悟,要珍惜眼前的美好生活。珍视生活就是要学会“建房”、“种树”和“写书”。

经历“5·12”大地震后,我们会更加热爱生活,更加热爱生命。其实,生命的价值不在其长短,生活的质量不在于钱财的多寡。人生的意义在于不断地追求,不断地进步,生活的意义在于不断地充实,不断地丰富。有什么能比健康地成长、幸福地生活、快乐地工作更加美好呢?

二、对生命的三个维度的认识与分析

生命究竟是什么,这是一个永恒的主题,因为这个话题是很难说清楚的。近年来,我们苦苦思索,提炼总结出生命的“三个维度”,为我们进一步思考生命的主题提供了一个全新的视角:一是生命的高度。每个人的生命高度是自己用智慧日积月累创造出来的,它主要包括德性的高度、才艺的高度、事业的高度。二是生命的宽度。每个人的生命宽度是由他的生命高度决定的,德艺双馨的人在事业上一定会有不小的成就,他是人们心中的偶像,学习的榜样,会影响一大批人的命运。他影响的人越多,他的生命宽度就越宽。三是生命的长度。每个人的生命都是有限的,先有生命的高度,再有生命的宽度,最后才能形成人生的长度。

生命的长度,我们每个人都很难把握。但是,我们每个人可以通过增加生命的高度,拓展生命的宽度,从而延伸生命的长度。生命的高度越高,生命的宽度就越宽,在人们心里存活的时间越久,生命的长度就越长。中华民族具有悠久的历史,上下五千年,大浪淘沙,至今仍活在人们心中的人是屈指可数的。在中国,如孔子和孟子的生命高度、宽度和长度,就难有人可以逾越。

三、对“三生”核心价值观的提炼与总结

我们在年少时往往会思考关于人生的三个问题：

1. 人生究竟是什么？

2. 人生的价值究竟是什么？

3. 人生的意义究竟是什么？

我们的孩提时代曾经有过很多榜样，雷锋、保尔、居里夫人、张海迪、华罗庚、陈景润……他们都对我们产生过很大影响，但却未能使我们找到人生问题的答案。

过了不惑之年后，我们也许才猛然对人生有了自己最真切的感受：

人生是一个健康生活的过程，在这个过程中每个人要为更多的人创造越来越好的生活环境，让你我他都真切地感受到幸福和快乐。这种人生体现为“生命健康”、“生涯发展”、“生活幸福”。我们把它总结为“三生”核心价值观。

1. 生命健康

生命中最重要的是生理和心理的健康，健康是人生的本钱，是人生最大的财富。

人在拥有健康时，往往并不珍惜，特别是在年轻的时候，没有财富，总想着财富，甚至不惜牺牲自己的健康去换取它，其实这样做往往得不偿失。

2. 生涯发展

人生犹如走上坡路，每个人走的时间和高度都不一样，但都想永远往高处走。我们要做的事就是让越来越多的人走得更高更远。

“鸟美在飞，马骏在奔”，人在不断的劳动和工作中体现自己的价值和意义。而个人的职业发展的最终目的却是帮助更多的人走得更高更远，从而实现自己的价值和意义。

3. 生活幸福

人的生命是有限的，我们要活在当下，珍惜拥有，幸福地生活。

希望上述对生命的感性体会，能启发正在探索生命价值的人们。

“PEQ”模式铸造生命课堂

——北京市第一中学课堂教学模式初探

李晓影　李春忠　汤朝晖　杨快乐　艾英

学校简介:北京市第一中学是一所历史名校,始建于清顺治元年(1644)。曾名八旗官学、经正书院、宗室觉罗八旗学堂、京师公立第一中学,新中国成立后定名为北京市第一中学,如今已成为一所包括小学、初中、高中三个学段12年学制的北京市实验学校。这里孕育了一大批名师、大家和栋梁之材:人民教育家徐楚波曾任第一中学校长;著名文学家老舍先生曾在校执教;知名校友翁偶虹、刘白羽、许嘉璐、强卫、林军、黄健中、商瑞华、李素丽等都曾在校学习。他们成为历代一中人的榜样。今日第一中学将300多年积淀的校园文化精神汇聚成“勤奋、和谐、求实、创新”八字校训。在“一切为了学生发展”的办学理念指导下,全体教师将北京第一中学作为教育理想实现的场所,努力培养学生形成“有责任感、主动思考、热爱运动、爱好读书”的第一中学学生特质。近年,我校获得“全国德育管理先进学校”、“北京市田径体育传统项目校”、“北京市健康促进学校”、“北京市百年学校”等荣誉称号。

校长简介:汤朝晖,女,43岁,中共党员。本科毕业于首都师范大学历史系,硕士毕业于北京师范大学教育经济与管理专业。1993年开始从教,2000年任北京一六六中学党支部书记,2007年任北京第一中学校长。曾受聘于北京师范大学教育学院学校发展研究所特约研究员,是第四届中国教育学会中学德育专业委员会基础道德学术委员会学术委员,北京联合大学师范学院示范教育专家咨询委员会委员,东城区中学家长教师协会副主任。

北京市第一中学拥有370年的悠久历史,这份厚重的礼物对今天新课程的推行既提供了机遇,也带来挑战。从北京第一中学的发展历史可知,数百年来,北京第一中学一直致力于“人的发展”,而新课程的实施要求“面向全体学生”“探索人才培养的模式和构建新型的教学模式”,从而“挖掘学生潜能,促进每一位学生的充分发展”。古老的教育传统与新的教育要求不谋而合。传承历史、开拓未来是摆在每一个第一中学人面前的课题。它要求我们在课堂教学中关注人的价值,关注人性的完善。课堂不再只为了增进知识,而是要唤醒和激发学生的学习热情,进而促进学生天性的发展。我校正在推进的“生命课堂”正是这种教育理念的具体实践。为了实现这一目标,我们主张充分利用教师、教材、学生等校内外资源,构建新型的教学模式,即北京第一中学生命课堂教学模式“PEQ”。其实施环节可以概括为:课前预习—探究学习—质疑升华—评价生成。

一、“P”——课前预习与准备

P为英语单词“previewing”(预习)和“preparing”(准备)的首字母。古人云:“凡事预则立,不预则废。”说的是不论做什么事,事先有准备,就能成功。学习也必须有“预”的意识。“预习”是提高课堂教学效果的有效途径之一。预习环节不仅可以事先扫除课堂中学习的障碍,还可以帮助学生在知识层面与心理层面都做好准备,为课堂教学打下基础。在日常教学中,我们不仅要求学生积极预习,而且要鼓励学生积极思考,大胆质疑,把不懂的问题记录下来,以便在课堂学习中积极主动地结合老师的讲解、同伴的合作探究获取答案,从而提高课堂学习效率。为了提升预习效果,我们采取的措施有:一是上好预习指导课,传授预习方法,安排预习步骤;二是精心设计好课前预习作业,要体现层次性、开放性;三是重视课前预习的展示与反馈,给予学生积极的鼓励。

二、“E”——探究学习和评价生成

“E”是英语单词“exploring”(探索)和“evaluating”(评价)首字母。它的第一层含义是探究学习。英国教育家斯宾塞说:“应该引导学生自己去探讨,自己去推论,对他们讲的应该尽量少些,而引导他们自己去发现的应该多一些。”根据建构主义学习理论,学习是学习者在一定的情景下,借助其他人的帮助,通过意义建构的方式获得的。学生只有真正成为发现者、研究者、探索者,才能把他们心灵深处的潜在才能发挥出来。为此,我们主张在课堂教学中要培养学生的探究能力,进行自主探究、合作探究,寻求问题的答案。

教学过程中,教与学都不是孤立的毫无灵性的动词,它们中蕴含着积极的思考与主动的探究。在探究中调动学生的主观能动性,也许能起到事半功倍的效果。新课程把教学定位为师生交互、积极互动、共同发展的过程,这就要求教师要有"对话"意识,它意味着上课不仅是传授知识,而且是一起分享理解,即教师与学生分享彼此的思考、经验和知识,交流彼此的情感、体验与观念,丰富教学内容,求得新的发现,从而达到共识、共享、共进的目的,实现教学相长和共同发展。学生的很多学习行为就发生在教师与学生的分享与交流当中,因此有效的课堂教学应该是注重教学过程、与学生共同探究的教学。

"E"的第二层含义是评价生成。课堂评价可以分为课堂教学中的时时评价和巩固、检验所学效果的阶段总结性评价。课堂评价是促进学生学习动机的有效方式之一,而学习动机的强度决定学生在多大程度上主动地从事学习活动并坚持下去。在课堂中,教师对学生出现的学习行为可以采取赞扬、评分、竞赛等手段鼓励学生采取相应行为,激发学习动机。阶段总结性评价在学习之后用以检验所学,其方式可灵活多样,应用所学完成相应任务便是其中一种(例如制作小报、解读时事材料等)。苏霍姆林斯基也曾说过:"兴趣的源泉在于运用。"这就告诉我们,在教学中要注重学生的练习巩固和知识运用,使学生认识自我,增强自信心,增强学习的兴趣和乐趣,变"要我学"为"我要学"。

新课标指出,对学生学习的评价,既要关注学生对语言知识和语言机能的掌握,又要重视学生综合语言运用能力的发展,同时,还要重视其在学习过程中的情感态度和参与表现。因此,学校不仅采用纸笔考试的评价方式,还要积极采取对学生综合语言运用能力、学习态度等有促进作用的评价方式。在课堂教学中,形成性评价起着非常重要的作用,是教学过程中不可缺少的部分。教师在进行教学评价时,要结合自己的教学目标、教学内容以及学生的个体差异等设计适合自己教学内容与学生学习情况的评价工具。陶西平在他的《一路走来》一书中谈到,"课堂教学的流畅性不在于重复学生已知已会的内容,而应更多地关注怎样引导学生解决未知未会的问题"。测试是一种评价手段,但对于课堂教学而言,以活动来进行评价更为有效、直接、快捷。活动的设计既要符合学生的接受能力,又要围绕着授课内容和教学过程进行,因此有效的评价活动既是手段也是过程,单纯求结果是不可取的。

三、"Q"——质疑升华

"Q"为单词"questioning"(质疑)的首字母。古人云:"学贵有疑,小疑则小进,大疑则大进。"从古至今,"疑"在引发思考、促使进步方面的作用都是很明显的。因此,在教学中我们鼓励和促成学生大胆质疑。所谓"质疑",由生疑、设疑、释疑和自疑四条线有机交织而成。学生在预习和学习过程中对文本、同伴、教师的疑惑,即生疑;教师设计各式各样的疑题,即设疑;在课堂上师生、生生一起共同探究,寻求答案,即释疑;在释疑过程中,学生自己又不断地提出疑问,为这些疑问寻找答案,即自疑,这是质疑的最高境界,学生能够自疑,就学会了自主学习。

同时,质疑是培养学生批判性思维与创造性思维的有效途径。创造性的外在表现之一就是不轻易服从权威,勇于接受问题的挑战。在课堂教学中,教师给予学生充分的时间进行思考与探索,而不急于给出答案,在质疑—释疑过程中,学生积极思考,梳理思路,寻求答案。课堂过程体现为学习行为发生的过程,而学习行为发生的表现之一就是学生主动思考,不断经历自我否定和自我肯定的过程。质疑既可以在学生的头脑中进行,也可以在师生或生生对话中发生。教师应该尽可能地创设情境,为学生提供发现问题和解决问题的机会,并且更加重要的是教师要应用积极有效的评价方式鼓励与引导学生质疑,开阔学生的思路,提升学生思维水平。

任何一种教学模式都是为教学服务的,PEQ 的模式是在充分考虑课堂教学目的、教学中教师与学生的关系以及最大限度发挥课堂教学效果的基础上产生的。它是一种尝试,也是一种行动。"课堂教学行为作为课堂中的重要存在,直接关乎学校教学质量的提高与新课程改革任务的落实。"在北京第一中学生命课堂教学模式PEQ中，预习、质疑、探究和评价生成贯穿了有效学习的全过程。这几个环节紧密联系，环环相扣，使课堂教学充满了活力与张力，充满了生命灵动的色彩。

新形势下学校生命教育的理论与实践探索

胡志衍　陶伟　张学清　龚峥嵘　王文胜　蒋晓燕

学校简介：无锡市藕塘中学始建于1956年，历经50多年风雨岁月，几代园丁辛勤浇灌，藕中这棵桃李树已根深叶茂，硕果累累。先后培养出了一些资深学者、教授、享有威望的企业家和政坛要人，每年还向高一级学校输送一大批优秀、合格的学生。如今的藕塘中学已逐步建立起一套行之有效、独具特色的科学管理机制，形成了“勤、实”的校训，孕育了“文明、和谐、求真、创新”的校风，“乐学、善思、自强、求实”的学风，“身正、学高、敬业、争先”的教风。提出了“精品加特色，合格加特长”的办学目标，教育教学水平稳步提高，成为莘莘学子向往的知识殿堂。学校先后获得“无锡市基础教育课程改革工作示范学校”、“江苏省实施教育现代化工程示范初中”、“无锡市实验教学标准化学校”、“无锡市心理健康教育合格学校”、“无锡市现代化远程教育实验基地”、“无锡市德育先进学校”、“无锡市绿色网吧学校”、“红十字会工作管理规范达标单位”、“无锡市敬老先进学校”、“创建‘平安校园’先进学校”等多项省、市、区级荣誉。

校长简介：胡志衍，无锡市藕塘中学书记，中学高级教师，双专科学历。所获荣誉称号有：中国数学奥林匹克二级教练员、惠山区德育能手、华人时刊《校长杂志》编委、《初中教育研究》理事、《江苏省初中数学报》通讯员。此外还获得过“全国校园法制安全教育标兵”、“无锡市优秀教育工作者”、

"市优秀工会干部"、"市优秀德育干部"、"市红十字会先进工作者"等多项荣誉称号。在国家级和省级报刊杂志上发表的文章有:《转化数学差生教育初探》、《试分析学校领导者的影响力》、《学校"人文化"管理随想》等10余篇,另外还有30多篇论文获国家和省、市评比一、二、三等奖。

生命教育作为我校倾力打造的德育品牌,从2008年以来,我们对其进行了不懈的探索和实践,致力于品牌的打造、磨砺,使之熠熠生辉,逐步成为我校的教育特色。现将我们所做的探索总结如下:

一、培育和优化学生生命意识是创建生命教育特色学校的重要抓手

教育因人的生命而存在,生命教育理应成为教育的重要内容。我们认为,在激烈竞争和飞速发展的时代,一个人必须具有良好的生命意识,学会尊重自身及他人生命,才能更好地实现自身的价值,创造属于自己的美好未来。因此对于初中生来说,在学生阶段优化自身生命意识,为将来的良好发展奠定坚实的根基就尤为重要。中学这一特殊阶段,是学生个体生命发展中极其重要且充满变数的时期,能否学会独立自主发展人生、优化生命意识,不仅对其自身发展尤为关键,而且对整个社会的发展都有重要影响。故此学校将培育和优化学生生命意识当作创建生命教育特色学校的重要抓手。我们明确了本校生命教育的总体目标:以学生的个体生命为基础,遵循终身发展的原则,调研分析学生生命意识的现状与问题,开发生命教育校本教材,探索推动生命教育的有效策略,努力唤醒并不断优化每个孩子的生命意识,使每个学生都能形成合乎初中生身心健康发展要求的生命意识。

二、开发生命教育管理网络

为保障生命教育的实施,我们加强队伍建设。一是领导队伍建设。胡志衍校长亲自担任教材主编,多次带队参加北京师范大学的生命教育研修班学习;二是指导队伍建设。学校邀请计划生育、司法、公安、交警等相关职能部门的领导、专家成立生命教育指导小组,指导我们的生命教育工作;三是教师队伍建设。全体任课老师是实施生命教育的生力军,为此我们利用

教师学习时间，学习与生命教育有关的知识，让每个老师认识到生命教育是帮助学生认识生命、尊重生命、爱惜生命、欣赏生命、提高生存技能和生命质量的一种教育活动，从而在学生中积极有效地开展生命教育。

三、探索生命教育的课程化实践

1. 编写生命教育教材。2010 年 12 月，我校生命教育校本教材《为生命护航》由凤凰出版社正式出版，全套教材共分五册，以社会主义核心价值观教育为核心，加强了理想信念、民族精神、社会主义荣辱观、公民意识和行为规范教育，同时还涵盖了青春期教育、心理健康教育、安全教育、人防教育、应急避险教育、健康教育、环境教育、禁毒教育和预防艾滋病教育、法制教育等。

2. 以本套教材为依托，开设生命教育课堂。课堂由专业教师进行授课，并成立生命教育教研组，研究生命教育课堂教学。我们提出了备好教案、教出好课、写出案例的基本要求。

3. 编写第二套教材。我们的目标是写好两本书:《突发事件应对策略及预案百例》和《生命教育案例百篇》。目前《突发事件应对策略及预案百例》一书已经基本完稿，受到江苏省、无锡市、惠山区等红十字会领导的赞赏，省红十字会副秘书长亲笔撰写了序言。

四、学科教学，强化生命教育渗透

我们结合各学科的特点，充分挖掘各学科中张扬生命之力、展示生命之美、塑造生命之魂的元素，发挥它们在生命教育中的重要作用。学校充分认识到，走进学生的内心世界，和他们一起成长，是新课程赋予教师的责任。因此积极开展本课题研究务必着眼课堂，创造一个能够彰显生命魅力、助推生命成长的课堂教学模式。因此，2012 年年初，学校就提出了全力构建以生命教育为核心理念的“四元八度”高效生命课堂教学模式的课改方案。该方案主要包括教学目标体现生命教育意识、教学内容凸显生命教育内涵、课堂教学渗透生命教育气息、教学过程展示生命教育的创新特色。学校教科室组织了“无锡市藕塘中学‘四元八度’高效生命课堂”建议征集活动，还开展了“生命课堂推门课”竞赛活动。

五、专题活动，贯穿生命教育主线

生命教育的过程是生命体验过程。因此我们除了在课堂教学活动中要渗透生命教育之外，还在重要节日、班团队活动中紧扣生命教育主题，精心设计操作性强、形式丰富的活动，让学生在活动中体验和成长。如，举行“生命之光科技节”和体现生命内涵的主题班会，举办饮食营养讲座以及开展认识生命、自然、社会的各类实践活动等。为了使生命教育更深触及学生的心灵，学校广泛开展师生谈心活动，疏导学生心理，纠正学生意识上的偏差，鼓励学生自强、努力，引导学生热爱、珍惜生命。同时积极开展“讲文明、讲诚信”系列教育活动，倡导“树诚信风尚，做文明学生”。

在校外活动中，我们一方面将一年举行两次的社会实践活动与生命教育活动整合，组织学生参观戒毒所、监狱，参观军营、名人故居，瞻仰烈士陵园、革命纪念馆等，让学生在活动中感受生命的意义和价值。另一方面以志愿服务、实地训练、参观、调查等形式，鼓励学生走进社会，珍惜生活，关爱他人，体验人生的丰富意义。

六、积极营造生命教育的氛围

我们围绕符合净化、美化、绿化、育人化的要求，体现生命教育的文化特征和办学内涵，努力营造渗透生命教育气息的人文校园环境。学校墙壁上、走道边的标语倡导学生学会爱护自然，呵护生命，帮助学生养成勤俭节约的良好习惯，引导学生树立正确的人生观和价值观，产生了积极影响。

学校还以主题班团队活动形式引导学生学会与人合作，关爱社会弱势群体，锻炼生存能力，通过社会实践体验丰富人生。各班结合“感恩教育”、“环境保护教育”、“做一个有道德的人”、“创文明校园”等主题开展相关的主题教育活动。通过举行征文、绘画、班会、黑板报等活动，培养学生知恩图报、关爱他人、珍爱生命等积极健康的生命意识。

七、家校联动，拓宽生命教育渠道

我校非常重视家庭教育、社区配合在学生生命教育中的作用。学校精心策划了"生命教育特色进社区"系列活动，专门制订三年规划和具体方案。如在三八节开展"关注生命教育，关注家庭教育"主题活动，女教师们带着教案走进社区，为社区居民作家庭教育讲座，面对面地进行家教咨询，分发家庭教育宣传材料，赠送生命教育校本教材，真切地让生命教育走入社区。截至2012年年底，包含藕乐苑在内的藕塘六大社区都已成为我校"生命教育"社区实践基地。我们的目的就是努力构建一个有益于学生生命发展的大环境，既借助家庭、社区等多种渠道实施生命教育，形成唤醒优化学生生命意识的合力，又通过在家庭、社区中营造生命教育环境，将生命教育意识辐射到整个社会，形成生命教育的良性循环。

安全教育让生命绽放光彩

——"生命教育研究课题"阶段性成果总结

李绮芳　唐毅　何定基　邓英信　陈怡

学校简介：佛山市南海区大沥高级中学创建于1994年9月，位于广佛走廊重镇——大沥镇西侧，是一所生机勃勃、锐意进取的广东省一级学校。学校占地近100亩，现有44个教学班，学生2268人，教师162人。我校切实践行新课程理念，坚持"德育为首，教学为主，以人为本，和谐发展"的办学理念，切实推行"和美教育"，以美育德，以美益智，以美健体，走出了一条具有鲜明特色的人才培养新路子，使学校在短时间里实现了跨越式发展，成为具有较好声誉与较大影响力的南海区直属普通高中。19年来，学校取得了优异的办学成果，尤其是在体艺、综合实践活动等特色科目中，取得了优异成绩，先后被评为"广东省绿色学校"、"佛山市德育示范校"、"佛山市安全文明学校"、"南海区教育系统先进集体"。2013年通过了广东省国家级示范性普通高中的终期督导验收。

校长简介：何定基，男，1961 年生，中学英语高级教师，从教 33 年，先后荣获“南海区优秀共产党员”、“南海区优秀校长”、“南海区优秀教育工作者”等荣誉称号，2011 年 8 月调任大沥高级中学校长。他求真务实，廉洁奉公，以人为本，科学管理，为教育事业不遗余力地发挥自己的聪明才智。他以“和美教育”的先进教育理念为着力点，实施“和美管理”，推行“和美德育”，落实“和美教学”，建设“和美队伍”，打造“和美校园”。在他就任的短短两年多时间里，大沥高级中学实现了跨越式发展，2013 年普通高考成绩创本校历史新高，并且通过了广东省国家级示范性普通高中的终期督导验收，得到了上级领导的充分肯定、赞赏和全体师生的拥护与爱戴。

生命存在是实现人生价值和理想的前提条件，生命安全又是生命存在的保障，教会学生珍惜生命、敬畏生命、热爱生命、掌握安全防范知识与相应生存技能，是对教育本源的回归，也是教育中亟待探索研究并予以科学实施的重要内容。学校是“安全教育”的重要舞台，对学生形成安全意识具有重要影响。在“学生安全教育”研究课题的指引下，经过将近一年的探索与实践，我校“安全教育”已经渗透到学校日常工作与教学环节的方方面面，课题研究工作也取得了阶段性成果。

一、基于“安全教育”进行的探索

1. “安全教育”助力“和美教育”，为学校日常工作提供指引

近年来，我校大力推行“和美教育”，致力于营造“和谐尚美”的教育氛围，创设“和美”的教学环境。“和美教育”的核心是人，这与“安全教育”的核心理念相契合。“安全教育”是“和美教育”的基础与前提，“和美教育”又为“生命教育”提供了广阔的平台。

课题组成员通过资源搜集、案例分析等手段，对“安全教育”和“和美教育”进行整合，在“和美教育”理念中挖掘生命“安全教育”内涵，实施“安全教育”时不忘渗透“和美教育”。在正确理念的指引下，我校“安全教育”日常工作走上了规范化、制度化的道路。

2."安全教育"走进"和美"课堂,在学科教学中得以渗透

"和美"课堂是我校在全面推进新课程改革前提下始终坚持的特色,我校通过积极研究与引导,将"安全教育"引入"和美"课堂。在"安全教育"理论的指引下,我校教师通过深入研究教材、研究学生,全面把握教学要求,发现和挖掘教材中的"安全教育"因素,在学科教学中有机渗透"安全教育",使"安全教育"达到"随风潜入夜,润物细无声"的效果。这种方式,帮助学生培养了珍惜、尊重、热爱生命的态度,树立了正确的生命观、安全观,增强了社会责任感,提高了学生的综合素质。

3."安全教育"丰富校园文化,在校园氛围中得以延伸

在"安全教育"理念的指引下,我校通过安装先进的电子监控设备、加固楼梯与窗户围栏、增设交通安全指示设施、专人定期检查电路设施安全等方式,为全校师生的安全提供切实保障。在此基础上,我校组织演讲、专题讲座、主题班会、应急安全演练等安全教育活动,在校园内形成舆论氛围,让同学们在浓厚的校园氛围中感受"安全教育"的丰富内涵。

我校主要通过开展以下几方面活动推动校园"安全教育"建设:

(1)通过学校广播和国旗下的讲话,对学生开展如交通安全、用电安全等教育,以提高学生的安全意识。

(2)专题讲座。每个学期中和寒暑两假放假前夕,我校都会邀请公安局的领导对学生进行安全教育。此外,还举办"美丽青春,魅力女生"、"交通安全在我心中"、"科学用电小常识"等专题讲座,进一步加强学生对突发事故的灵活应变能力,使他们掌握更多的自救、逃生、自我保护技巧。

(3)主题班会。将"生命教育"、"安全教育"与班级活动、主题班会有机结合起来。如开展"安全常记心间"主题班会,提高了学生的生命安全意识。又如举行"珍爱生命"主题班会,帮助学生理解生命的价值,提升了生命的质量。

(4)举行应急演练。我校多年来坚持每学期举行消防演练、安全疏散演练等活动,为学生提供真切的活动情景或场景,促使学生积极参与此类活动,增强学生对生命安全、生命价值的体验。本学期,学校还邀请消防大队的官兵到校进行了一次消防知识宣传演习活动。在活动中,我校派出多名

教师代表和学生代表到现场进行学习并参与实际演练。经过生动的消防知识学习与实际演练,全校师生对消防器械的使用有了清醒认识,极大增强了消防意识。

二、取得的阶段性成果

1. 教师的"安全教育"理念得到优化

我校"安全教育"研究课题组由学校领导、级部领导、班主任、各学科教师等学校各层面代表人员组成。通过学习,组员们的理论知识不断丰富,解决问题的能力不断增强,并以个人的成长,带动同级班主任、同学科教师的成长。全校教师在"安全教育"学习中经历了从被动接受到主动发现的过程,研究意识和兴趣得到增强。在此过程中,"安全教育"与"和美教育"的理念在学校各个层面得以普及,这使得课题实践与探索步入规范高效、稳步向前的良性循环。实施"安全教育"课题研究以来,课题组教师搜集了很多有关生命安全方面的资料,内容包括安全教育案例、安全笔记及其他相关论著等,在此基础上撰写了一系列与安全教育有关的论文。

2. 学生的安全意识得到提高

学校通过转变教师观念、开展适应学生年龄特点的安全教育活动、营造浓厚的校园安全意识氛围,提高了学生的安全意识,增强了学生的自我保护能力。学生在日常生活中更懂得自我保护,在学校的行为更加规范,使得许多存在安全隐患的行为得到消除,如在宿舍使用违规电器、上下楼梯推拉打闹、在教室打球等不良现象已基本消失。

3. 学校的"安全教育"影响辐射到家庭与社会

学生安全、健康地成长,关系着家庭的幸福与社会的稳定。生命安全教育活动不但影响许多学生,还能影响许多家庭,甚至辐射到整个社会。我校通过对学生进行一系列生命安全教育,把关注安全的理念、自我保护的方法、应对安全事故的技巧传递到无数家庭,形成家、校、社会一体化的教育氛围,实现安全教育辐射的最大化。

此外,有了"安全"这一坚实基础,我校在校风建设、办学水平等方面成绩突出,近年来许多市、区级的教学研讨会等都在我校召开。2012 年,我校被评为“佛山市安全文明学校”。2013 年,我校承办了南海区中小学生运动会,并通过了“广东省国家级示范性普通高中”的终期督导验收。没有安全的保障,这一切都是不可能实现的。

三、遇到的问题

课题组教师的理论素养还需进一步提高,进行“安全教育”的资源不够丰富,活动形式比较单一。

四、努力方向

1. 完善体制,保障“安全教育”的不断推进。

2. 提供机会,鼓励“安全教育”的理论学习。

3. 集思广益,挖掘“安全教育”的学习资源。

4. 构建平台,展示“安全教育”的研究成果。

我校将以“安全教育”课题为立足点,努力探索更加行之有效的生命安全教育方法,构建生命安全教育体系,为学生的健康成长与发展奠基。

维护学生合法权益　促进学生健康成长

黄步选

学校简介: 太原市第六十一中学校是一所市教育局直属完全中学,成立于 1960 年,现有教职工 150 人,其中专家 2 人,省特级教师 1 人,高级教师 48 人,省、市学科带头人 5 人,省骨干教师 5 人,省市优秀班主任 8 人。36 个教学班,学生 1800 余人。作为全国中小学外语教研工作示范学校、太原市普通高中新课程实验工作基地校和太原市“科普双百工程”优秀基地校,近两年来学校荣获“全国校园媒体建设先进学校”、“山西省基础教育课程改革先进学校”、“太原市文明单位”、“太原市教育系统优秀领导班子”、“太原市初中教育教学质量优异学校”、“太原市高中教育教学质量优秀学校”、“太原市‘三育人’工作先进集体”、“太原市新课堂教学模式优秀成果一等奖”等荣誉或称号，并被评为“市民身边好学校”。

校长简介：黄步选，男，46岁，中学高级教师，山西省普通高中新课程实验工作专家组成员，山西省骨干教师，太原市新世纪首批学术技术带头人，太原市优秀青年人才，太原市政府督学，太原市优秀校长，高校客座教授。他秉承“求真”之办学理念，坚信“成功就是每天进步一点点”，积极探索“适合学生”的教育，坚持管理立校、科研兴校、文化强校，积极改革课堂教学模式，提高课堂教学的有效性；改革学生评价制度，促进学生主动发展、全面发展。努力把学校办成“学生一生中到过的最好的地方”。

我校位于城乡结合部，周边是工厂企业和城中村，人员和环境较复杂，到处都存在一些不文明不健康的现象，部分学生家长素质有限，特别是法治意识淡薄，家庭教育跟不上，严重影响学生的成长，也使学校教育面临严峻形势。所以，我们始终把德育工作放在学校工作的首位，坚持立德树人，培养学生健全的人格，尊重生命，切实维护学生的合法权益。我们认真贯彻执行《中华人民共和国宪法》、《中华人民共和国未成年人保护法》、《中华人民共和国预防未成年人犯罪法》，在保护青少年健康成长、促进青少年维权活动顺利开展等方面做了大量卓有成效的工作，收到了良好效果。

一、深入宣传贯彻有关青少年权益保护的法律法规，优化校园成长环境

1. 开设法制教育课。我们在初一、初二年级每周开设一节法制课，在其他年级定期开设法制讲座，对学生进行法制教育，使其树立法制意识，做到知法、懂法、守法。激励他们刻苦学习，努力成才，做有理想、有道德、有文化、有纪律的社会主义事业的合格建设者和接班人。

2. 学校经常开展法制教育活动，邀请有关法律专家来校作法制工作报

告。特别是在每年“12·4”法制宣传日活动期间，学校发动学生社团举行各种法制教育图片展和法制教育小报展，普及法律知识，提高学生法制意识，学会运用法律武器维护自身权益。

3. 利用墙报、板报、广播等青少年喜闻乐见的形式进行法制宣传，倡导文明健康的生活方式、娱乐方式，增强学生的鉴别能力，自觉抵制反动、淫秽、色情、暴力和封建迷信的信息，远离黄赌毒和违法犯罪。

4. 经常利用班会、团会开展法制知识竞赛活动，提高学生知法、守法、用法和自我保护的意识和能力。

二、加强师德教育，提高广大教职工的法制意识，依法从教

1. 学校将保护未成年人权益放在了突出位置，坚持育人为先，德育为首，立德树人。加强教师职业道德教育，严格规范教师从教行为，严禁体罚或变相体罚学生，严禁侮辱学生。同时加大师德考核工作力度，实行“一票否决制”。2010 年，一名韩姓班主任老师因为对学生实施变相体罚，经学校批评教育后仍然不改变态度，拒绝向学生和学生家长认错，最终遭到学校辞退。此后，学校再无教师违反教师职业道德现象发生。广大教师都能够严格执行国家法律法规和学校有关规定，爱岗敬业，关爱学生，教书育人，为人师表。

2. 不歧视“问题学生”和后进生。我们把在学习和行为习惯方面存在严重不良习惯的学生称为“问题学生”，平时学校有教育转化问题学生的特殊教育管理制度，对他们进行积极的帮扶转化教育。学校要求全体教职工，特别是班主任要把“问题学生”的教育转化工作上升到稳定学校教育教学秩序、为社会培养合格公民的高度，要认真填写问题学生成长档案，并经常与问题学生交流思想，掌握他们的思想动态，时刻关注问题学生的发展变化。对于他们的进步要及时给予表扬，使他们树立信心，巩固转化成果。我们利用班主任例会组织老师们相互学习交流。在“问题学生”教育转化问题上，我们始终在不断总结反思，互相促进，共同提高。我们编写了“问题学生”成长纪实——《足迹》(教师篇)、“问题学生”成长纪实——《心语》(学生篇)，这两本书是我校师生集体智慧的结晶。

三、积极构建学校、家庭、社会相结合的教育模式，形成保护未成年人权益的合力

1. 成立家长委员会。每个年级每个学期都至少组织一次家长开放日活动，邀请家长走进学校，走进课堂，了解孩子，了解老师，了解学校，与老师和学校一起，保护学生的各项权益，促进学生更好地发展。

2. 每学期邀请省城知名家庭教育专家为家长上课，培训家长，使其树立正确的人才观，掌握正确的教子方法。父母是孩子的第一任老师，父母对孩子的影响十分重要，孩子是家庭的希望，祖国的未来。这些话是我们经常与家长交流并时刻提醒对方的。

3. 积极协调公安、交通、文化、工商、新闻出版等有关部门，整治学校周围治安环境。

4. 建立家庭经济困难学生帮扶救济制度，学校校长带头为家庭经济困难学生捐款捐物。

四、改革课堂教学，提高课堂教学的有效性，提高学生的学习兴趣，使学生将更多的思想和精力放在学习上

我们经过认真学习思考和实践积累，总结出预习展示、精讲点拨、合作探究、巩固训练、评价检测“五环节自主学习”新课堂教学模式。模式的突出特点是面向全体学生，课堂真正实现了以学生为中心，凸显学生的主体地位，极大地提高了学生学习的自觉性、主动性，提升了课堂教学的有效性，使学生学习成绩获得明显的进步。经过全体教师的积极实践，在太原市组织的全市新课堂教学模式优秀成果评比活动中，我校的“五环节自主学习”新课堂教学模式荣获一等奖，得到了教育局领导和专家的一致好评。2013 年，我们获得“太原市初中教育教学质量优异奖”、“高中教育教学质量优秀奖”。学生学习成绩的提高，极大地调动了学生追求文明、健康生活的积极性，他们把主要思想和精力集中到了学习之中，增强了自觉抵制一些不良风气影响的能力。

五、改革学生评价制度,促进学生全面发展

我们改革旧有的学生评价制度,从学习、管理、体育、艺术、外语、科技、文学、劳动、守纪、孝敬长辈等多个方面进行评价。我校每学年都要评选一批在某方面表现优秀的学生,称为"星级学生",这些学生占学生总数的60%以上,学校举行隆重的表彰大会,让更多的学生感受到成功的喜悦,促进学生的全面发展。

经过不懈的努力,学校教学秩序井然,学生学习积极主动,德、智、体、美全面发展,各方面素质都得到了提高。学校先后被评为"太原市文明单位""市民身边好学校",荣获了多项省、市各类奖励,2013年被评为"太原市青少年维权岗活动先进集体"并荣立集体二等功。

守法必须知法,有权还需维权。在当前社会改革发展的大潮中,抵制各种诱惑,维护青少年的合法权益是学校教育刻不容缓的任务,也是不能推卸的责任。

扎根班级文化建设　让生命绽放精彩

王涛　王立军　王建敏　陈萍

学校简介:东营市胜利第二中学(原胜利油田第二中学)创建于1966年。我校紧紧围绕"让生命绽放精彩"的核心教育理念,立足当下,放眼未来,致力于打造一所"齐鲁一流的现代化精品学校"。近年来,学校先后荣获"全国青少年信息学奥林匹克联赛金牌学校"、"山东省文明单位"、"山东省规范化学校"、"山东省教学示范学校"、"山东省依法治校示范学校"、"山东省花园式单位"、"山东省绿化工作先进单位"、"东营市教学质量优胜学校”、“东营市文明单位”、“东营市五一劳动奖章获得者”、“东营市事业单位绩效考核A级单位”、“东营市德育工作先进单位”、“东营市素质教育先进单位”、“东营市共青团系统先进单位”、“东营市学校安全工作先进单位”等8项国家级荣誉称号,10多项省部级荣誉称号,30多项市级荣誉称号。

校长简介:王涛,出生于1963年,1982年参加工作,系中国石油大学思想政治教育专业硕士研究生,中学英语高级教师,曾荣获“山东省劳动模范”、“山东省优秀教师”、“胜利油田首届十大杰出青年”等荣誉称号。任职以来,王涛校长始终坚守自己的教育理想,在东营市胜利第二中学任职的7年时间中,确立了“让生命绽放精彩”的核心办学理念,本着对学生负责、对教育负责、对社会负责的态度,着力培养信念坚定、品德高尚、人格健全、素质全面,适合未来社会发展需要的“现代城市人”,带领学校向着建设“齐鲁一流的现代化精品学校”的目标阔步前进。

众所周知,班级是学校教育的基本单元,一所学校班级建设的优劣,将直接影响学生的成长和发展。班级文化作为班级内部形成的独特的价值观、思想、作风和准则的总和,是班级建设的灵魂,也是班级精神的具体体现。我校将生命教育的理念和思想融入班级文化,以潜移默化的方式给予学生精神上的鼓舞和熏陶,有助于强化班集体的凝聚力,塑造积极向上的班风,构建和谐温馨的育人氛围,极大地促进学生自身的成长,真正实现让生命绽放精彩。然而谈及文化,很多人总感觉云蒸雾绕,漫无头绪。其实班级文化也并不是仅仅内化于心,在更多情况下它更应该外化于实,在具体的制度、规则、实践中逐渐体现并发挥积极影响。

在具体实践中班级文化具体表现为四个方面,即树立一种先进的理念,营造一个和谐的环境,形成一套合理的规则,养成一种良好的习惯。

一、以班级目标为引领,倡导积极上进的班级文化

一个优秀的班集体一定有共同的奋斗目标,班集体的目标是班集体形成和发展的核心动力,它指明了班级发展的方向,增强了集体的凝聚力,同

时激活了学生的内驱力。制订班级目标,就是要调动全班每个学生的积极性,引导他们以主人翁的身份出谋献策。师生可通过集体学习、相互讨论,逐步完善,共同制订出切合班级实际的总目标和阶段目标。班级目标应起到激励、凝聚和教育的作用,让集体的价值追求成为个体思想行为的标尺。

盲人女作家海伦·凯勒说过:“假如一个人有了高飞的冲动,又怎会甘于在地上爬呢?”实际上学生一旦有了明确的目标,并将它刻在心上,就会增加前行的动力。除了班级的共同目标之外,班集体的每个成员也都要有自己的奋斗目标。我校要求学生把自己的目标写下来,使目标具体化、明确化,在教室墙面开设“班级励志栏”,将每个学生的奋斗目标张贴在墙上,以倡导学生为实现目标努力去行动。

二、以环境建设为抓手,构建和谐双赢的班级文化

环境是造就人的外界因素,一个良好的班集体一定会拥有一个良好的环境。因此,在班级文化建设中,为学生们创建优美的环境,是构建班级文化的重要组成部分。我校主要从外在环境和内在环境两方面着手去创建班级环境。

外在环境指教室整洁、卫生。洁净教室应做到窗明几净、桌椅整齐、卫生整洁,不仅要时常打扫,还要努力保持干净。同时也激励每个学生都形成主人翁的责任意识——“教室就是我家”。

内在环境主要从以下三个方面去做:

1. 营造安静的学习环境。在班级文化建设中倡导静文化:静听则明、静坐则宁、静思则通、静心则专。使学生达成共识:不能平静安详、全神贯注地学习,就不能实现远大的目标。正如诸葛亮先生在《诫子书》中所说:“非淡泊无以明志,非宁静无以致远。夫学须静也,才须学也。非学无以广才,非静无以成学。”安静的学习环境保证了学生能够更加高效地投入学习。

2. 创设和谐的人际环境,包括和谐的生生、师生及家校关系。首先是建立互帮互助、共同成长的同学关系,如构建学习小组,让成绩优秀、学有余力的学生成为基础差、成绩不好的学生的“伙伴教师”,以优带差,既帮助后进生解决了学习疑难问题,也促使成绩优秀的学生更加努力学习,从而促进全

体学生学业成绩的提高，同时培养学生相互学习、相互帮助的意识，形成互助合作的精神。其次是建立配合默契、水乳交融的师生关系，师生谈话是密切师生关系的重要方式之一，教师和学生谈心，哪怕只是拉拉家常、听学生诉诉苦，都能及时有效地对学生进行心理疏导。老师与学生真诚地交流也会赢得学生的尊重。此外利用一些节日如教师节、春节等，引导学生为老师发送祝福短信，送上温馨的贺卡等，不仅让学生学会感恩，也让教师享受到职业的幸福感，为他们的工作注入新的动力。再次是建立沟通互助的家校关系，学校利用家长群、电话、短信、家长须知等方式加强与家长的沟通，构建家、校密切联系、相互扶持的教育合作环境。

3. 创造浓郁的书香环境。学校教育引导学生爱读书、读好书，走近大师，品读经典。老师给学生推荐阅读书目，引导学生写读后感，在班级举行读书报告会，张贴表扬优秀作品，发动学生办自己的班级报纸，分小组成立自己的编辑部等。类似这样的读书学习活动既有利于提升和弘扬班级文化，也有利于学生发挥其特长和潜能。

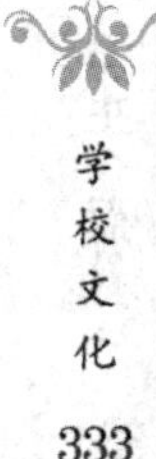

三、以班级制度为保障，形成良好有序的班级文化

建设班级制度文化，不仅要注重班级制度对学生的制约作用，而且应该使班级制度体现人文色彩，让班级制度成为学生自觉遵守的制度，从而彰显出“以人为本”的教育理念。首先，学校把班规的制订权交给学生，鼓励班级全体成员都参与到班级制度的制订中，以增加全班学生对班级制度的认同感。然而由于学生思想尚未成熟，班规的制订也需要老师和班主任起到引导、指导的作用。班规的制订可以先由全体学生结合校规、政教处的管理规定以及班级的实际情况等，提出建议，再由班委加以整理，形成初稿。最后在班会上交给全体同学讨论通过。除此之外，像班级公约、值日值周制度、班级卫生制度、宿舍管理制度、量化考核制度等都可以这种方式制订。在班级制度的执行中要推行民主方式，制度面前人人平等。制度的执行者应由全体学生自主选出的代表担任，班主任起督促执行的作用。制度执行过程和结果全部公开，学生可随时查阅记载学生学习、表现和奖惩情况的量化积分表。班级文化建设有合理的规则、制度做保障，将会推动班级朝着健康、

有序的方向发展。

四、以习惯养成为目的，构筑浸润心灵的班级文化

叶圣陶先生说过："教育是什么？往简单方面说，只需一句话，就是要养成良好的习惯。"从这个角度上说，班级文化建设的最终目的是促使学生在日常学习生活中逐渐形成良好的生活习惯、学习习惯。良好的习惯能够让学生受益终生。因此习惯养成是班级文化建设的重点，也是难点。很多学生一开始在各方面都表现不错，但总是难以坚持下去。所以，在班级文化建设中，学校应该培养学生的坚持意识，督促学生写"坚持感言"，让学生明白把简单的事情坚持做好就是不简单。以培养学生良好习惯为目的的班级文化建设，定如滋润学生心灵的甘露，浸润学生的情感，滋养学生的精神。

班级文化建设与以往的班级管理相比，更强调全员参与，以学生为本，重视每一个学生的成长，为每一个学生的进步喝彩，设置各种平台促进学生发展，让每个学生的生命绽放精彩。换言之，班级文化绝不是班级建设中的装饰品，一个班级所具有的独特品位和文化内涵，会给从这里走出去的学生烙上深深的印记，将伴随他们的一生。

让课堂绽放生命活力

曾钦泉　李荣标　邓铁华　潘傲　范竹发

学校简介：深圳市平冈中学创办于1930年，是深圳市办学历史最悠久的三所学校之一，素有"深东文化摇篮"之美誉，是深圳市首批国家级示范性高中，先后获得"全国基础教育教育特色校"、"中央教科所优秀先进学校"、

“广东省书香校园”、“广东省体育特色学校”、“深圳市教育教学先进单位”等荣誉称号。

校长简介：曾钦泉，1964年出生，大学本科毕业，现为深圳市第五届人大代表、市督学、市高中英语名师。先后获得“广东省南粤教坛新秀”（特等奖）、“深圳市优秀教育工作者”、“龙岗区优秀校长”、“教育部课题研究先进工作者”等荣誉称号。曾钦泉校长也是一位学者型校长，主持多项国家级、省级研究课题，其主持的国家级课题“提高课堂教学实效性的教学策略研究”子课题、省级课题“高中自主体验型德育模式的实践与研究”等均已顺利结题。正在主持的国家级课题子课题“在生命教育视野下高中心理健康教育策略研究”已顺利开题。近年公开出版专著《自主体验型德育模式探索》和《有效教学模式探索》，发表论文10余篇。编辑出版校本教材及课题成果集《We Love to Read & Share》、《公民教育美文读本》等。

一、确立了鲜明的科研工作理念

科研是学校可持续发展的恒久动力，具有先导性、基础性和前瞻性的战略地位。我们提出了“科研提升智慧、智慧提升质量”的科研工作理念，这一理念的内涵有三个方面：①质量是学校的生命线，提高教育教学质量是我们应有的追求；②提升教育教学智慧，探索高效的教育教学模式和方法是提高质量的关键所在；③教育科学研究是提升教育教学智慧，优化教育教学策略的必要途径。在上述理念的引领下，我们以“科研强校”为目标，以“立足校本、全员参与、整体推进”为科研工作思路，全面推进学校教育科学研究，努力探索教育教学的最佳模式，促进教育教学质量的稳步提升。

二、健全了高效的科研工作机制

为使我校科研工作有序、有效进行，我们建立了系统的工作机制：一是成立了科研工作领导小组，由校长担任组长，副校长担任副组长，全体行政人员及级、科组长担任成员。校长负责科研工作的策划、统筹和协调，领导小组成员积极参与，负责落实具体任务。一名副校长和科研处的三位教师具体负责教育科研课题项目的管理工作。二是成立了学术委员会，负责科研工作的具体指导。三是成立了科研处，负责全校科研课题的具体组织、实施和管理。我校在2000年就成立了教科所，是全市最早成立科研管理部门的中学之一。四是建立了科研工作制度，确保科研工作规范进行。学校先后制定了《平冈中学关于促进教育科研发展的行动方案》、《平冈中学教育科研行动方案》、《平冈中学课题管理办法》、《平冈中学教育科研成果评选条例》等。五是建立了"个人探索+集体研究"的科研模式，在个人学习、研究、探索的基础上，课题组每周集体研究一次。

三、形成了浓厚的科研工作氛围

我校拥有一支年龄结构合理、学历层次较高、科研意识较强的教师队伍。学校领导在科研课题上作出了极大的表率作用，其中曾钦泉校长亲自主持了三个国家级课题、两个省级课题以及多个市区级课题研发。在学校领导的示范作用带动下，广大教师树立了浓厚的"科研强校"意识，养成了"在科研状态下工作、在工作状态中科研"的工作模式，形成了"人人有课题，个个重研究"的良好局面。我校教师踊跃申报国家级、省级、市级和区级课题，近5年成功申请近200项各级课题。

四、建立了完善的科研保障体系

学校建立了完善的科研保障体系和支持系统，包含软件系统与硬件系统。软件系统是指学校具有浓郁的科研氛围，领导、老师热情参与科研工作；硬件系统是指学校拥有较为完善的科研设施、丰富的文献资料和充裕的学校经费。为确保教育科研工作顺利开展，提升教师的科研能力，我们在人力、财力、物力方面加大了投入。

一是定期外聘专家来校指导。近几年，我们先后邀请肖川、冷洪恩、文喆、查有梁、吴松年、段玉山等知名专家来校作学术报告。

二是定期组织教师外出进行学术交流。学校每学期都组织教师前往北京、上海、江苏等地学习交流，博采众长。

三是加强学术图书资料库的建设。目前学校图书馆藏书18万册，报刊杂志420余种。学校建设了电子阅览室及软件资料室，定期给教师发放知网会员卡,以方便教师查阅学术资料。学校还特别购置了一批心理健康教育读物,如《中小学心理健康》、《心理健康与生活》、《心理健康教育》等,以供学生阅读。

四是给每一个课题拨付科研经费,以满足科研活动的经费需求。

五是定期编辑出版《平冈德育》、《平冈教研》、《教育视野》等学术刊物,为广大教师提供学术交流平台。

五、取得了丰硕的教育科研成果

近5年来,我校在课题研究、论文发表、校本课程开发和科研品牌学校建设方面均取得了突出成绩和显著成果。

1. 课题研究与论文发表促进教师专业成长

我校教师坚持科研与教学并重,积极撰写教育教学论文,既提升了自身的科研水平,又推动了教育教学的发展。我校所承担的全国教育科学"十一五"规划教育部重点课题"提高课堂教学实效性的教学策略研究"的子课题"新课程背景下普通高中主动参与式课堂教学模式的研究"和全国教育科学"十一五"规划教育部重点课题"生态体验式德育实践案例和理论问题研究"的子课题"高中体验式道德学习的实践研究"的科研论文集《自主体验型德育模式探索》和《有效教学模式探索》已由华南理工大学出版社出版。教师的教育科研水平的提高,极大地带动了教师专业发展。

2. 校本课程开发促进学生多元发展

近年来我校根据新课程教学理念要求积极创新,在课程实施、教学改革中进行了有效探索,从学生的和谐成长与可持续发展出发,充分挖掘课程资源,开发了自然科学类、人文素养类、艺术体育类及综合实践类四大类别的90多门校本课程,并编印了《新鲜人——心理自助手册》、《美文选读》等18种校本课程教材,充分展示了我校教育科研实力。"平冈讲坛"、"平冈学生论坛"、"电视阅读课"等具有浓郁文化特征的校本课程已形成平冈品牌效应,极大地调动了学生的主动性和创造性,激发了学生的潜能,近年来学校每年均有400多名学生荣获国家、省、市各类比赛奖项。冯雄华同学获得2012年"广东省青少年科技创新大赛一等奖"。李慧子同学的《心理协会活动展影》获“科普视频作品竞赛三等奖”。近年来,学校办学水平和综合实力不断攀升,“低进高出、高进优出”的教学效益令人瞩目,在高考中重点本科上线人数近5年间增长了4倍,本科上线人数近5年间增长了3倍。

学校注重对学生科学精神、人文情怀、道德素养、公民素质等方面的培养,在生命教育课题研究的推进实施中,学生的素质也悄然发生变化:近年来许多学生自发积极为平冈中学患重病的师生捐款,积极参与BPT助学金筹款、义工团社会援助、植树护绿、到敬老院慰问等系列活动,凸显了平冈中学生命教育特色课程的丰硕成果。

3.科研先导进一步提升学校品牌

自实施“科研强校”战略、打造科研先导型学校以来,学校科研优势进一步凸显,科研品牌影响力进一步增强。学校先后被确立为中央教科所教育科学研究基地、中央教科所优秀实验学校、广东省教育科学研究所研究基地、国家基础教育实验中心重点课题“中国学校心理健康教育行动研究”实验基地学校、学校心理教育规范化建设科研基地、教育部规划课题生命教育的理论与实践示范基地等。自2009年以来,学校被评为龙岗区首届“教育科研示范学校”,学校9个科组被评为“深圳市基础教育课程改革示范教研组”,学校科研处被评为“全国中学优秀教科所”。

经过83年的发展,我校教育科研已拥有深厚的文化底蕴。我们深切地体会到,学校不抓教学过不了日子,不抓教研过不好日子,不抓科研过不长日子。我们将在“科研强校”的路上迈开步伐,坚定前行,以更大的勇气和魄力,不断加强教育科研工作的全员化、制度化、规范化建设,进一步提升学校的科研实力和学术水平,促进内涵发展,打造学校品牌。

关于西藏农牧区初中学生开展健康教育的研究与实践

强珍　阿努达瓦　次拉姆　边巴卓玛　央吉　朗杰卓嘎

学校简介：西藏自治区拉萨市堆龙德庆县中学创建于1974年，1998年被列入首批国家贫困地区义务教育工程项目学校。现在校园占地面积141亩，总建筑面积约33 421平方米。学校于2002年10月通过普九验收，于2003年6月通过普九复查验收。学校现有教职工143人，教师141人，本科学历以上139人，占全校教师人数的93%，少数民族教师102人，占全校教师人数的71%，女教师87人，占全校教师人数的61%。学校现有34个班，共有在校生1500余人。

校长简介：王书清，男，1976年生，2000年参加工作，中教一级教师，大学本科学历，曾任堆龙中学副校长，2011年11月至2013年5月在堆龙德庆县楚布寺管委会工作。2003年、2004年、2005年、2008年被评为"市级骨干教师"，2009年、2010年被评为"西藏自治区级优秀教师"。2011年被评为"县级优秀教师"、"优秀教育工作者"。

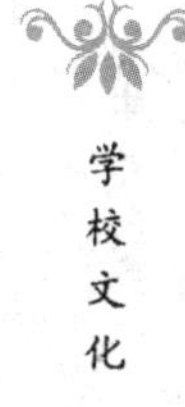

西藏农牧区初中所在的地区，社会环境长期闭塞落后，家庭给学生的教育和引导非常有限。在这些历史和现实因素的影响下，大多数学生知识基础薄弱，知识面狭窄，人际交往有限，缺乏应有的健康教育知识，容易受各种疾病的侵袭。农牧区家长与学生的卫生意识淡薄，学生幼年夭折现象普遍，同时闭塞落后的生活教育环境直接导致农牧区学生缺乏自信，缺乏合作意识、创新意识以及适应能力。为此，我校于2012年8月积极承接了生命教育研究与实践课题，并取得了全国生命教育科研成果二等奖的理想成绩，这对西藏农牧区初中学生健康快乐成长有着不可估量的正面影响。自从承接了生命教育课题研究以后，我校从各级领导到全体老师都积极地投入生命教育研究当中，有效地营造了生命教育研究的校园氛围，并且实施和开展了多个富有生命教育意义的校本课程和常规活动。

在课题研究期间，我校研发了校本课程——阳光健康教育课堂和阳光晨读课堂。

一、开设健康教育校本课程

健康教育课堂以身心健康教育知识为内容，为农牧区学生提供了全面系统的身心健康教育知识。

由于海拔高、交通不便、农牧区群众的文化知识水平普遍较低等因素的存在，生活在西藏农牧区的群众除了广播、电视外，很难接触现代科学的健康教育知识。在这种情况下，学生将从学校学习到的健康教育知识传递给家庭成员，渐渐成为农牧区群众了解健康教育知识的主要方式之一。学校教学设施齐全，宣传健康教育的效果是其他途径无法比拟的，因此，学校是开展健康教育的最好场所。一方面，初中阶段的学生可塑性强，这一年龄段是进行教育的最佳时段，学校可以通过健康教育帮助学生了解身心疾病预防知识，建立健康的生活方式和良好的个人行为，使他们终身受益。另一方面，学校开展和落实健康教育宣传，可以保证每个青少年都接受身心疾病预防的教育，进而将科学的健康教育知识传播到每个家庭，并有效地实施。这种方式能为国家及社会节省大量的人力、物力、财力。因此通过学校在学生和青年教师中开展健康教育显得尤为重要，这也是未来教育的趋势。重视青少年的健康成长就是重视未来的发展，必将会为建设和谐社会做出重要贡献。故此，我校决定从本学期开始，开设健康教育课堂。

二、创办阳光图书角，开设阳光阅读课程

由于条件有限，我校学生严重缺乏必要的课外读物。而开设阳光阅读课便很好地弥补了这一教育漏洞。阳光阅读课堂是组织学生阅读课外书籍的课堂，为农牧区学生拓展思维、开阔视野、增长知识、陶冶情操、提高语文鉴赏和写作能力奠定了厚实的基础，更为提升农牧区学生的生命质量提供了良好的平台。为保证阳光阅读课的顺利实施，学校有关部门负责设计、装置班级阳光图书角。此外，学校其他部门为了配合开展生命教育研究，开设了阳光晨练课和内容丰富的兴趣课。

三、创办《阳光小报》

《阳光小报》是以身体和心理健康知识为主要题材的，具有趣味性、可读性、时尚性、知识性的健康教育报纸。《阳光小报》分为正版和副版。该报不仅以传播健康教育知识为目标，培养学生的身心健康意识、自我调节能力，还为学生提供了一个自由抒发个人情感的平台。

《阳光小报》受到校领导和各部门的大力支持，《阳光小报》每月出版一期，每班分发五份，教师人手一份。《阳光小报》形式新颖、内容丰富，受到广大师生的热烈欢迎。更值得欣慰的是，《阳光小报》被中国教育报刊社评为"中国校园优秀校报"，这为我们今后进一步办好《阳光小报》增添了极大的信心。

四、开展各类健康教育阳光活动

为了更好地开展健康教育工作，除了宣传身心健康教育知识、心理健康辅导、编辑《阳光小报》这些常规的健康教育工作之外，我们还精心设计开展了很多内容丰富、精彩的活动。这些活动大体有以下几类：

1. 感恩教育类

设立阳光爱心奖学金——以从社会募集到的爱心人士的爱心物资为主要资金来源，对成绩优异和学习进步的贫困生进行扶助和鼓励。

到福利院进行献爱心活动——让我们的学生深切感受到在自己的身边还有很多值得帮助的人，培养学生感受爱和奉献爱的心理和行为。

2. 励志教育类

西藏大学一日游活动——通过对高校的参观学习和交流活动，使学生们树立远大的理想。

邀请校友讲座——通过本校优秀校友的现身演说，启迪学生珍惜现在的美好时光，努力学习知识，打好基础。

健康教育讲座——针对九年级学生开展的应对考试焦虑的心理讲座，有效地缓解了学生的考试压力，帮助学生在中考中取得了优异成绩，使我校名声大震。

开展了以“早恋危害”和“道路交通安全知识”为主题的健康教育讲座。通过这些讲座使学生们对早恋的危害有了进一步认识，同时也帮助他们掌握了道路交通安全知识，提高了学生珍爱生命的意识。

开展了向我校广大教师普及与宣传艾滋病知识的讲座。我校教师通过讲座了解到目前全国以及拉萨市的艾滋病情况，并且积极地向学生以及亲朋好友宣传艾滋病预防知识。

向七年级新生进行入学健康教育讲座，通过图文并茂的形式对新生所面临的困惑给出了建议和解决的方法，使新生能够很快地融入中学的学习和生活中。

3. 养成教育类

开展以卫生养成知识为主要内容的健康教育绘画比赛、书法比赛、知识竞赛，提升学生各方面的技能，使卫生养成知识深入学生内心，并运用到学习生活中。

通过国旗下讲话，倡议全校开展无烟校园活动，号召广大师生，尤其是教师不要在学校吸烟，要求教师真正起到带头作用。通过《阳光小报》宣传、阳光展板宣传、张贴海报等方式，使广大学生了解吸烟的危害，拒绝吸烟，努力构建健康和谐的校园氛围。

以“三生教育”为基石　促进学校和谐发展

飞继宗　庄忠荣　吴本和　薛良玉　谢黎明

学校简介：云南省玉溪第二职业高级中学是国家级重点中等职业学校，全国千所国家中等职业教育改革发展建设示范校，全国中等职业学校德育工作先进集体，全国创建精神文明建设工作先进单位，省、市、区“文明单位、

文明学校”。2011年被云南省教育厅认定为“云南开放大学红塔开放学院”。2009年10月被云南省教育厅认定为“云南省‘三生教育’示范校”。学校占地面积约230亩，建筑面积9.5万多平方米，具有先进的育人设施和优美的育人环境。现有中职在校生7724人，红塔开放学院培训生5147人，每年社会化培训人数4000余人。学校始终坚持“以人为本，以德立校，以能力为核心，促使学生全面发展”的办学理念，围绕“德育为先会做人，技能为本会做事”的教育培养目标，全面实施素质教育，有效开展“三生教育”，取得了显著的办学效益，学校“五风”良好，是云南省和玉溪市精神文明建设的一面旗帜、社会文明的一扇窗口。

校长简介：飞继宗，男，1969年生，中共党员，中学高级教师，云南省玉溪第二职业高级中学校长、党支部书记。省、市、区“优秀教师”、“优秀教育工作者”、“优秀党务工作者”、“政务公开工作先进个人”。在20多年的育人工作和多年学校行政管理工作及党建工作的实践中，飞继宗校长始终坚持“科学、民主、包容、开放、创先”的办学理念，坚持以科学发展观为指导，坚持民主集中制原则，紧密团结和带领全体师生员工以只争朝夕、争先创优的精神，辛勤耕耘在云南省玉溪市这块肥沃的职教土地上，用满腔的热血和汗水浇灌着玉溪第二职业高级中学这棵“职教长青树”茁壮成长。

云南省玉溪第二职业高级中学作为云南省开展“三生教育”（即生命教育、生存教育、生活教育）工作的首批试点学校，高度重视“三生教育”工作的开展，坚持以“三生教育”为基石，积极创新育人模式，把“三生教育”与人文教育有机地统一起来，实施人文化的育才策略，促进了学校和谐发展。

一、“三生教育”树理念，塑造人文化的学校精神

我校自建校之日起，就确立了“成才先成人，成人先立德”的育人目标，经过20年的办学历练，形成了“以德立校，以人为本，以能力为核心，促使学生全面发展”的办学理念。“三生教育”理念与我校办学理念的结合，加强了我校文化战略建设，并通过文化建设塑造了二职中独具特色的人文化学校

精神。我校经过总结、提炼、继承、创新,最终形成了富有时代特点和人文内涵的“二职中精神”。这一精神由“三修三创”的二职中精神、二职中人形象(文明有礼、诚信有节、敬业有德、爱岗有才)、二职中人品格(虚心求精、团结求进、务实求新、和谐求美)以及“六讲、六懂、六有、六会”凝聚融合而成。

通过“三生教育”的实施和一系列学习教育活动的开展,二职中的新人文精神已成为全体师生认同和积极实践的学校核心价值理念,它对每个师生的价值、行为取向都发挥着引导作用,对每个师生的思想和行为都起着约束和规范作用。同时,它作为一种黏合剂,凝聚、团结全校师生,使大家保持持久的热情和积极性,在二职中“尊重、团结、奋发、创造、和谐”的人文环境中,一起努力拼搏,为学校的发展和完善奉献力量。

二、“三生教育”聚合力,构筑“三位一体”的教育网络体系

我校的“三生教育”在立足学校、立足课堂的同时,注重面向社会、面向家庭,把家庭引入学校,把学校带入社会,把社会引进课堂,以开放的思维来推进学校工作。

我校在实施“三生教育”的过程中,不断整合学校教育资源、家庭教育资源、社会教育资源,构筑了以学校为龙头、以家庭为基础、以社会为平台的“三位一体”教育网络体系,学校、家庭、社会三者紧密结合,三种资源各尽所能,各展所长,优势互补,互为延伸。

通过“三生教育”的开展,学校从形式上和途径上聚集和构建了教育的整体合力,使学校教育、家庭教育、社会教育相互衔接,相互贯通,使教育的功能与作用得到充分发挥。

我校主要通过以下四个方面构筑“三位一体”的教育网络体系:

一是建立责任体系,形成社会共同参与的“三生教育”工作机制。我校成立了专门的“三生教育”组织领导机构和工作机构,统一领导和开展“三生教育”的各项工作,并在工作中进一步完善组织管理体系。学校通过加强目标管理,有效提高了学校各部门的工作效果,并通过将目标、责任分解给家庭及相关协作单位、部门,让大家明确工作职责,切实推行“三生教育”,并由此形成学校统领、家庭配合、区域统筹、相互协调的管理格局。

二是充分发挥学校教育的主阵地、主渠道作用，把“三生教育”纳入学校教育的全过程。

三是以家庭教育为基础，在强化家庭教育中，延伸“三生教育”的实践活动。

四是以社会为平台，搭建学校教育与社会教育相互促进的“立交桥”。

三、“三生教育”创氛围，营造学生健康成长的和谐环境

为体现师生的主人翁地位，充分发挥师生的才能和价值，我校在实践“三生教育”中加强校园文化建设，通过建设整洁、优美、有序的校园环境，实现人文环境和自然环境的和谐统一，不断推进学校管理文化的变革与创新，确保营建促使学生健康成长的和谐环境。

四、“三生教育”促“三学”，创新学校人才培养模式

感悟生命的真谛、练就生存的本领、体验生活的乐趣是“三生教育”的目标，而实施“三生教育”可以使学生在明白“三生”目标的同时，去努力实践“三学”，即学懂生命的意义，学会生存的技能，学得生活的本领。因此，我校着力架构“做人 + 技能，学历 + 职业资格”的育人育才通道，通过实施“三生教育”，不断优化人才培养模式，形成“三生”促“三学”的人才培养格局，促进学生全面发展。

第一，全方位地开展渗透人文精神的“半军事化管理”。

第二，创建“四多”教育模式。我校创建“多平台成长、多时空锻炼、多技能毕业、多素养立业”的教育模式，把职业技能教育与人文教育统一起来，给学生创设更多增长才干、张扬个性、提升自我的空间和机会，促进学生全面发展。“四多”教育模式主要体现在以下四个方面：一是突出课堂主渠道作用，结合职业教育专业教学的多样性，积极构建人文素质教育与职业技能教育相辅相成的课程体系；二是依托专业、师资、设备的优势，充分发挥教育资源的作用，积极开展第二课堂教学；三是开展专业实践活动，锻炼学生的实践能力；四是丰富校园文化活动，用形式多样，生动活泼的校园文化活动激起学生的创造热情。

“三生教育”的开展，促进了我校办学理念和学校文化建设的深入发展，推动了教职工观念的转变和更新，促成了学校人才培养模式的创新和优化，进一步密切了学校教育、家庭教育和社会教育的关系，进一步锻炼和培养了一支爱岗敬业、吃苦耐劳、勇于开拓、乐于奉献、具有现代教育理念、教育情感、教育方法的教师队伍。学校教育贯彻“三生教育”理念，使学生在思想意识、观念态度、行为情感、品行能力等方面得到了全方位培养，使学生的适应能力、认知能力、发展能力、创造能力得到进一步增强，为将学生培养成为一个和谐的人，成为一个对社会有用的人奠定了坚实的基础。

“三生教育”是一项综合的教育系统工程，是全面推进素质教育的必然要求，是构建现代教育体系的重要保证。在今后的工作中，我校将继续实践“三生教育”，努力提高办学质量和办学水平，为全国中职学校的改革、创新与发展探索出一条新路子。